말, 글 그리고 세상

한자의 어원으로 보는 우리말 우리글

말, 글 그리고 세상

첫판 1쇄 펴낸날 2013년 5월 20일

지은이 황안웅
펴낸이 박성규

펴낸곳 도서출판 아침이슬
등록 1999년 1월 9일(제10-1699호)
주소 서울 은평구 신사동 25-6(122-080)
전화 02) 332-6106
팩스 02) 322-1740
이메일 21cmdew@hanmail.net

ISBN 978-6429-134-4 03710

이 도서의 국립중앙도서관 출판시도서목록(CIP)은
e-CIP 홈페이지(http://www.nl.go.kr/cip.php)에서 이용하실 수 있습니다.

한자의 어원으로 보는 우리말 우리글

말, 글
그리고
세상

황안웅 지음

아침이슬

말(言語), 글(文字)
그리고 세상(丗上)을 내면서

    인간이 이 세상에 맨 처음 태어나면서 지르는 것은 '소리'다. 아마 엄마 태중의 환경과 바깥 환경이 전혀 다르다는 점에서 어쩔 수 없이 내지르는 것이 '소리'이기 때문에 이 '소리'를 고고성(呱呱聲)이라 한다. 그런데 이 소리는 곧 본능에 근거한 생존의 한 몸짓일 따름이다.

    초기 유아는 배안에서 하던 배냇짓과 더불어 본능적인 소리를 지르며 젖을 물고 자라다가 급기야 밥을 먹게 되면서 '말'을 배우게 된다. 그런데 이때부터 '말'이란 죽을 때까지 '약속된 소리'일 뿐이다. 그렇기로 '말'에는 약속으로서의 '뜻'이 있다.

    처음 '말'을 배울 때 무슨 말부터 익히는가? 인간이 공통적으로 익히는 말은 누구나 다 '엄마'다. 가장 가까운 사이가 엄마이기 때문이다. 그다음 이 자신으로 되돌아가 '눈, 귀, 코, 입'이며 그런 뒤에야 '산, 내, 해, 달, 구름' 들을 말하게 된다.

    자신으로부터 가장 가깝고도 필요한 물질명사로부터 배우기 시작하여 점차 어려운 추상명사에 이르기까지 '말'의 숫자와 종류는 점점 넓어지기 마련이다. 그러다가 급기야 '글'을 익히게 된다. '소리'나 '말'은 아무래도 시간과 공간을 뛰어넘을 수 없는 제한적 조건을 가지고 있기 때문에 이를 벗어나기 위한 한 조건으로 생겨난 것이 바로 '글'이다.

'글'은 한자를 비롯하여 그 어떤 글들도 다 당초에는 '그림'에서부터 출발한 것이다. '글'은 '소리'와 '말'을 거쳐 나온 것이기 때문에 '글' 속에는 반드시 '소리'(音)와 '말'(義)과 '그림'(形)의 3요소가 녹아 있다.

한 인간의 성장 과정이나 역사의 발달은 그 밟아 내려가는 자취가 흡사할 수밖에 없다. 그렇기 때문에 인간은 글을 배움으로부터 철(扑)이 드는 교육과정에 들 수밖에 없고, 역사 또한 기록 이전과 이후로 구분지어 기록 이후의 시대를 본격적인 역사시대라고 규정짓고 있는 것이다.

흔히 쓰는 속담에 "물을 마셔도 그 샘을 알고 마셔라"(飮水思源)는 말이 있다. 생명을 지닌 한 누구나 물을 마시지만 그 근원을 제대로 알고 마시는 이는 드물다. 말은 소리요 글은 그림이라 무심코 내뱉는 말은 어쩌면 한 토막의 음악과도 같은 것이요, 무심코 쓰는 글은 어쩌면 한 폭의 그림과 전혀 다를 바 없다.

소리하기는 쉬워도 말하기는 어렵고, 말하기는 쉬워도 글로 쓰기는 어려운 것이라고 누구나 이구동성으로 토로한다. 같은 맥락에서 공자도 "글로는 말을 다하지 못하고, 말로는 뜻을 다하지 못한다."(書不言盡, 言不意盡)〈역 계사〉라고 하였다.

애당초 '소리'가 있었고, 그 소리가 '말'로 발전되고, 다시 말이 '글'로 변환된 가운데 역사는 끊임없이 흘러왔고 흘러갈 것이고, 세상은 여태까지 있어 왔고, 또 앞으로도 어떤 모양으로든 변화해 나갈 것이다. 그렇기 때문에 오늘을 살아가는 이즈음에 소리로서의 말과, 그림으로서의 글과 오늘의 세상을 한 번쯤은 돌이켜볼 필요가 있다.

이 세상 그 어떤 물건 하나도 아무런 존재가치 없이 뜻밖에 드러났거나 태어난 것이 아닐 터이다. 그렇기로 일목일초(一木一草)도 다 나름대로의 있을 만한 일이 있기에 있는 것이요, 그 어느 누구 한 사람이라도 아무런 일 없이 태어난 것은 아닐 것이다.

그런데 다만 고깃덩어리 눈으로만 보면 무심코 지나치는 풀 한 포기 나무 한 그루일 뿐인데 어두운 골짜기를 지나 개안들(開眼坪)에 다다라 눈을 맑힌 채 마음을 비우고 촘촘히 바라보면 풀 한 포기 나무 한 그루 하나하나가 다 뜻을 지닌 말이요, 그림으로 그릴 수 있는 '글'의 소재일 따름이다.

굳이 한자를 빌어 그 글의 샘을 찾고, 덧붙여 내가 아는 그대로 말의 뿌리를 캐고자 하는 까닭은 애당초 지금 우리가 쓰고 있는 우리말 우리글의 할아버지는 바로 한자였다는 점에 착안한 때문이다.

지구상에 있었던 옛말 옛글은 거의 사라져 버렸으나 한자만큼은 그대로 그 모양을 몇 천 년 동안 크게 변하지 않고 거의 고스란히 사용되어 오고 있으니 혹자는 그것 속에 무엇이 있겠느냐고 비웃을지 몰라도, 낡은 것에서 새것이 나오고 바탕이 넓은 것에서 뾰족하고 단단한 뿔이 나온다는 진리를 망각한 일이라 되받아 웃어야 할 따름이다.

그 적확한 진리를 '尖'(뾰족할 첨)이 제대로 알려 주었다. 즉, "뾰족한 것은 밑이 커야 그 위에서 단단하고도 뾰족하게 자랄 수 있는 것"이라고 하는 말이다. 넓고도 깊은 기초 없이 첨단과학이 있을 수 없고, 기초과학의 든든한 뒷받침이 없는 첨단기술은 있을 수 없다.

소리로서의 옳은 말과 그림으로서의 옳은 글이 옳은 뜻으로 다시 피어나고 드러나야 세상은 옳은 세상이 되리라는 신념에서 〈말, 글 그리고 세상〉이라는 이 인문학 컬럼집의 일부를 세상에 드러내 놓게 되었다.

본디 대구경북 지방 신문인 영남일보에 2007년부터 오늘날까지 '말과 글'이라는 코너에 매주 1회씩 연재해 오던 글 중에서 우선 연재를 마친 160여 회분을 거의 가감 없이 모아 출판하게 되었다.

그동안 어려운 여건 속에서도 긴 시간 연재할 수 있도록 지면을 내주신 배판암 회장님을 비롯하여 웰빙센터 이정환 실장님, 그리고 신문사 관계 기자 여러분의 노고에 깊은 감사를 올리며, 이 책이 출판될 수 있도록 주선해 주신 문역연구회장 이기연 님을 비롯한 연구회원 여러분의 아낌없는 조언과 성원에 깊은 감사를 올리는 바이다.

끝으로 이 졸고가 단지 '말과 글'에서 그칠 것이 아니라, 밝은 세상에는 밝은 대로 어두운 세상에는 어두운 대로 더 밝은 세상으로 밝혀 나가는 데 조금이라도 보탬이 되었으면 하는 바람이다.

2013년 매화절 어느 날
서울 종로 낙원동 '溫古齋'에서

吳超 黃安雄 씀

一 한 일

만물의 시작으로 오직 하나라는 뜻

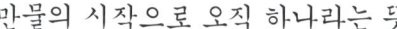

이 세상의 모든 만물을 크게 구분해 동물, 식물, 광물이라 말하지만 이것들은 다 유형한 물건들로 모양과 색깔이 각각 다르다. 이같이 모양도 다르고 색깔도 다르나 똑같은 물건이 하나도 없는 수많은 물건들이 어디로부터 나왔는가? 하나같이 다 그것들의 어미에서 나왔을 터인데 그 어미 또한 모양과 색깔을 지녔기에 그 새끼들도 그와 마찬가지일 것이다.

이 같은 뜻에서 형색을 갖추고 나온 모든 만물의 '유'(有)는 또한 '有'에서 나올 수밖에 없었을 것이다. 그런데 온갖 '有'의 어미로서의 최초의 '有'는 그 모양과 색깔이 진화의 과정을 거쳤거나 또는 퇴화의 과정을 거듭했거나 간에 지금에 벌려져 있는 '有'의 원형인 것만은 틀림없을 것이다.

그래서 노자는 일찍이 "有라고 부를 수 있는 것은 만물의 어미다"(有名, 유 명 萬物之母也)라 하였다. 한편 형색을 갖춘 모든 '有'는 실은 음양의 결합을 만 물 지 모 야 통해 이뤄지는 것이며, 음양의 본디 조상은 하늘과 땅일 수밖에 없기에 '천지의 비롯' 이것이 곧 만유(萬有)의 근본이 된다.

그렇기에 노자는 또한 "무라고 부를 수 있는 것은 천지의 비롯이다." 무 명   천 지 지 시 아 (無名, 天地之始也)라고 말했다. 이렇게 보면 '무'(無)가 곧 천지의 비롯이요 천지(음양)가 합성하여 '有'를 만들어 내고, 이 '有'가 모든 有의 어미가 되니 결국 '無'에서 '有'가 나왔다는 말이다.

'무'와 '유'를 놓고 볼 때 그것이 그것을 낳고, 또 그것이 그것을 낳은 한

없는 연결고리를 거꾸로 헤아린 나머지 그 인식의 한계를 일러 너무나도 지극한 것이라 하여 이를 '태극'(太極)이라 하였다. 더 이상 인간의 인식이 미치지 못하는 너무나도 지극한 것이라는 말이다.

단순한 짐승들은 기껏해야 아비와 어미 정도를 자신의 위로 여기지만 인간들은 아버지 위에 할아버지, 또 그 위에 증조할아버지, 또 그 위, 그 위……이처럼 거슬러 오르며 자신의 정체를 헤아리기 마련이다. 그래서 거슬러 오를 대로 오른 맨 꼭대기를 아주 먼 비롯이라 하여 '태시'(太始)라 했다.

그런데 이를 아주 간단히 말하면 '으뜸'(오직 하나)이라 하여 '一'(한 일)이라 했다. 이를 〈설문해자(說文解字)〉에서는 "오직 애당초 꼭대기가 있는데 이를 논리상 '하나'라 하였다. 그런데 하나가 천지로 나눠지고 이 천지가 조화를 이뤄 만물을 이뤘다."(惟初太始, 道立於一, 造分天地, 化成萬物)고 풀었다.

이런 의미에서 '一이 곧 萬有요, 萬有가 곧 一이다'라는 동양사상은 만고불변의 진리일 수밖에 없는 듯하며, 두 팔을 쫙 벌리고 두 다리를 과감히 딛고 선 모양을 그대로 본뜬 '大'(큰 대) 위에 '일'을 붙여 '天'(하늘 천)이라 하였고, '兀'(우뚝할 올) 위에 '一'을 붙여 '元'(으뜸 원)이라 말한 것은 기가 막히게 잘 지어 낸 글자다.

하늘은 무형이면서 무색하다. 다만 무색한 것이 겹겹이 겹쳤을 때 육안으로 보이는 색깔은 파랗다. 무색한 물이 깊으면 파랗고, 더욱 깊으면 검다. '하늘은 검고, 땅은 누렇다'(天地玄黃)라고 천자문에서 말한 까닭이다.

上 위 상

큰 것 위에 작은 것이 있음

두 사물 사이의 상태를 나타내는 말 중에 '위'와 '아래'라는 말이 있다. 이때 큰 것을 중심으로 작은 것을 대비하여 처음에는 큰 것을 큰 획으로 삼고, 작은 것을 작은 획으로 가로질러 '위'나 '아래'라는 글로 썼다.

그렇게 쓰다 보니 '二'(두 이)와 혼동되어 다시 큰 획을 바탕으로 각각 위나 아래로 세로로 획을 그어 '위'와 '아래'를 나타냈다. 이런 발상 또한 사물의 크기를 본떠서 만든 상형(象形)의 원리에 입각한 것이었다.

예를 들면 "책상 위에 고양이가 앉아 있다."든지 또는 "책상 아래에 고양이가 숨어 있다."든지 할 경우에 책상이 큰 것이고, 고양이가 작은 것이기 때문에 일단 책상을 큰 획으로 가로질러 놓고 그 위나 아래에 작은 고양이를 작은 획을 가로질러 놓든지, 아니면 작은 것을 세로로 세워 놓아 '위'와 '아래'를 나타낼 수 있었다.

그러다가 급기야 지금의 쓰임대로 '上下'(위와 아래)로 쓰기에 이르렀으니 사실 '上下'라는 두 글자도 이런 경로를 거쳐 이룩된 글자다. 그래서 위와 관계가 깊은 '帝'(임금 제)는 첫 획을 가로질러 써도 되고, 세로로 세워 써도 무방하다고 여기는 것이다.

이처럼 사물과 사물과의 관계를 나타내거나 사물의 개체수를 나타내는 방법으로 동원된 원리를 '지사'(指事; 사물 간의 상태를 가리킴)라 한다. 그러나 엄밀히 따져 보면 대부분 이 같은 방법 역시 '象形'(모양을 본뜸)에서 크게 벗어나지 않았다.

지금은 언필칭 '上下'라 하여 '위'를 먼저 말하고 나서 '아래'를 뒤에 두는 것이 상례이다. 그러나 주나라 이전의 은나라 때로 거슬러 올라가 보면 '上下'라 쓰지 않고 대부분 '下上'이라 썼다는 사실은 매우 주목할 만한 일이다. 흙이나 돌을 쓰던 때를 지나 땅속의 쇠붙이가 도구로 사용될 수 있었기에 '양음'(陽陰; 빛과 그늘)이라 하지 않고 철저하게 '음양'(陰陽)이라 하였다는 사실과 그 맥을 같이한다.

그러나 사람 위에 사람 없고, 사람 밑에 사람 없는 오늘날에는 '上下'니 '下上'이니 하는 원칙에 대한 논란은 별다른 의미가 없다.

굳이 "조정에서는 벼슬보다 더한 것이 없고, 향당에서는 나이보다 더한 것이 없다."(朝廷莫如爵, 鄕黨莫如齒)라는 말처럼 이미 신분의 차서(次序)나 나이에 따른 질서가 정해져 있었던 그 옛날로부터 있어 온 사회적 관습이나 통념상 크게 무리하지 않는 바에야 그 범위 내에서 상하를 가늠해 가며 살아가는 것 또한 평화로운 인간관계 유지에 필요한 것이리라.

그러나 굳이 땅속에 깊이 박혀, 줄기와 가지와 잎들을 무성케 하는 나무의 뿌리가 꽃이나 열매보다 밑에 있다고 해서 반드시 낮은 것이 아니다. 오직 식물에서는 뿌리를 어디에 두어야 크게 자랄 것인가 하는 착근(着根)이 일차적인 문제요, 그다음이 어떻게 꽃을 피우냐요, 그다음에 이르러서야 튼튼한 열매를 얻느냐 하는 것이다.

식물을 종래 우리네 식으로 말하면 뿌리에서 줄기로 뻗어가는 것으로 이를 도생(倒生)이라 하고, 동물은 엎디어 기어 다니는 것들이기 때문에 횡생(橫生)이라 하였다. 그런데 사람은 이와는 달리 땅위를 곧바로 서서 살아가기 때문에 입생(立生)이다.

따라서 도생보다는 횡생이 위요, 횡생보다는 입생이 위이라, 다 같은 사람끼리는 크게 높고 크게 낮을 바가 없는 것이다.

示 보일 시

머리 위의 해, 달, 별이 화복을 보여 줌

큰 것 위에 작은 것이 올라 있음을 '二'라 하여 본디 '위'라는 뜻으로 썼다는 점은 이미 말한 바 있다. 그런데 만물의 가장 위에는 해와 달과 별들이 있어 이들이 만물을 향해 빛을 발하고 있으며, 지상의 인간들은 그 빛의 여하에 따라 만물의 '길흉'(吉凶)을 점칠 수 있다고 여겼다.

이런 점에서 나온 말이 '하늘에 총총한 별'(天森羅)들이 '땅 위의 모든 물건'(地萬象)들의 길흉을 주관한다고 여겨 "하늘의 별 숫자대로 지상의 만물이 그 생성과 소멸을 끊임없이 반복해 간다."〈천문대성(天文大成)〉고 하여 언필칭 '삼라만상'(森羅萬象)이라 일러 왔다.

가장 큰 별인 '해'는 '왕'의 길흉을 넌지시 보여 주고, '달'은 '왕비' 내지 '궁 안'의 길흉을 암시해 주며, 나머지 각종 별들은 나름대로 분야를 지키며 해당 분야의 길흉을 정확하게 보여 주고 있다고 여겼다. 그래서 '二'(가장 높은 곳의 하늘이라는 뜻으로 上을 말함)에 해와 달과 별들이 비치는 모양을 세로로 세 획을 내려 그어 '示'(보일 시)라 하여 천체가 만물의 길흉(생사)을 미리 보여 준다는 점에서 '보이다'라고 하였다. 그렇기로 이 '示'는 '일월성을 지닌 천상의 신'을 가리키며, 나아가 이 하늘 위에 계신 신은 언제나 인간의 선악을 눈여겨보아 그에 걸맞은 길흉을 내린다고 여겨 '視'(보일 시)라 하였다.

이런 점에서 "하늘에 순응하는 자는 살고 하늘을 거역하는 자는 망한다.”(順天者存 逆天者亡)〈명심보감(明心寶鑑)〉고 이른 것이다. 다 같이 하늘을 섬기는 도리로서 '큰 술독에 가득 담긴 좋은 술'을 고스란히 바치고 정성을 드리면 '福'을 받지만, 좋은 고기는 먹어 치우고 별다른 정성도 없이 '앙상한 뼈'만을 바치고 빌면 반드시 '禍'(재앙 화)가 이른다고 하였으니 아무튼 길흉화복의 주재자를 하늘(示)이라 믿어 왔다.

그래서 언제나 하늘을 표준 삼아 선행을 닦아 가며 저 '하늘의 신'에게까지 감동을 줄 만한 처절하리만큼 큰 인간의 정성스런 노력을 '礼'(예도 예)라 하였고, 이와 같은 예를 올리기 위해서는 '풍년'(豐年)을 향해 노력할 수밖에 없고, 풍년이 되어 하늘에 풍성한 제물을 드리는 일이 곧 '禮'(예도 예)의 본디 뜻이었다.

예로부터 "자시에 하늘이 열렸고, 축시에 땅이 열렸고, 인시에 사람이 태어났다.”(子時天開, 丑時地闢, 寅時人生)라고 하였다. 하늘은 동서남북 사방이 따로 없기로 문만 열면 나타났으나, 땅은 동서남북 사방의 벽이 열려야 온전히 열릴 수 있기로 문을 열어 사방 벽을 열었다는 뜻에서 '門'(문 문) 속에다 '壁'(벽 벽)을 붙여 '闢'(열 벽)이라 하였다.

천지가 열려야 천지 사이에 살아갈 수 있는 사람이 나올 수밖에 없기 때문에 천지개벽 이래 사람이 인시에 나왔다고 하였다. 그런데 왜 하필 인시에 사람이 나왔다고 하였는가? 인시는 곧 날이 밝아 올 무렵이다. 날이 밝아 와야만 크게 밝은 대명천지(大明天地) 안에서 목마르면 물을 마시고 배고프면 밥을 먹고 곤하면 잠을 잘 수 있는 게 아닐까?

그래서 사람들에게 이런 배려를 끊임없이 베풀어 주는 첫째가는 하늘 신을 일러 '神'(귀신 신)이라 하였다. 무서운 번개(申)를 관장하는 신이라는 뜻이다. 둘째가는 땅의 신을 일러 '祇'(땅귀신 기)라 하였다. 종자(씨)를 내놓는 권능을 지닌 신이라는 뜻이다.

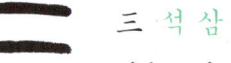 

三 석 삼
하늘, 사람, 그리고 땅

　하나(一)가 짝을 찾아 둘(二)이 되고, 이 '하나'와 '둘'이 교합하여 '셋'(三)을 낳는다 하였으니 맨 처음 하나를 궁이라 지면 하나의 짝이 되는 둘은 짝이다. 이 하나와 둘이 궁과 짝을 이루어 드디어 제삼의 '새끼'를 이루니 이 새끼가 장차 궁이 될 만한 것이면 궁짝궁이 되고 짝이 될 만한 것이면 궁짝짝이 된다.

　그리하여 생명을 지닌 모든 만물은 궁짝궁이 아니면 궁짝짝으로 개체를 이뤄 가는 것이다. 어떤 한 개체의 품성이나 품질을 나타내는 '品'(물건 품)도 원인으로서의 그 어떤 것(궁; 口)과 그 원인을 고스란히 받아들이는 그 어떤 것(짝; 口)이 궁짝을 이룬 그 위에 새로운 새끼(사이에 끼었다가 나온 것)로서의 어떤 것(口)이 합성된 것임을 나타낸 글이다.

　그런데 같은 부모 밑에서 태어난 형제자매일지라도 서로 그 모양이 다르고, 성품이 각각 다른 까닭은 아버지와 어머니 간에 합성된 그 배합률이 각기 다르기 때문이다. 이런 면에서 이 세계 속의 그 누구도 근본적으로 똑같은 사람이 있을 수 없는 것이다.

　'셋'이라는 숫자는 이처럼 묘한 의미를 갖는다. '하나'가 맨 처음이라면 '둘'은 그 하나의 짝이라는 뜻이니 말하자면 '하나'의 둘레(둘러리)라는 말이며, 여기에 '셋'이라는 말은 이 하나와 둘을 딛고 올라 '섯다'는 뜻일 수밖에 없다. 이런 면에서 '셋'은 생명을 지닌 모든 개체가 불어나는 기본적인 숫자이다.

그렇기로 숲(林)속이 빽빽이 우거졌다는 표현도 '森'(빽빽할 삼)이라 하고, 아무리 많은 봉우리가 하나의 큰 산을 이루고 있을지라도 산은 그저 봉우리 셋을 본뜬 '山'일 따름이며, 밤하늘을 밝게 비치는 저 수많은 별들도 '參'(별 삼)일 뿐이다.

따라서 크게 보아 '하나'를 '하늘'이라 치면, '둘'은 땅이요, 하늘과 땅 사이에서 위로는 하늘을 우러러 한없는 이상을 지니며, 아래로는 땅을 굽어 살피며 현실을 개척해 갈 줄 아는 존재가 곧 사람인지라, 천지와 더불어 나란히 천지인삼재(天地人三才)라 하였다.

이런 면에서 기독교가 강조하는 '信望愛', 즉 믿음과 소망과 사랑이라는 세 가지 윤리는 참으로 타당한 말이다. 누구나 저 높은 하늘을 바라는 소망이 있어야 한다. 그리고 모든 생명체들은 땅이라는 현실에 의지해 살아가고 있는 동안 밑바탕으로서의 '믿음'이 없어서는 안 된다.

더 나아가 발밑에 식물들이 자라고, 그 식물들을 동물들이 뜯어 먹고 살고, 그 위에 사람들은 식물과 동물들을 채취하거나 잡아먹고 살아간다. 그래서 마구잡이로 채취하거나 무턱대고 잡아먹을 일이 아니라, 가꾸고 키워 가면서 이들을 먹어 가며 살아가야 한다.

모든 자연까지도 사랑으로 감싸 가면서 여유롭게 살아가야 할 사람들은 만물의 영장 된 도리를 익혀 가며 서로 사랑하지 않으면 안 된다. 그래서 '믿음'과 '소망'과 '사랑' 중에 인간이 지녀야 할 가장 큰 덕목을 '사랑'이라 이른 것이리라.

그렇다면 참다운 사랑이란 무엇인가? 인간의 마음속에 깊이 박힌 진실과 진실의 참다운 교류이다. 진실을 다른 말로 표현하면 '어짊'이며 '어짊'은 곧 마음의 핵이기 때문에 핵과 핵의 반응이 곧 핵반응이듯 진실과 진실의 엄청난 반응에서 쏟아져 나오는 섬광이 곧 사랑인 것이다.

王 **임금 왕**
천지인 만물을 다스리는 어른

사람을 중심으로 본 이 세상은 하늘과 땅 그리고 '사람'이 있을 뿐이다. 그리하여 한나라 철학자 동중서(董仲舒)도 이르기를 "옛날 글을 만든 이가 세 획을 연이어 그은 그 가운데 획을 일컬어 '왕'이라 하였으니 세 획은 천지인을 뜻함이라. 사람은 물론 천지까지를 다스리는 이가 곧 '왕'이다." (古之造文者, 三畫而連其中謂之王. 三者, 天地人也, 而參通之者, 王也.)라고 하였다.

즉, 하늘과 땅과 그리고 만물의 영장인 사람을 고스란히 꿰뚫어 다스리는 어른을 일러 '王'(임금 왕)이라 하였으니, 공자도 "하늘과 땅과 사람을 하나로 꿰뚫어 다스리는 이를 왕이라 한다."(一貫三爲王)고 하였다.

하늘은 한없이 높고 땅은 더없이 넓으며, 그 바탕으로 보면 하늘은 허공이기는 하나 다만 해와 달로 하여금 밤과 낮을 끊임없이 이어 가도록 하여 한없는 시간을 내놓고, 땅은 하늘의 영향을 고스란히 받으며 만물을 실제로 낳고 기르고 거두는 넓은 공간을 내놓고 있다.

그 가운데 오직 사람만은 하늘이 내놓은 이 시간과 땅이 제공해 놓은 이 공간을 알맞게 이용해 가며 만물을 차분히 다스려 갈 줄 아는 머리가 있기 때문에 실제로 만물을 잘 다스려 가야 할 책임이 있는 것이다. 이런 뜻에서 예로부터 일러 오기를 "하늘이 덮고 땅이 실은 이 가운데 오직 사람이 가장 귀하다."(天覆地載, 唯人最貴也)라고 하였다.

따라서 '만물의 영장'인 사람 중에서도 더욱 하늘의 뜻에 밝아 그 하늘의 뜻을 땅 위에 잘 펼쳐 나갈 수 있는 가장 영특한 이가 앞장서서 나아가지 않으면 안 되기 때문에 이런 이를 '王'이라 꼽고, 이는 곧 하늘의 뜻을 가장 잘 알아차리는 어른이라, 구슬을 뜻하는 '玉'(구슬 옥)과는 달리 중간의 획을 되도록 하늘 쪽으로 올려 썼던 것이다.

그리고 숲속의 모든 새들이 어김없이 따르는 위엄 있는 큰 새라는 뜻으로 상징되어 이른바 '숲속의 맹금'(林禽)이 곧 '임금'의 어원이며, "천하가 다 돌아가 의지하는 존재"(天下所歸往也)라는 뜻에서 '王'은 '往'(갈 왕)의 소리를 취했다 하니 왕은 왕 노릇을 잘해야 '王'이다.

옛날로 보면 한 나라의 왕은 지존(至尊)한 신분으로, 백성을 살리고 죽이는 생살권(生殺權)과, 나라 재정을 자신의 의도대로 쓸 수 있는 예산권과, 특수신분만이 누릴 수 있는 향락권(享樂權) 등 막강한 힘을 지녔다.

그토록 높은 왕이 결과적으로 폭군이었느냐 아니면 성군이었느냐 하는 역사의 평가는 다만 그 같은 큰 힘을 백성을 위하여 쓰고 백성과 더불어 즐겼느냐 아니면 백성의 뜻과는 전혀 달리 제멋대로 쓰고 제멋대로 즐겼느냐 하는 데 있다.

즉, "이 맘을 보존했던가 아니면 이 맘을 잃었던가?"(存此心? 亡此心?)〈서경서(書經序)〉라는 자아반성에 따라 항상 역사의 평가는 준엄하여 속일 수 없는 법이다. 나아가 순자(荀子)의 말과 같이 "물은 능히 배를 띄울 수도 있으나 능히 배를 엎을 수도 있다."(水能載舟, 水能覆舟)라고까지 여겼다. 참으로 이보다 더 준엄한 말이 어디 있었을까?

남의 늙은이도 내 늙은이처럼 여기고, 남의 아이도 내 아이처럼 여길 것이며, "부모를 섬기는 일은 '인'을 실천하는 기본적인 도리이며, 아우가 형을 섬기는 일은 '의'를 키우는 일"(仁, 事親是也, 義, 事兄是也)이라는 맹자의 말씀은 언제 들어도 금과옥조(金科玉條)로 여겨야 할 당연한 말이다.

玉

玉 구슬 옥

구슬 셋을 꿴 모양

   속담에 구슬이 서 말이라도 꿰어야 보배라는 말이 있듯이 세 알의 구슬을 꿰어 구슬을 구슬답게 만들어 놓으면 그 구슬은 돌과는 선혀 다른 구슬인지라, 어둠 속에서도 빛난다는 뜻에서 'ヽ'(점 주)까지 붙여 '玉'(구슬 옥)이라 하였다.

   금이야 옥이야 서로가 그 값어치를 두고 자웅을 다투지만 금과 옥이 나오는 바탕은 서로 다르다. "흙에서 뭉쳐진 정이 금이라면 돌에서 나온 아름다움이 옥이다."(土之精金, 石之美玉)라고 하여 흔히 '정금미옥'(精金美玉)이라 한다.

   흙으로 빚은 '토기'나 돌을 깎거나 갈아서 만든 '석기'를 쓰다가 어떻게 하면 부드러운 흙을 반죽하여 단단한 '돌그릇', 그중에서도 아름다운 돌그릇(옥그릇)을 만들 수 있을까 하는 궁리 끝에 얻어진 성과가 곧 '도자기'라 한다. 금도 좋아했으나 옥 또한 크게 좋아했다는 하나의 좋은 증거이다.

   옥을 부러워했던 까닭은 어디에 있을까? 그 한 실례로 "옥에 다섯 가지 덕이 있다"(石之美有五德)〈설문해자〉는 설을 소개하면 다음과 같다.

   "첫째, 윤택하게 빛나되 따스한 빛을 내니 어진 덕이 있음이요(潤澤以溫 仁之方也), 둘째, 밖으로부터 뿔 심을 따르다 보면 가운데를 알 수 있으니 의로운 덕이 있음이요(鰓理自外 可以知中 義之方也), 셋째, 그 소리가 잘 퍼져 나가되 오직 널리 들리니 지혜로운 덕이 있음이요(其聲舒揚 專以

遠聞 智之方也), 넷째, 휘어지거나 꺾어지지 아니하니 용감한 덕이 있음이요(不橈而折 勇之方也), 다섯째, 날카롭고도 깨끗하나 다른 것을 해치지 아니하니 깨끗한 덕이 있음이다(銳廉而不忮 潔之方也)."

금은 제 스스로 빛을 발하는 태양이라면 옥은 어둠 속에서 그 어둠을 은은한 빛으로 물리치는 밝은 달에 견줄 수 있다. 흔히 금지옥엽(金枝玉葉)이라 말하듯 금을 가지라 치면 옥은 그 가지에 매달린 잎이다. 그러나 스스로 빛을 내는 발광체보다는 빛을 되받아 비춰 주는 전사체가 오히려 좋고, 쟁쟁(錚錚)한 금속성보다는 당당(瑞瑞)한 옥구슬 구르는 소리가 더욱 편안하고, 지나치게 뜨겁기만 한 정열보다는 약간은 차가운 듯 은은한 달빛이 훨씬 우리네 정서에 더욱 친근하다 하리라.

한때에 자공이 공자에게 묻기를 "가난하면서도 아첨하지 않고, 부유하면서도 교만함이 없다면 어떻겠습니까?" 하자, 답하기를 "괜찮기는 하나 가난하면서도 도를 즐기고, 부유하면서도 예를 좋아함만 못하다."라 하였다. 그러자 자공이 말하기를 "시에 '끊은 것 같고, 간 것 같고, 쪼은 것 같고, 닦은 것 같다'(如切如磋 如琢如磨)고 한 것이 이 말씀을 두고 한 것이리다."라 하였다.

그렇다. 옥도 끊고 갈고 쪼고 닦아야 온전한 옥이 되듯 사람도 이같이 하지 않으면 바람직한 그릇이 될 수 없다. 그래서 "옥을 쪼지 아니하면 그릇 지을 수 없고 사람은 배우지 아니하면 도를 알 수 없다."(玉不琢 不成器 人不學 不知道)〈예기 학기(禮記 學記)〉라 하지 않았던가?

옥을 다듬어 내는 일을 사람이 도를 알아 나가는 과정과도 같다고 여겼다. 돌과 옥을 끊는다는 말은 선악을 구분 지어 준다는 말이며, 갈아 간다는 말은 선과 악을 온전히 나눠 선으로 나아가고 악을 물리쳐 준다는 말이다. 쫀다는 말은 이미 습관적으로 깊이 박혀 있는 악을 여지없이 도려낸다는 말이며, 닦는다는 말은 인격을 말끔히 잘 닦아 빛내 준다는 말이다.

气 기운 기
하늘에서 구름이 흐르는 모양

하늘에서 떠돌아다니는 구름의 모양을 본뜬 글자로는 두 종류가 있다.

첫째는 '云'(구름 운의 본디 글자)인데 이것이 날씨를 간접적으로 일러 주는다는 뜻에서 '이를 운'이라 하고, 막상 구름은 하늘에서 떠돌며 두루 퍼지기도 하고 내려앉기도 하고 또는 오르기도 하는데 이것이 정작 비가 되어 내리는 것이기 때문에 오늘날 '구름'의 뜻은 '雲'(구름 운)으로 쓰기에 이르렀다.

둘째, 구름은 어찌 되었던 하늘에 떠서 굴러다니는 것이기 때문에 본디 '굴음'이라는 말이 변하여 '구름'이 되었고, 그 실체는 어디까지나 땅에서 올라가 작은 물방울들이 굴러다니는 것이기 때문에 그것이 떠도는 모양을 그대로 본떠 '气'(기운 기)라 하였다. 그러다가 하늘에 떠도는 그 작은 물 방울들은 곧 따뜻한 밥에서 무럭무럭 오른 김일 따름이라는 점을 익히 깨닫고 오늘날에 이르러서는 '气'에 밥을 뜻하는 '米'(쌀 미)를 덧붙여 '氣'(기운 기)라 쓰기에 이르렀다.

그렇다면 이 '氣'자 하나가 곧 생명을 이끌어 나아가는 실체임을 명확하게 보여 주고 있다 해도 지나친 말이 아니다. 이미 따뜻한 밥 자체는 입을 통해 몸속으로 들어가 소화가 되고, 그 밥에서 오른 김은 결국 코를 통해 역시 몸속으로 들어가 호흡을 이루게 되기 때문이다. 이처럼 입을 통해 들어간 '음식'이 소화를 통해 몸의 바탕을 짓고, 코를 통해 끊임없이 내뱉는

'기'가 호흡을 통해 몸을 움직일 수 있는 기를 공급하여 입과 코가 각각 '목숨'을 유지해 가는 두 구멍이 되기 때문에 이 목구멍과 숨구멍을 본뜬 '台'(클 태)가 곧 이 세상에서 가장 큰 '목숨', 즉 '생명'이라는 말이다.

눈이 멀거나 귀가 먼다고 해서 목숨이 끊어지지는 않는다. 그러나 코로 숨을 쉴 수 없다거나 입으로 음식을 먹어 삼킬 수 없다면 목숨을 잃을 수밖에 없기 때문에 살고 죽는 가장 큰 문제는 먹거나 숨 쉬는 일이 막히게 되는 일이다.

목숨을 유지해 가는 같은 두 통로라 할지라도 더욱 중요한 통로는 입보다는 코라 말할 수 있기 때문에 죽음이 어느 사이에 있느냐 하고 묻는다면 호흡 사이에 있다고 이를 수 있다. 즉, 숨을 '허−' 하고 들이쉬었다가 내뱉지 못해도 죽고, '파−' 하고 내뱉었다가 들이쉬지 못해도 죽는 법이다. 그러니 코가 막히면 아무리 '허파'인들 무슨 소용이 있겠는가?

"사람의 삶은 기의 모임이다. 모인즉 삶이 되고, 흩어진즉 죽음이 된다."(人之生 氣之聚也. 聚則爲生 散則爲死)〈장자 지북유(莊子 知北遊)〉는 말이나 "삶은 뜬 구름의 일어남이요 죽음은 뜬 구름의 흩어짐이다."(生也一片浮雲起 死也一片浮雲滅)〈화엄경〉는 말들은 다 '氣'를 생명의 실상으로 본다는 말이다.

굳이 목과 숨을 나누어 살필지라도 입을 통해서는 주로 '血'이 되는 영양을 섭취하고, 코를 통해서는 주로 '氣'를 들고 내어, 이 '血氣'가 순조롭고 한결 같다면 곧 '壽'(장수)를 누릴 수 있다. 그런데 '氣'는 무한한 하늘에서 얻고, '血'은 땅에서 나오는 산물에서 얻어진다.

이 기혈이 미쳐 다 이뤄지지 않았을 때에는 여색을 경계할 것이요, 기혈이 바야흐로 강성했을 때에는 다툼을 경계할 것이며, 이미 기혈이 쇠하여 늙었을 때에는 욕심을 경계해 갈 것이라는 공자의 말씀은 곧 혈기보강이 장수의 근본이라는 점을 요약한 것이다.

士 선비 사
하나에서 열까지 두루 아는 이

숫자는 손가락을 써서 헤아리는데 그 수는 '一'(하나)에서 비롯되어 '十'(열)에서 끝난다. 본디 인간이 어미의 배 속에 태아로 들어 있을 때에는 손을 꼭 쥐고 있다. 그러다가 막상 어미의 배 속을 벗어나게 되면 양 손도 딱 벌리고 손가락 또한 쫙— 펴게 되어 있다.

이런 뜻에서 손가락을 사용하여 숫자를 헤아림에 있어서는 쥐었던 손가락을 펴면서 헤아려 가는 것이 원칙에 맞는 일이다. 하나, 둘, 셋, 넷 등으로 헤아려 가다가 '다섯'(五)이 되니 쥐었던 손가락이 다 펴졌다. 그래서 이를 일러 '다섯'이라 말한다.

그리고 나아가 또 다른 손의 손가락으로 새롭게 열어 헤아려 세우니 '여섯'이며, 다시 이미 다섯에 '곱'(二)을 더하니 '일곱'(七)인데 이 뜻을 곧 이미 다섯에 새롭게 일어나 곱까지를 합친 것이라는 말이다. 게다가 '여덟'(八)은 네모로 표현되는 사방을 더욱 나누어 보니 사방에 간방까지를 포함하여 새롭게 열어 넓어졌다는 '여넓'에서 나온 말이다.

본디 열 주먹을 '홉'(합)이라 하였는데 막상 열 주먹이 되지 못하고 바로 그 밑에 해당하는 숫자라는 뜻에서 '아홉'(九)이라 일렀다. 즉, 만약 한 주먹만 더 보태면 '열'인데 아깝게도 한 주먹이 모자라는 '아차 열'이라는 뜻이 곧 '아홉'이다.

여기에 손가락이 다 펴지면 쥐었던 손가락이 몽땅 열어져 버렸다. 그래서 '열'(十)이란 곧 쥐었던 두 손이 다 열려진 상태라는 뜻으로 손가락을 써서 헤아려 보는 가장 마지막 수라는 말이다.

그런데 선비란 사물을 대했을 때에 그 수를 잘 알아차려 마땅히 잘 대처할 줄 아는 능력을 지닌 이를 말한다. 이런 뜻에서 "'士'(선비 사)는 섬긴다는 뜻이다. 수는 하나에서 비롯하여 열에서 끝난다. 그래서 이 '一'과 '十'을 맞붙여 '士'라 하였다."(士 事也. 數始於一 終於十. 從一從十.)는 〈설문해자〉의 풀이는 적절한 말이다.

첫째, 모든 문제는 그 문제가 안고 있는 본질을 속속들이 잘 알아야 문제를 풀어 나갈 수(방법)가 있는 법이다. 그래서 어떤 일을 막론하고 그 일에 해당되는 '수'가 있으니 이 '수'를 잘 알아 쓰면 일이 잘 풀릴 수가 있다. 그래서 하나에서 열까지의 수의 기본을 터득한 이를 우선 '선비'라 정의한 것이다.

둘째, 십 년 동안 등불 밑에서 고생 끝에 얻어진 자신의 실력을 오직 자신의 일만을 풀어 가는 데 쓸 것인가? 아니면 여러 사람에게 이익을 줄 수 있는 봉사적 측면에 서서 써 나가야 할 것인가? 물론 선비라면 자신만이 아니라 남에게까지도 덕을 베풀 수 있는 이른바 봉사자가 되어야 한다는 뜻에서 '仕'(봉사할 사)는 뜻 깊은 글자다.

셋째, 이처럼 하나에서 열까지 모든 수를 망라해서 얻어 낼 수 있는 자는 타고난 재질면에서 '하나를 들으면 열을 아는 재주'(聞一知十)도 있어야 할 것이고, 또한 '열을 미루어 하나로 합칠 수 있는 능력'(推十合一)도 갖춰야 할 것이다.

한편 '선비'라는 말에 쓸모가 있는 사람이라는 뜻을 지닌 '儒'(선비 유)가 있고, 바탕과 형식이 뛰어난 사람이라는 뜻을 지닌 '彦'(선비 언)이 있으나 이는 모두 다 '士'에 대한 한쪽 방면을 강조한 말이다.

| 뚫을 곤
상하를 관통한 모양

위에서 아래를 향해 뚫거나, 아래에서 위를 향해 뚫거나 간에 위와 아래를 뚫는 일을 두고 'ㅣ'(뚫을 곤)이라고 하였다. 그런데 밑(아래)에서 머리(위) 쪽을 향해 뚫는 경우를 '신'(囟; 머리의 모양)이라 읽고, 위(上)에서 아래(下)를 향해 뚫는 경우를 '곤'(坤; 땅으로 향함)이라 읽어야 한다.

이런 뜻에서 어떤 물건(口)의 중심을 뚫는 일을 두고 '中'(가운데 중)이라 하였고, 나아가 좌우에 치우치지 않고 고스란히 중심을 지켜 나아가는 마음을 '忠'(충성 충)이라 하였다. 주자가 말한 이른바 "中心之謂忠"(중심을 잃지 않고 지켜 나가는 것을 일러 忠이라 한다.)이라는 말이 곧 이를 두고 이른 말이다.

왼쪽을 머리 돌려 바라보고 오른쪽을 눈여겨 살펴야 한다(左顧右瞻)는 말은 좌우를 살펴 중심을 잃지 말라는 것이지, 결코 좌우 양쪽을 살펴 어느 한쪽으로 치우치라는 말은 아닐 것이다.

좌우를 잘 살펴 좌우에 치우치지 말고 자신이 나아가야 할 방향을 곧장 뚫어지게 나아가야 함을 '忠'이라 한다면, 나아가 좌우를 버리지 않고 되도록 수용해 나아가는 일을 '恕'(용서할 서)라 말할 수 있다. 그렇기로 '忠'은 중심을 지켜 가는 원리를 말한 것이라면 '恕'는 중심을 원만히 지켜 나아가는 실질적 방법인 것이다.

뾰족한 일을 이루기 위해서는 무엇보다도 먼저 좌우를 아우르는 밑바탕을 크게 잡고 난 뒤, 그런 큰 토대 위에서 중심을 잘 잡고 꾸준히 바른 목표를 향해 하나하나 꼼꼼히 쌓아 가야 할 것이다. '첨단'(尖端)의 '尖'(뾰족할 첨)이 되려면 밑이 커야 위가 뾰족해질 수 있다.

중심을 잃고 좌우로 치우치는 그 까닭은 어디에 있을까? 이성을 잃고 우왕좌왕하는 까닭은 감각적 본능에 한눈이 팔려 버리기 때문이며, 일을 망치는 그 본능의 밑바닥을 파고 들어가 보면 오직 '食'과 '色'일 따름이다.

그래서 탐욕(貪慾)과 애욕(愛慾)이 '忠'을 막는 최대의 적이며, 지나친 사랑과 깊은 미움이 곧 '恕'를 막는 크나큰 장애물이다. 이런 뜻에서 부처의 다음과 같은 설법은 보여 주는 바가 매우 크다.

"산에서 채취한 뗏목이 강을 타고 흘러내려 감에 목적지까지 제대로 닿지 못하는 것은 물이 흐르다가 그 흐름이 멈춰서가 아니라, 다만 뗏목이 강물을 타고 흐르다가 두 제방 사이에 걸려 더 이상 나아가지 않기 때문이다. 이와 마찬가지로 사람도 제 목적지까지 이르지 못하고 중도이폐(中道而廢)하는 두 원인은 오직 탐욕과 애욕 두 가지일 뿐이다."

중심을 놓치고 중도에 폐하는 두 가지 요소는 이 탐욕과 애욕이라는 두 장애물 때문이다. 숲속을 마음대로 누비며 뛰놀던 사슴의 최대 위기는 바로 다리를 다쳐 뛸 수 없는 경우보다는 제 잘난 뿔이 숲에 걸려 나가지도 못하고 물러서지도 못하는 것과 전혀 다를 바 없다.

그렇기로 원효도 학인들에게 "재색의 화는 독사보다도 심하기 때문에 스스로 언제나 그 그름을 살펴 반드시 멀리할 것이다."(財色之禍, 甚於毒蛇. 省己知非, 常須遠離)〈발심수행장(發心修行章)〉라고 하였다.

활연도통 대명천지(豁然道通 大明天地)의 길을 가로막는 두 먹구름은 다른 데에서 쳐들어 온 것이 아니라, 그 뚫고자 하는 의욕을 좌절시키고야 마는 자신의 마음속에서 우러난 탐욕과 애욕이라는 점을 각골명심해야 할 것이다.

屮 풀 돋을 철
초목이 처음으로 돋아난 모양

땅 위에 돋아난 풀을 본뜬 글자는 '艸'(풀 초)인데 여기에서 좌우 한쪽을 떼어 낸 글자는 풀이 돋아난 모양을 본뜬 글자로 '풀 돋을 철'이라 한다. 흔히 말하는 '철부지'라는 말이나 봄 여름 가을 겨울을 두고 '사철'이라고 하는 말은 다 이 글자에서 유래된 말이다. 한 해를 넷으로 나누어 '사철'이라 함은 땅 위에 돋아난 풀이나 나무의 상태를 두고 이른 말이다. 이런 뜻에서 '사철'의 의미를 살펴보면 다음과 같다.

첫째, 봄이란 풀싹이 비로소 돋아나서 머물고 햇살이 제법 길어져 온 천지에 양기가 생겨 겨우내 얼었던 대지의 물기를 말리는 아지랑이 현상을 볼 수 있다. 그래서 많은 풀싹을 본뜬 '芔'(풀밭 훼) 밑에 '屯'(머물 둔)을 쓰고 그 아래에 햇살을 뜻하는 '日'(날 일)을 붙여 '春'(봄 춘)이라 하였다. 따라서 '봄'이란 여태 안 보였던 '풀싹'과 '아지랑이'가 보인다는 '보임'의 준말이 곧 '봄'이다.

둘째, 여름이란 봄의 양기를 받고 되살아난 갖가지 식물이 제각기 예쁜 꽃을 피었다가 그 꽃이 뚝뚝 떨어진 그 자리에 드디어 열매가 열어 무럭무럭 자란다는 뜻에서 열매가 '열음'이 곧 '여름'이다. 종족보전의 마땅함에 따라 열기는 열지만 다만 '枚'(작은 가지 매)에 매달려 열기 때문에 '열매'라 말한 것이다.

셋째, 가을이란 여름내 무럭무럭 자란 열매가 드디어 제 색깔을 내며 각각 제 맛을 드러내는 계절이라, 이를 하나하나 정성껏 거두어 갈무리하는 때라는 뜻으로 '갈무리'가 '갊'으로 줄고 '갊'이 다시 '갈'로 변했다가 이것이 다시 '가을'로 고착화되기에 이른 것이다. 즉, 오곡백과가 익는 철이라는 뜻에서 '秋'(가을 추)는 오곡백과를 뜻하는 '禾'(벼 화)에 '火'(불 화)를 붙인 글자다.

넷째, 겨울이란 사철 짙푸른 송백과 같은 침엽수를 제외한 대부분 식물들은 그 자취를 다 감추고 오직 황량한 북풍한설만이 몰아치는 철이라 웬만한 일이 아니면 바깥출입도 삼가고 집 안에 들어 크게 바쁜 일이 없기로 '겨를이 있음'을 '겨울'이라 하였다.

그러나 항상 겨를이 있음이 계속될 수는 없다. 다만 겨를이 있다는 자체는 장차 바쁠 일이 있을 수밖에 없다는 전제일 뿐이니 한 해의 끝이 다만 끝이 아니라 새로운 봄이 돌아올 수밖에 없는 시작이라, '冬'(겨울 동)은 '夊'(뒤져갈 치) 밑에 '冫'(얼음 빙)을 붙여 만든 글자다.

이처럼 '사철'이란 풀싹의 상태를 두고 말한 말이니 "이 산 저 산 꽃이 피니 정녕코 봄이로구나." 하는 구절에서부터 시작하여 "月白雪白天地白^{월 백 설 백 천 지 백}하여 온 천지가 다 희고 자신의 머리까지도 희다."는 내용으로 마무리 되는 노래를 '사철가'라 하는 것도 실은 여기에서 나온 말이다.

모든 사물은 시간과 공간의 제약을 받으며 나름대로의 존재성을 지닌다. 그런데 공간도 문제지만 우선 시간적 변화에 대응할 줄 모르고 항상 제 틀에 갇혀만 있으면 낭패만 거듭할 뿐이다.

배를 타고 가다가 칼을 물 속에 빠트린 자가 뱃전에 금을 그어 놓고 그 밑에 빠진 칼이 있으리라고 여기고 그 속만 뒤지다 보면 끝내 칼을 찾을 도리가 없다(刻舟求劍).

시간의 변화를 모른 채 자신의 틀에 갇혀 제멋대로 하는 자는 다 철부지(屮不知)일 뿐이다.

 艸 <ruby>풀<rt>풀</rt></ruby> <ruby>철<rt>철</rt></ruby>
초목이 나란히 뻗어 난 모양

풀싹이 돋아난 모양을 좌우로 써서 풀을 뜻하는 '艸'(풀 초)라 한다. 대개 일년생 식물을 '풀'이라 하고, 다년생 식물을 '나무'(木)라 한다.

그러나 나무가 되었든 풀이 되었든 간에 이들 식물 대부분은 꽃을 피우고 그 꽃이 떨어지면 어김없이 열매를 맺는 것이 보통이다. 따라서 초목에서 우선 중요한 것은 꽃인데 잘 알고 보면 꽃처럼 신비로운 것이 없다.

특히나 잎도 푸르고 줄기도 푸른 나팔꽃 넝쿨에서 흰 바탕에 붉은색을 띤 꽃이 피어나고, 어떤 넝쿨에서는 같은 흰 바탕이면서도 남색을 띤 꽃이 피어나는 양을 보면 사실 경이롭기 그지없다.

그래서 꽃이란 뜻은 초목에서 가장 묘한 변화가 일어난 그 자체를 말하니 초목을 뜻하는 '艸'에 변화를 뜻하는 '化'(될 화)를 상하로 붙여서 '花'(꽃 화)라고 하였다. 즉, 나팔과도 같은 모양으로 꽃을 피우면 나팔꽃이라 하고, 접시와도 같은 모양으로 꽃을 피우면 접시꽃이라 하였다.

꽃이 초목의 가장 빼어난 부분임에는 틀림이 없다. 그러나 그토록 예쁜 꽃을 피워 내는 그 힘은 바로 봄과 가을을 두고 번갈아 가며 옷을 갈아입는 잎이 있기 때문이며 그 잎이 해를 두고 지었다 다시 피는 그 밑바닥에는 뿌리가 엄연히 살아 있기 때문이다.

이런 이치를 두고 '잎'을 뜻하는 글자는 '艸木'(풀과 나무) 사이에 해를 뜻하는 '世'(해 세)를 붙여 '葉'(잎 엽)이라 하였고, 뿌리에서 잎까지를 유통시키는 부분을 '艸'에 반듯하다는 뜻을 지닌 '巠'(반듯할 경)을 붙여 '莖'(줄기 경)이라 하였다.

그렇다면 '꽃'이란 말은 무슨 말인가? 불이 피어나듯 꽃도 때가 되면 피어나는 것이기 때문에 불에서의 꽃이나 초목에서의 꽃은 같은 바탕에서 우러난 말이다.

뿌리에서 돋아난 줄기가 잎을 거느리고 있는 것과 마찬가지로 꽃을 자세히 살펴보면 꽃도 실은 꽃잎과 부리가 있으니 특히 꽃잎을 거느리고 있는 부리는 꽃 가운데에서도 가장 한복판이라, '艸'에 가운데를 뜻하는 '央'(가운데 앙)을 붙여 '英'(꽃부리 영)이라 하였다.

꽃은 이 땅 위에서 가장 아름다운 것이기 때문에 흔히 한창때의 청춘을 두고 꽃다운 나이라 말하기도 하고, 남자 중의 남자다운 남자를 일컬어 '英雄'(꽃잎을 거느리는 꽃부리와도 같이 중심된 남자)이라 하였다.

하늘에서 가장 아름다운 것을 반짝이는 '별'이라 하고, 인간 개개인의 가슴속에 간직되어 있는 가장 아름다운 진실을 '양심'이라 하였다. 그러나 이 세상 모든 아름다움이란 쏜살같이 거침없이 달리는 시간의 흐름 속에서 그 자취를 쉽게 감추기 마련이다.

그래서 옛 어른이 읊기를 "해마다 꽃은 그런대로 곱게 피어나지만, 해를 두고 사람은 서로 같을 수 없네."(年年歲歲花相似 歲歲年年人不同)이라 하였다. 하필 세월의 무상함만을 읊은 것인가?

봄날 밤, 복숭아꽃 오얏꽃 아름다운 동산에서 "천지는 만물이 쉬어 가는 하나의 공간이요, 그 공간 속에 쏜살같이 흐르는 시간이란 것도 또한 무한히 거쳐 가는 나그네와 같다."(天地萬物之逆旅 光陰百代之過客)〈춘야연도리원서(春夜宴桃李園序)〉는 이태백의 독백처럼 꽃은 곧 세월의 흐름을 가늠하는 눈금과도 같다. 해마다 피는 꽃 따라 봄도 열리고, 지는 잎 따라 가을도 닫힌다.

 蓐 묵은 풀 욕

삼월이 되었어도 그대로 있는 묵은 풀

　농부들은 언제나 잡초와 싸움을 계속하는 것이 하나의 큰일이다. 즉, 봄에는 밭 갈고 씨를 뿌리며, 여름에는 김을 매어 가며 가꾸고, 가을에는 부지런히 거두며, 겨울에는 거둔 농작물을 잘 갈무리해 두어야 하는 것이 해마다 거듭되는 일이다.

　그중에서 만약 봄에 밭갈이를 하지 않고 게으름을 피우면 가을에 거둘 것이 없기 때문에 주자도 일찍이 이를 일러, "봄에 밭 갈지 않으면 가을에 거두어들일 것이 없어 후회한다."(春不耕作秋後悔)고 하였고, 마찬가지로 "어려서 배우지 않으면 늙어서 후회하기 마련이다."(少不藝學老後悔)라 하였다.

　사실 봄이라는 글자는 새싹이 돋아 머물기 시작하고, 또한 겨우내 어두웠던 햇살이 밝아져 날씨가 온화해지기 때문에 '卉'(풀싹 훼) 밑에 '屯'(머물 둔)을 붙이고 다시 그 밑에 '日'(날 일)을 붙여 만든 글자로 안 보였던 새싹과 따스한 햇살이 보이기 시작하는 계절이라는 뜻이다.

　이런 뜻에서 봄이란 '보임'의 준말로 한 해의 시작이다. 마찬가지로 인생살이의 시작은 소년소녀이기 때문에 소년소녀들을 좋게 일러 '푸른 봄'(靑春)이라 하였다. 그래서 봄의 밭갈이와 소년 시절의 배움을 짝지어 말할 수 있는 것이다.

　문제는 때를 놓치면 만사가 다 어려워질 수밖에 없는 노릇이기 때문에 봄의 밭갈이와 소년기의 배움은 한 해의 시작과 일생의 시작이라는 점에서 매우 중요한 일이다. 만약 이 두 가지 일을 두고 게으름을 피운다면 나라 경제가 망가지고 인재가 길러질 수 없다.

그래서 일찍부터 삼월이 되어도 손써서 밭 갈지 아니하고 일 년 동안 묵은 풀이 그대로 있는 상태를 두고 '艹'(풀 초) 밑에 '辰'(삼월 진)을 붙이고 그 아래에 '寸'(마디 촌; 손을 뜻함)을 붙여 '蓐'(묵은 풀 욕)이라는 글자를 두었다.

그리고 만약 밭갈이할 때를 당해서도 게으름을 피운 나머지 밭을 그대로 둔 자에게는 엄한 벌을 주었으니 본디 '辱'(욕보일 욕)은 이런 까닭에서 나온 글자이며, 욕보였던 내용은 눈에는 눈, 이에는 이라는 식으로 수염을 깎아 게으름뱅이라는 표시를 했던 것이다.

왜냐하면 백성들을 포함한 천지 안의 만물은 기본적으로는 왕의 소유인데 다만 농사와 같은 광범위한 일은 왕이 직접 경작할 수 없기 때문에 백성들로 하여금 경작토록 허용해 주고, 그 대신 나라 경영에 필요한 세금을 받는 것이 떳떳한 일인데 이를 어기면 당연히 그에 상응하는 벌을 받아야 한다는 것이다.

그래서 내린 벌이 턱수염을 깎아 버리는 모욕을 내리는 것이니 사실 턱수염을 깎인 게으름뱅이야 아주 큰 모욕이 아닐 수 없었을 것이다. 그렇다고 해서 제 잘못의 게으름을 두고 크게 항의할 수도 없는 일이라, 그대로 견뎌낼 수밖에 없기로 '而'(턱수염 이)와 '寸'(마디 촌; 손쓴다는 뜻)을 그대로 붙여 '耐'(참을 내)라 하였다.

茻 풀밭 망

초목이 우북하게 자라난 풀밭

풀을 나타낸 글자가 하나 있으면 풀싹이 돋는다는 뜻에서 '풀 돋을 철'이라 하였고, 겹쳐 있으면 풀 자체를 나타내는 '艸'(풀 초)라 하고, 셋을 겹쳐 놓으면 초목을 가꾸는 밭이라는 뜻에서 '卉'(풀밭 훼)라 하였으며, '艸'를 위아래로 겹쳐 놓으면 자연으로 만들어진 풀밭이라는 뜻에서 '茻'(풀밭 망)이라 하였다.

온 천지를 밝히는 해와 풀은 깊은 인연이 있다. 풀 위에 해가 돋아나면 이른 아침이 되기 때문에 '早'(이를 조)라 하였듯 풀밭 속에 해가 들어가 버리면 해 저문 늦은 때가 되기 때문에 '莫'은 본디 '저물다'는 뜻을 지닌 '暮'(저물 모)의 본디 글자다.

따라서 '莫'과 '暮'는 서로 통하는 글자로 해가 저물어 손가락이 안 보일 정도가 되면 하던 일도 할 수 없다는 뜻에서 '莫'(말 막)이라는 부정의 뜻으로 쓰이게 되었다. 그러자 막상 해가 기울어 날이 저문 상태는 곧 시간(日)에 관한 상태를 나타낸 것이라, '莫'에 '日'을 덧붙여 '暮'라 쓰게 된 것이다.

아무튼 일단 '莫'이 '아니라'는 부정의 뜻이 강한 이상 많은 글자가 여기에서 불어나게 되니 그 예를 들면 다음과 같은 글자들이다.

'肉'(고기 육)을 붙여 보니 살코기가 아닌 꺼풀이 되기로 '膜'(꺼풀 막)이요, '土'(흙 토)를 붙여 보니 단순한 흙더미가 아닌 무덤이기로 '墓'(무덤

묘)요, '心'(마음 심)을 붙여 보니 자나 깨나 마음속에서 잊지 못한다는 뜻으로 '慕'(사모할 모)가 되었다.

물이 전혀 없이 메마르면 살아갈 길이 아득하기로 '漠'(아득할 막)임과 동시에 뜨거운 모래뿐 물이 없는 '사막'(沙漠)이라는 말이요, '木'(나무 목)을 붙여 보니 실은 나무가 주된 것이 아니라 어떤 알속을 빼내기 위해 임시로 만든 나무틀을 뜻하니 '模'(나무틀 모)가 된 것이다.

기다란 베로 창문을 가리기 마련이니 '帳'(휘장 장)이라 하였고, 휘장을 치는 까닭은 다른 사람이 볼 수 없도록 막는다는 뜻이 있으니 휘장과 비슷한 뜻을 지닌 가리개를 두고 '幕'(장막 막)이라 하여 '帳'과 '幕'을 아울러 쓰고 있다.

똑같이 어떤 것을 두고 모른다고 할 때에 모르는 까닭을 두 종류로 나눌 수 있다. 알 수는 있었을지라도 미처 알지 못한 것을 일러 '無知'라 하는 데 반하여, 잘 살피면 알 수도 있지만 굳이 따져 가면서 알려 들지 않는 것을 일러 '莫知'라 한다.

따라서 흔히 상대하기 힘든 상대를 두고 '무지막지'하다는 말을 써서 다 같이 곤란한 상대임에는 틀림이 없다. 그러나 참을성을 발휘하여 대화를 통해 이해시키는 소통의 기회를 갖는다면 별 어려움 없이 말을 잘 들을 수 있는 사람은 '無知' 쪽에 서 있는 사람이며, '莫知' 쪽에 갇혀 있는 사람은 어쩔 수 없는 사람이다.

'無知莫知'의 원인은 무엇인가? 믿지 않고 의심만 하니 모를 수밖에 없고, 나만을 생각하고 남을 바라보지 않으니 나도 남도 둘 다 알 수 없고, 배워 알 수 있는 기회가 있어도 지나치는 게으름만 지니니 도대체 알 리가 없다. 그러니 뉘나 다 '無知'를 깨끗이 씻고, '莫知'를 얼른 벗어나야 서로 통하는 인간사회가 되지 않겠는가?

小 작을 소
좌우 양쪽으로 나눠 작다는 뜻

'작다'는 말은 곧 '큰 것'이 나누어졌기 때문에 작은 것이라, 어떤 물건이 가운데(丨)를 중심으로 좌우 양쪽(八)으로 나누어졌음을 나타내어 '小'(작을 소)라 하고 이를 풀이하여 "물건이 미세해진 것을 말한다."(物之微也)라고 하였다.

예를 들어 비록 산이 엄청나게 높다고 치자. 그러나 그 산이 오래도록 높이 솟아 있을 수밖에 없는 까닭은 우선 단순히 흙더미로만 이뤄진 것이 아니라, 흙속에 단단한 바위가 버티고 있기 때문이다.

뿐만 아니라 산봉우리가 그저 단순히 한 가닥으로만 우뚝 솟아 있는 것이 아니라, 대부분의 경우 산을 에두르고 있는 언덕이 높은 봉우리를 한사코 받들고 있기 때문이다.

그래서 산중턱에 꽉 박혀 감히 산의 흙(살점)을 내리지 못하도록 막고 있는 큰 바위를 일러 '嚴'(큰 바위 암)이라 하고, 봉우리를 내내 받들다가 마침내 골짜기로 굴러떨어져 있는 바위를 두고 '岩'(바위 암)이라 하니 알고 보면 바위도 그 급수가 있다.

아무리 단단한 바위덩이일지라도 풍화작용으로 말미암아 그 육중한 덩이가 부서지게 되면 '厂'(언덕 한)으로 굴러떨어져 골짜기에 흐르는 물 밑에서 구르는 '石'(돌 석)이 되어 물 흐르는 그대로 돌돌 거리며 돌 수밖에 없기로 '돌'은 어디까지나 '돌'이다.

'돌'도 돌 나름이다. 크게 나누면 큰 돌과 조약돌이 그것이다. 그러나 크고 작고 간에 어찌 되었던 돌은 다시 이리저리 구르다가 끝에 가서는 돌(石)보다 더욱 작은(少) 부스러기가 되어 '砂'(모래)가 되고야 말 뿐이다. 이런 면에서 살피면 '小'보다는 '少'가 더욱 작은 것을 뜻한다고 이를 수 있다.

어찌 '모래'라고 다 같을 수 있겠는가? 산에서부터 부서져 내려와 물을 타고 내려가되 다만 냇가의 양 언덕에 밀려났거나 강 하류에 모래톱을 이룬 모래는 '砂'(강모래 사)라 하지만 이보다 더 작아 일단 바다까지 갔다가 밀물에 밀려와 모래 마당을 이룬 그 고운 모래는 아무래도 '沙'(바닷모래 사)라 이를 수밖에 없다.

바닷물에 씻긴 모래가 산에서 흘러온 강모래보다 더욱 고울 수밖에 없는 것이요 바닷모래보다는 밤낮없이 파도에 밀려 쌓인 바닷가 진흙이 더 고울 수밖에 없다. 그래서 진흙을 두고 산속 깊은 곳에서 무심히 살아가는 사람처럼 물속에서 곱게 가라앉은 흙이라는 뜻에서 '泥'(진흙 니)라 일렀더라.

명사십리 해당화는 바닷가 모래밭에 걸맞은 꽃이라면, 산당화는 비탈진 산모래에 걸맞은 꽃이다. 그러나 이들보다도 더 아름다운 꽃은 고인 물 호수에 핀 연꽃이다.

연꽃은 비록 바닥이 더러운 진흙 속에 뿌리를 깊이 박고 피어나 있어도 더러운 진흙 냄새가 하나도 없다. 오히려 줄기는 빈 채로 곧고, 잎은 빗방울을 고스란히 받아들이다가 제 그릇에 다 차면 어김없이 뱉어 내는 양이 참으로 자랑스럽고, 더욱이 그 향기는 굳이 바람을 타지 않고도 멀리 만리를 퍼져 나간다 하니 '蓮'(연꽃 연)은 벋어 나가는 그 삶도 연이려니와 그 향기까지도 연인 듯하다.

八 나눌 별
좌우로 서로 나눠진 모양

오른쪽에서 왼쪽으로 비스듬히 획을 그은 모양인 'ノ'(삐침 별)을 두고 어떤 물건을 나누는 모양 가운데 하나로 썼다. 어떤 물건의 가운데를 반듯하게 나눈 것을 '中'(가운데 중)이라 함과 같이 'ノ'은 굳이 평면적으로 가운데를 나눈다는 뜻과는 달리 입체적으로 나눈다는 뜻을 나타낸 글자다.

또한 큰 것을 가운데를 뚫어 좌우 양쪽으로 나눈 것을 일러 '小'(작을 소)라 하고, 이 작은 것을 다시 나눈 것을 일러 '少'(적을 소)라 하여 '小'와 '少'를 각각 '大'나 '多'와 상대되는 뜻으로 받아들이고 있다. 그러나 본디 '小'보다 '少'는 더욱 작은 것을 뜻한 글자였다.

그리고 막상 결과적으로 나누어진 것은 '나누다'(ノ)는 뜻을 좌우로 엇갈려 놓아 '八'(여덟 팔)이라 하였다. 사람의 몸에서 나누어져 있는 것 자체가 왼팔과 오른팔이기 때문에 좌우로 나눈 것을 '팔'(八)이라 읽음과 동시에 둘로 나눠지는 짝수 중에서 가장 큰 수가 '여덟'이기 때문에 여덟이라 붙인 것이다.

왜냐하면 사실 둘로 나눠지는 짝수를 二 四 六 八 十이라 하나 '十'이라는 수는 짝수도 아니고 홀수도 아닌 '완성'을 뜻하는 수로 여겨 왔기 때문에 이런 뜻에서 짝수의 가장 큰 수는 '八'일 수밖에 없고, 또한 이는 손이 좌우로 나눠져 있듯이 나눠진 결과로서 '나누다'는 뜻을 지닌 글자일 수밖에 없다.

나눔에 있어서는 대개 칼로서 나누기 마련이다. 그래서 '刀'(칼 도)와 '八'(나눌 별)을 상하로 붙여 '分'(나눌 분)을 만들었다는 사실은 참으로 위대한 발상이라 탄복하지 않을 수 없다.

사람은 단독으로 살아갈 수는 없으며, 오직 서로가 모여 서로를 도와가며 살아가야 한다. 그렇기로 사람과 사람이 서로 적절한 사이를 두고 모여 사는 모듬 형태를 두고 '인간사회'(人間社會)라 일렀다.

일찍이 공자가 부르짖은 '仁'(어질 인)도 원천적으로 따져 보면 사람과 사람은 그 어느 것과도 달리 서로 참다운 사랑을 나누며 살아가기를 가르친 말이다. 사람은 사람끼리 서로 아끼며 잘 살아갈 수 있는 길을 모색해 가며, 잘 살아갈 수 있도록 살아가라는 말이다.

기본적으로 어떻게 하면 잘 살아갈 수 있다고 하였는가? 한마디로 입장을 바꿔 놓고 생각해 가며 살아가야 서로 잘 살아갈 수 있다는 것이며, 그렇게 살아가려면 곧 "내가 하고자 하지 않는 것을 남에게 베풀지 말라."
(己所不欲 勿施於人)라고 하였다.

한 걸음 더 나아가 "내가 서고자 하면 먼저 남을 세울 것이요, 내가 통달코자 하면 먼저 남을 통달시킬 것이다."(己欲立而立人 己欲達而達人)라 하여 적극적인 방법까지를 동원하여 이 땅에 '仁'의 종자를 심고 가꾸어 어진 세상을 꽃피우고자 하였던 것이 공자의 이상이었다.

그런데 왜 이런 더불어 잘 살아 나갈 좋은 방법이 불을 보듯 훤히 밝은데 현실은 그렇지 못할까? 그 해답은 바로 안분자족(安分自足)할 줄 모르기 때문이다.

만사는 다 예나 지금이나 '수'가 맞아야 이뤄질 수 있다. 노력한 만큼의 '몫'(分)이 곧 얻어야 할 '수'(數)인데도 불구하고 정도 넘치게 부리는 욕심이 바로 '分數' 밖의 일이 되기로 언제나 문제가 그칠 날이 없는 것이다. 제몫만 제대로 찾아 만족할 줄 알면 혼란은 없다.

 釆 발자국 변
짐승 발자국의 모양

사람의 손을 나타낼 때 손목에 다섯 손가락이 있는 모양을 그대로 본떠 '手'(위의 丿은 가장 긴 손가락이라는 뜻)라 썼듯이 짐승의 갈라진 발가락을 그대로 본떠 '釆'(발자국 변)이라 하고, 땅을 밟아 굳어진 발자국의 모양을 '田'이라 하였다. 그리고 이 두 글자를 상하로 합쳐 놓은 '番'(차례 번)을 보통 '차례'를 뜻하는 글로 사용하고 있다.

그러나 '止'(발 지)와 '止' 사이를 한 걸음이라 하여 '步'(걸음 보)라 하듯 짐승 발자국 또한 '釆'과 '田'을 상하로 맞붙여 놓으면 그 뜻은 곧 '짐승의 발과 발 사이'로 이 또한 '걸음'이라는 뜻일 수밖에 없다.

이런 맥락에서 토지를 구분할 때 그 가장 원시적인 기본 단위가 거리를 가늠하는 발걸음이었을 것이므로 어느 특정한 점을 기준 삼아 그 기준점에서부터 차례차례 경계를 지어 나갔기 때문에 오늘날까지 '番地'(번지)라는 용어가 쓰이게 되었다는 점을 짐작해 알 수 있다.

아무튼 '番'은 본디 짐승 발자국을 뜻한 글자다. 그러하니 이런 점에서 '番'에서 불어난 많은 글자들의 뜻이 분명하게 드러난다. 간밤에 감쪽같이 없어진 닭을 물어 간 소행을 찾아내자면 집을 나타내는 '宀'(집 면)에 짐승 발자국을 뜻하는 '番'을 붙여 '審'(찾을 심)을 '찾다' 또는 '찾아내다'는 뜻으로 쓸 수밖에 없다.

그런데 울타리는 대부분 빽빽이 심은 초목으로 이루어져 있었기 때문에 '艸'(풀 초)와 '番'을 붙인 '蕃'(우거질 번)을 '초목이 **빽빽한** 모양'을 나타낸 글자로 썼으며, 그중에서도 가장 흔한 울타리는 대나무를 써서 집 안과 집 밖을 분리시켰기에 '籬'(울타리 리)라 하였다.

어디 한 가정만이 울타리가 있었겠는가? 나라의 울타리는 **빽빽한** 초목만으로는 부족하기 때문에 성을 굳게 지키기 위해서는 성 밑에 물길을 파 놓듯, 국경 바깥에는 '藩'(바자울타리 번)을 두어 앞서 지킴이를 두기도 하였다.

흔히 역사에서 말하는 조선의 대외정책은 사대교린(事大交隣)이라 하여 어쩔 수 없이 큰 것은 섬기고, 이웃과는 서로 사귀며 살아가자는 것이었다. 그래서 중국과 조선 사이에 있는 오랑캐들은 과감히 소탕해 버리고 방심할 수 없는 왜를 경계하기 위해 앞 지킴이의 하나로 대마도를 달래며 번방(藩邦)으로 키우고자 하였다.

그러나 결과는 어찌 되었던가? 조선을 두 동강이 낼 만한 임진년 큰 전쟁의 앞잡이도 대마도였고, 고려 말에 고려 사직을 정신없이 휘저어 놓아 망국의 길을 앞당겨 놓았던 그 앞잡이도 또한 대마도였고, 대원군의 쇄국주의에 날강도로 뛰어들어 억지로 개항을 부추긴 주체도 대마도였다.

울타리는 안과 밖을 분리시켜 놓은 경계로 경계 안속을 '우리'라고도 한다. 그래서 '우리'라는 말도 실은 가족주의적 발상에서 벗어날 수 없는 편협한 용어라 여길 수도 있다. 그러나 그렇다고 해서 '우리'를 별다른 경험도 없이 일시에 다 활짝 열어 제쳐 놓는 일도 경솔한 일이지만, 한편 '우리' 안의 다양한 불빛을 어둡다고 여기고 몽땅 바깥 불빛을 향해 몰입하자는 발상도 위험천만한 일이 아닐 수 없다.

"물건은 반드시 먼저 썩은 후에야 벌레가 나고, 사람은 제 스스로가 자신을 허술히 한 후에야 남이 허술하게 여긴다."(物必先腐而後蟲生之 人自侮而後人侮之)라는 소동파의 명언을 되새기자.

半 반 반
소를 반으로 나눈 모양

　소는 큰 물건이다. 워낙 큰 물건이기 때문에 소를 잡았을 때에는 반드시 좌우로 나눠 다뤄야 한다. 그래서 '牛'에 좌우로 나누다는 뜻을 지닌 '八'(나눌 별)을 붙여 '半'(반 반)이라 하였다.

　어떤 물건의 중간을 나타내는 '中'(가운데 중)과 반쪽으로 나누다는 뜻을 지닌 '半'과는 상통하는 점이 있다. 그러나 '中'은 그저 물건의 가운데라는 말이지만, '半'은 가운데를 나눈 반쪽이라는 말이다.

　대부분 칼을 써서 나누기 때문에 나누는 행위를 나타내는 말은 '半'에 칼을 나타내는 '刀'(칼 도; 刂)를 붙여 '判'(가를 판)이라 하였다. 따라서 큰 구슬 속의 흠집을 없애기 위해 그 구슬을 좌우로 가른다는 뜻을 지닌 '班'(나눌 반)과 서로 소리도 거의 같고 뜻도 거의 비슷하다.

　그러나 '判'은 어떤 큰 것을 좌우로 가른다는 뜻을 지닌 글자지만 이에 비하여 '班'은 많은 것을 사용하기 편리하도록 알맞게 가른다는 뜻을 지닌 글자다. 즉, 결정을 향한 나름대로의 판단을 뜻할 때에는 '判'을 쓰고, 많은 신입생을 지도하기에 알맞도록 가르는 일로 반을 나누다는 경우에는 '班'을 쓴다.

　한편 '半'에 뒤집어지다는 뜻을 지닌 '反'(뒤집을 반)을 붙이면 배반하다는 뜻을 지닌 '叛'(배반할 반)이 된다. 서로 마주보며 웃고 지내던 사이가 어느덧 어느 하나가 뒤집어져 급기야 등진 상태를 이룬 것을 두고 '배반'

(背反)이라 하는데, 이를 한 글자로 쓰면 곧 '叛'이 된다.

서로의 믿음이 깨지고 등지는 사이가 되는 것은 누구나 원치 않는 일이다. 그러나 이런 일이 더러 눈에 자주 띄는 까닭은 어디에 있는가? 곰곰이 곱씹어 가며 생각해 볼 필요가 있다.

뒤집어지는 것이 먼저일 턱이 없다. 말할 필요조차 없이 반으로 나누는 일이 공평치 못하면 참다 참다 참을 수 없는 나머지 끝내 뒤집어질 수밖에 없을 뿐이며, 이미 뒤집어졌기 때문에 등질 수밖에 없는 노릇이 '背反'이 지니는 순서일 뿐이다.

모처럼 양나라 혜왕을 찾은 맹자를 보고 그 왕은 깜짝 반기며 "노인장께서 이처럼 몇 천 리를 멀다 여기지 않으시고 찾아 주시니 장차 나라에 어떤 이익을 주고자 하십니까?"라고 하였다.

그러자 맹자는 "어찌 반드시 이익을 말씀하십니까? 또한 어짊과 의로움이 있어야 할 따름이지요."(何必曰利 亦有仁義而已矣)라고 대꾸하였다. 여기에서 왕이 말하는 이익은 점점 인구가 다른 나라로 흘러 나가는 상황을 어떻게 막아 볼 도리가 있겠느냐는 말이었다.

그러나 왕의 기대와는 달리 맹자의 처방은 '어짊과 의로움'(仁義)이 있을 따름이라는 것이었다. 언뜻 듣고 보면 지엄한 왕 앞에서 쏘아붙이는 태도로 심히 왕의 비위를 거스르는 말이라 여길 수 있다. 그러나 그렇지 않다.

맹자가 말한 '어짊'이란 온 백성을 공평하게 포용할 줄 아는 너른 집을 말하고, '의로움'이란 누구나 쉽사리 뒤집거나 등질 수 없는 반듯한 큰 길을 말한 것이다. 그리고 그토록 넓은 집을 갖고, 바른 길을 걸어가는 유일한 길은 "남의 노인을 내 노인처럼 여기고 남의 어린이를 내 어린이로 여겨야 함"(老吾老 幼吾幼)에 있다.

牛 소 우

뿔, 머리, 그리고 몸통과 꼬리

　소는 제사에 바치는 희생물 중에서도 가장 큰 것이기 때문에 소를 일컬어 '大牲'(대생; 큰 희생물)이라고도 말하고, 또 한편으로 소는 사람에게 가장 큰 물건이 되므로 '人'에 '牛'(소 우)를 붙여 사물 중에서도 큰 것을 뜻하는 '件'(물건 건)이라 하였다. 하고많은 일 중에서도 큰일을 '事件'(사건)이라 하고, 하고많은 물건 중에서도 큰 것을 '物件'(물건)이라 하였다.

　또 모든 물건 중에서 어떤 형태로든 생식을 통해 이루어지는 동물일 경우에 '암컷'과 '수컷'으로 구별되기 마련이다. 이때 '수컷'은 씨를 토해 주는 역할을 하고, '암컷'은 씨를 받아 키워 내는 역할을 하므로 '牛'에 '吐'(토할 토)를 붙여 '牡'(수컷 모)라 하고, '牛'에 '化'(될 화)를 붙여서 '牝'(암컷 빈)이라 하였다. 물론 이때 '吐'와 '化'에서 각각 '口'와 '亻'은 생략된 것이다.

　땅을 딛고 사는 이 세상 모든 동물은 그 어느 하나도 암수의 생식을 통하지 않고는 나올 수 없기에 우리가 흔히 말하는 '새끼'라는 말도 곧 '암'과 '수' 사이에서 끼었다 나온 것이라는 결과적 의미를 나타낸 것이다.

　좌우 두 손 사이에 지푸라기를 넣고 서로 비벼 줄줄이 빚어 나온 줄을 '새끼줄'이라 하는 것처럼 '암수'가 서로 궁짝을 이뤄 '궁짝궁'이던지 '궁짝짝'으로 불어나는 것이 동물뿐 아니라, 모든 생명의 개체가 끊임없이 불어나는 어김없는 공식이다.

　이런 뜻에서 일찍이 노자는 '도가 하나를 낳고, 하나가 둘을 낳고, 둘이 셋을 낳고, 셋이 만물을 낳았다.'(<ruby>道生一 一生二 二生三 三生萬物<rt>도생일 일생이 이생삼 삼생만물</rt></ruby>)〈도덕경 42장〉라 말했다.

애당초 그 아비와 그 어미가 만나지 못했더라면 오늘날 수십억의 인구가 있을 수 있을까? 한 아비가 한 어미를 만날 수 있었던 것이 다름 아닌 '道(도)요, 누구나 그 아비와 그 어미가 용케도 만나 너와 내가 이 땅에 용케도 태어났으니 용케도 태어난 것들끼리 서로 귀하게 여기며 오순도순 살아가야 된다는 것이 또한 '道'이다.

달리는 데 천부적 소질을 가진 짐승은 '말'이지만 꾹 참고 나가는 데 타고난 능력을 지닌 동물은 '소'다. 빨리 달아날 줄 아는 것은 '말'이지만 중도에 지치기 마련이다. 그러나 천천히 가지만 크게 지칠 줄 모르고 꾸준히 가는 자는 '소'다.

똘똘 뭉친 몸매가 우선 달리기에 알맞지만 급한 성미를 타고난 것이 중도 포기하기 쉬운 소질이라면, 펑퍼짐한 몸매가 느릿느릿 걸어갈 상이나 어쩐지 묵직하게 보이는 기상이 끝까지 갈 상이다.

그래서 '소'를 그린 글자에서 맨 위 창처럼 그린 모양은 두 뿔과 머리를 나타낸 것이고, 가로로 그은 획은 펑퍼짐한 몸매를 나타낸 것이며, 아래로 쭉 그은 획은 꼬리를 본뜬 것이다.

속담에 "하루장을 보다 보면 소도 보고 말도 본다." 하였고, "말 가는 데 소 못 가랴."(<ruby>馬行處 牛亦去<rt>마 행 처 우 역 거</rt></ruby>)고 하였다. 살다 보면 말 같은 놈도 있고 소 같은 놈도 있기 마련이며, 달리는 놈도 있고 걷는 놈도 있기 마련이다. 그러나 모자란다고 버릴 수 없고, 잘 간다고 칭찬할 수만은 없는 것, 이것이 바로 귀한 것끼리 살아가는 인생사(人生事)인가 싶다.

告 아뢸 고

소를 잡아 바치고 빌다

　사람이 집에서 기르는 동물은 여러 가지가 있다. 소 말 양 닭 개 돼지 등을 이른바 '여섯 가축'(六畜)이라 하여 가장 중요하게 여겨 왔다. 그중에서 가족 제사의 제물로는 대부분 돼지를 썼기 때문에 집을 나타내는 '家'(집 가)에 돼지(豕)를 붙인 것이다.

　또 '말'은 평화 시에는 교통수단으로 유용하게 사용하는 한편 전쟁 때에는 웬만한 말들은 다 동원되어 전쟁을 수행하는 데 없어서는 안 될 가장 유용한 짐승으로 기림을 받아 왔다.

　이에 비하여 '소'는 밭도 갈고, 짐도 운반하고, 고기도 제공하고, 가죽도 유용하게 쓰고, 심지어 뼈까지 푹 고아 먹는다. 이처럼 온 몸으로 사람에게 봉사하고 죽은 뒤에는 고기는 물론 가죽과 뼈까지도 다 바치는 온전한 희생물(犧牲物)이 곧 '소'다.

　따라서 온 몸을 다 바치는 일을 '희생'이라 하는데 이때에도 소를 나타내는 '牛'(소 우)가 맨 먼저 획으로 등장하게 된다. 그리고 다음이 다름 아닌 '羊'(양 양)이다. 제물로 바쳐지는 희생물이기 때문에 물론 빼어난 것을 나타내는 '秀'(빼어날 수)를 창으로 찔러 잡아 바치기로 '戈'(창 과)를 다음 획으로 썼다.

　소는 큰 물건이다. 그렇기 때문에 큰 제사가 아니면 소를 희생으로 바치지 않고, 작은 제사는 소 대신에 양을 바쳤으며, 제사 중에서 가장 큰 제사는 바로 전쟁에 앞서서 승리를 비는 제사였기 때문에 소를 잡아 반으로 가를 틈도 없고, 삶아 바칠 틈도 없기로 날로 바칠 수밖에 없다는 뜻에서 '牲'(희생할 생)이라 일렀던 것이다.

피아간에 승패를 가르는 전쟁은 참으로 살벌하기 그지없는 일이다. 그러기에 소를 짧은 시간에 온전히 바친다는 의미에서 머리털과 꼬리털을 자르고 피를 도마나 쟁반에 모아 바치기 때문에 이를 '毛血盤'(모혈반; 겉의 털과 속의 피를 쟁반에 바침)이라 하였다.

그리고 도끼를 들고 "이 도끼로 저 못된 적을 모조리 벨 수 있도록 해 주십시오."라고 빌고, 아울러 목숨을 끝까지 지켜 낼 수 있도록 해 달라고 간절히 빌었기로 오늘날 흔히 사용하는 '祈禱'(기도)라는 말이 나오게 된 것이다.

본디 하늘 신을 뜻하는 '示'(보일 시: 본디 신의 옛 글자)를 향해 도끼를 놓고 목숨을 빌었기 때문에 '祈'(빌 기)와 '禱'(빌 도)라는 글자가 쓰이게 되었고, 또한 소를 바치며 간절히 아뢰었기로 '牛'(소 우)에 '口'(입 구)를 붙여 '아뢰다'는 뜻을 지닌 '告'(아뢸 고)라는 글자가 만들어진 것이다.

속담에 "한가로이 아무런 일이 없을 때에는 향 한 자루 사르지도 아니하다가 급한 처지에 다다르면 부처님 다리를 붙잡고 매달린다."(閑時不焚香 急地抱佛脚)고 하였다. 또한 "천하가 비록 평안하다 하나 전쟁의 위협을 잊고 산다면 반드시 위태로움이 닥칠 수 있다."(天下雖安 忘戰必危)라는 금쪽 같은 명언도 있다.

일이 터진 뒤에 애써 막으려 드는 것은 어리석은 일이며, 그 어리석은 일의 근원은 행여나 하는 방심에서 나오는 것이며, 그 같은 방심은 으레 하늘 무서운 줄 모르는 오만방자가 큰 원인일 뿐이다. 이런 점에서 〈주역〉 64괘 중 길흉에 흔들림이 없는 괘는 오직 '謙'(겸손할 겸) 괘라는 점은 참으로 보여 주는 바가 크고도 깊다.

ㅂ

口 입 구
언어와 음식이 출입하는 입의 모양

'입'은 언어와 음식을 담당하는 기관으로 '출납관'(出納官)이라 한다. 말은 상대를 향해 나아가고, 음식은 자신의 몸으로 들어가는 두 가지 역할을 하는 기관이라는 뜻이다.

사람이 코로 숨을 쉬며 목숨을 유지해 가는 동안 입도 한시도 쉴 수 없다. 우선 끼니마다 마시고 먹어야 하며, 다른 이와의 의사소통을 위해 말을 해야 한다. 그리고 마시며 먹고 말을 함에 있어서는 반드시 알맞게 해야 한다.

첫째, 음식을 알맞게 먹는다는 말은 음식을 수용하여 잘 소화시킬 수 있는 정도를 가늠하여 먹어야 한다는 말이다. 즉, 자신의 알(위장이 무난히 소화시킬 수 있는 양)에 맞게 음식을 취해 먹어야 한다는 말이다.

둘째, 말을 알맞게 한다는 것은 내 자신의 알(마음)과 상대방의 알(마음)이 잘 소통될 수 있는지의 여부를 헤아려야 한다는 말이다. 즉, 나의 마음과 다른 이의 마음이 서로 맞아 결국 알과 알이 어우러져야 한다는 말이다.

먹고 말하는 일의 공통된 특징은 위에 있는 턱은 움직이지 않고 단지 아래에 있는 턱이 끊임없이 움직이는 것이다. 그래서 움직임이 없는 山(뫼 산)을 위에 두고, 진동하는 雷(우레 뢰)를 아래로 짝지어 頤(턱 이)라 하여 64괘 중의 하나로 삼았다.

이(頤) 괘의 상을 풀이한 주역 〈상전〉에서 말하기를 "군자는 턱의 상을 바탕삼아 언어를 삼가고 음식을 절제해야 한다."(君子以愼言語, 節飮食)라 하였다. 언어를 삼가라는 말(愼)은 말을 참답게 하라는 뜻으로 眞(참 진)에 心(마음 심)을 붙인 것이요, 절제하라는 말은 마치 대나무처럼 속은 비어 있는 것 같지만 중간 중간에 마디를 두어 빈 속을 묶어 주듯 음식을 먹어 알(위장)을 채우되 항상 채우지 말고 비웠다가 채우라는 뜻이다.

비면 묶고 묶은 뒤에는 다시 비우는 대나무 같아야 쉽사리 굽어지지 않고 꼿꼿할 수 있기 때문에 竹(대 죽)에 卽(곧을 즉)을 붙여 節(마디 절)이라 하였다. 먹을 때 먹고, 말할 때 말해야 한다. 때때로 분별없이 말하거나 먹지 말라는 뜻이 알고 보면 '마디'(節)에 있다.

말은 입을 통해 나오고 음식은 입을 통해 들어가지만 말과 음식 중에 나오는 말보다는 들어가는 음식이 더욱 중하기 때문에 '입'을 '입'이라 한 까닭은 '入'(들 입)에서 얻어진 말이다. 왜냐하면 당장 말은 못해도 살아갈 수는 있지만 입으로 음식이 들어가지 못하면 못 살기 때문에 입은 언제나 '入'이 더욱 중요한 것이다.

먹는 일만 해도 그렇다. 어미의 배 속에서 벗어난 갓난아이는 아예 이빨도 없고 먹고살 만한 대책도 없기 때문에 어미의 가슴에서 젖이 나온다. 그러다가 이빨이 나오면서부터는 점차 젖을 떼고 밥을 씹어 먹기 마련이다. 그래서 인간은 마시는 '飮'(마실 음)에서 시작하여 평생 씹어 먹는 일인 '食'(먹을 식)을 반복한다.

음식을 마시고 먹으며 생명을 유지하며 살아가다가 생명이 다할 무렵에 이르러서는 잘 먹던 밥을 미뤄 두고 죽 같은 미음(米飮)을 삼키다가 끝내는 밥을 더 이상 먹지 못하고 죽는다. 그래서 사람이 죽을 무렵에 이르면 음식을 전폐한다고 말하지 않고, 식음을 전폐한다고 말하는 것이다.

U ㄴ 입 벌릴 감
위를 향하여 입을 벌린 모양

위를 향하여 입을 벌린 모양을 일러 'ㄴ'(입 벌릴 감)이라 하였다. 그런데 입은 두 가지 작용을 한다. 첫째는 음식을 먹고 씹어 삼키는 일이요, 둘째는 마음속에 든 뜻을 밖으로 나타내는 말을 하는 일이다. 이 두 가지 중에서 먹어 삼키는 일은 말하는 일보다 훨씬 더 중요한 일로 여기에서는 먹어 삼키는 일을 뜻하는 경우로 쓰인다.

인류가 맨 처음 살아온 방식은 사냥이었다. 그래서 먹는 것도 사냥을 통해 얻어진 고기였고, 처음으로 입었던 옷도 대부분 짐승의 가죽이었고, 삶의 토대도 실은 산속의 동굴이었다. 의식주 모두가 사냥 활동과 동떨어질 수 없었던 것이다.

사실 한동안 사냥으로 쭉 일관해 살아올 수 있었던 까닭에는 사냥에서 짐승을 쫓을 수 있도록 '개'를 길들이는 데 성공했다는 점과 나름대로 무기를 만들어 쓸 줄 알았다는 점이 그 중요한 원인이었을 것이다.

본디 야성을 지녔을 것이라 추측되는 '개'를 길들인 점도 기특한 일이었고, 무기를 만들어 썼다는 점도 훌륭한 일이었다. 그런데 활이나 창이나 도끼와 같은 무기로만 호랑이나 곰과 같은 맹수들을 쉽사리 사냥할 수 있었을 것인가.

특히나 맹수도 맹수려니와 나는 새들이나 물에서 헤엄쳐 노는 물고기를 단순히 무기만을 사용하여 잡아들일 수 있었을까? 그렇지 않다. 날카로운 무기만으로는 도저히 매끄러운 사냥이 이뤄질 수 없었다. 오히려 그 같은 무기보다 훨씬 유용한 방법이 곧 '그물'이었다.

그러나 맨 처음부터 지금과 같은 '그물'을 사용할 수는 없었던 노릇이다. 오늘날에 볼 수 있는 '그물' 이전에 있었던 원초적인 그물은 다른 게 아니라 곧 '함정'이었던 것이다.

맹수가 즐겨 다니는 길목에 '함정'을 파놓고 겉으로 살며시 이를 은폐한 뒤에 그 맹수가 즐겨 먹는 '먹잇감'을 붙잡아 매어 놓고 때를 기다리다 보면 엉금엉금 다가온 맹수가 먹이를 향해 진입해 오는 동안 함정은 푹 꺼져 버리고야 말 것이다.

함정에 빠진 맹수는 거기에서 벗어나려 온갖 발버둥 치지만 애당초 맹수를 잡으려고 만든 함정인데 이를 다시 살려 내줄 일이 어디 있겠는가.

이처럼 함정에 빠진 짐승은 죽음을 면할 도리가 없으니 함정을 나타내는 '凵'에 베어 버린다는 뜻을 지닌 '乂'(풀 벨 예)를 넣어 흉하다는 뜻을 지닌 '凶'(흉할 흉)을 만들어 내었다. 사람은 누구나 다 흉하기를 피하고 '吉'(길할 길)하기를 원한다. 그러나 막상 어떻게 하면 흉하고 어떻게 하면 길한가를 알지 못한다.

〈주역〉의 예를 들어 길흉을 구분해 보자. '乾'(하늘 건) 괘는 '최고 지도자'를 말하는 '왕'을 뜻하는 괘다. 이 왕이 땅 위에 지도자로서 드러나 있을 때는 바로 건의 둘째 효로서 그 효사는 "드러난 용이 밭에 있으니 대인을 만나야 이롭다."(見龍在田, 利見大人)고 하였다. 또 지도자가 마침내 최고 지도자가 된 때는 바로 건의 다섯째 효인데 그 효사는 "나는 용이 하늘에 올라 있으니 대인을 만나야 이롭다"(飛龍在天, 利見大人)고 하였다.

즉, 최고 지도자는 지상에 드러날 때부터 가장 높은 자리에 오를 때까지 큰 어른을 만나야 이롭다는 말이다. 좋게 말해 이롭다는 말이지 만약 큰 어른을 만나지 못하면 결국 '凶'하다는 뜻이다.

吅 울부짖을 현
계속해 울부짖는 모양

입은 음식을 먹기도 하고, 소리를 지르거나 말을 하기도 한다. 그런데 음식은 몸 안으로 들고 말이나 소리는 밖으로 나오기 때문에 들고 나는 일을 아울러 한다는 뜻에서 입을 '出納官'(출납관)이라 한다.

이처럼 출납을 맡은 역할 중 동물이나 사람이나 다 나름대로 입을 통해 먹이를 먹는 일은 공통적이다. 그러나 말이나 소리는 각각 다르다. 입을 통해 나오는 소리를 두고 볼지라도 보통 '새'(鳥)가 소리하면 '울다'는 뜻으로 '鳴'(울 명)이라 한다.

그러나 작은 새가 울면 서로가 '대답하다'는 뜻으로 '唯'(대답할 유)라 하고, 그 대답은 암수가 오직 주고받는다는 뜻에서 '唯'(오직 유)라고도 한다. 같은 새가 운다 할지라도 까마귀(烏)가 울면 '嗚'(슬플 오)라 하니 까마귀는 죽음을 쉽게 감지하는 능력이 있다는 뜻에서 그렇게 쓴 것이다.

개(犬)가 짖으면 '吠'(개 짖을 폐)라 하는데 계속해서 짖어 대면 이때에는 짖는다는 뜻을 넘어 소리쳐 운다는 뜻으로 '哭'(울 곡)이라 하였다.

한편 개만이 아니라, 개와 같은 등속의 모든 짐승이 짖어 댄다는 뜻을 나타낸 글은 '猌'(으르렁거릴 은)인데 다만 짐승 두 마리가 서로 으르렁거리는 모양을 형용한 말로는 '猌猌하다'는 말이 있다.

즉, '은은하다'는 말은 이처럼 본디 소리를 형용한 의성어(擬聲語)였는데 이 소리에 관한 것이 모양으로까지 바뀌져 급기야 모양을 나타내는 의 태어(擬態語)로까지 쓰이게 된 것이다.

예를 들어 이를 설명해 보자. 깊은 산속에 홀로 사는 이가 창문을 열고 달빛을 음미하고 있을 때, 문득 저 산 밑 마을에서 은은히 개 짖는 소리가 들려온다고 치자. 그럴 때에 순간 이 깊은 밤에 나를 찾아오는 그 어떤 사람의 모습이 눈앞에 은은히 어른거릴 뿐이다.

그래서 달빛이 은은하다고도 하고, 그 달빛을 받고 출렁대는 파도 또한 은은하다고도 하며 그 은은히 비치고 출렁이는 모양에서 또한 은은한 모양을 상상해 낼 수도 있을 것이다. 이처럼 청각과 시각은 같은 감각으로 서로 통하기 마련이다.

짐승 두 마리가 서로 힘을 겨루기 전에 으르렁대다가 막상 맞붙어 싸우게 되면 둘 다 제 처소로 가두어지기 마련이기 때문에 '犭'과 '犭'이 좌우로 붙으면 곧 '獄'(가둘 옥)이 되고야 만다.

개 짖는 일은 보통 있을 수 있는 일이다. 제 주인이 아닌 다른 이가 집 안에 들어 어른거리면 개는 반드시 짖는다. 그래서 옛말에 이르기를 "개는 요임금을 보고도 짖는다."고도 하였다.

그렇기는 하나 개가 끊임없이 짖어 대는 일은 범상한 일이 아니다. 예로부터 남자다운 굳건한 남자는 부모의 상을 당했을 때를 제외하고는 남에게 눈물을 함부로 보여서는 안 된다 하였기로 오직 개가 짖어 대듯 끊임없이 울어야 할 때는 '哭亡曰喪(곡망왈상)'이라 하였다.

왜적에게 나라를 빼앗기고 막바지 천리 길 의주로 몽진(蒙塵) 간 선조는 그때야 비로소 "관산의 달을 보며 목 놓아 울고, 압록의 물을 보며 마음 상하노라. 조정의 신하들이여, 오늘 이후로 다시금 서와 동을 논하려 들겠는가?"(痛哭關山月 傷心鴨水風 朝臣今日後 更論西與東)라고 하였다.

끊임없이 짖는 일은 '哭'이요, 소리쳐 울어 대는 그 끝은 '亡'이며, '亡'과 '哭'이 합치면 '喪'(잃을 상)이다.

走 달릴 주
두 팔과 머리를 흔들며 발로 걷는 모양

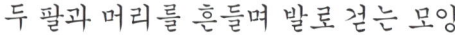

두 팔을 내두르며 머리를 흔드는 모양을 나타내는 '夭'(흔들 요)에 발을 나타내는 '止'(발 지)를 위아래로 붙여 '走'(갈 주 또는 달릴 주)라 하였다. 또 한편 '土'(흙 토)에 '止'를 붙인 글자로 여길 때에 '走'(한갓 도)는 맨땅을 아무런 장치도 없이 그냥 걸어가다는 뜻으로도 썼다.

달린다는 뜻으로 쓸 때에는 주행(走行)하다고 쓰고, 가는 것과 달리는 것을 합성시켜서는 행주(行走)라고도 쓴다. 전자는 가기는 가되 달리면서 간다는 말이요, 후자는 간다는 것을 앞세우고 달린다는 것을 뒤에 쓴 것으로 '行'과 '走'를 구분지어 합성시킨 말이다.

잘 달리려면 몸을 굽혔다 번뜩 일어나야 하므로 '起'(일어날 기)는 굽힘(己)을 붙여 만든 글자요, 목숨을 지닌 모든 생명체는 본능적으로 먹이를 보면 그것을 향해 달리기 마련이기 때문에 '芻'(꼴 추)를 붙여 '趨'(달릴 추)라 하였다.

생육신 중의 한 분이었던 매월당 김시습(梅月堂 金時習)은 갖은 고난 속에서도 끝까지 절의를 지킨 의인으로도 유명하며, 주유천하하면서 숱한 일화를 남긴 기인으로도 널리 알려져 있는 인물이다.

어느 날 사찰에서 매월당에게 간곡히 법문을 요청해 왔다. 그는 극구 사양했으나 어쩔 수 없이 그 간청을 들어줄 수밖에 없게 되자, 초청한 측에 잔뜩 굵은 힘센 황소 한 마리와 그 소를 단단히 맬 수 있는 말뚝과 그리고 풀 한 무더기를 준비해 달라고 하였다.

법회가 시작되자 구름처럼 모여든 청중들은 매월당의 일거수일투족(一擧手一投足)에 온 시선을 집중시켜 잔뜩 긴장된 분위기가 조성되었다. 그러자 그는 말뚝을 단단히 박고 소를 야무지게 붙들어 매라고 한 뒤, 그 소가 닫지 않는 적당한 곳에 풀 더미를 쌓아 두라고 했다.

이에 잔뜩 굶은 황소는 제 목이 달아날 정도로 머리를 꼴 쌓아 둔 곳으로 향해 줄달음질 치려 하였다. 한참 동안 이런 광경이 지나자 청중을 향해 그는 내 법문은 이로써 끝났다고 하였다. '趨' 자를 골자로 한 행위예술 치고는 참으로 꼴불견스런 세상을 풍자한 기이한 일이다.

누구나 언제 어디서나 사람과 사람 사이에는 옳고 그름과 이롭고 해로움이 얽혀 있기 마련이다. 이런 시비이해(是非利害) 가운데 더욱 복잡한 것은 시비에 있는 것이 아니라 이해에 있는 수가 허다하다. 왜냐하면 언뜻 겉으로 보기에는 '옳은 것'을 옳다고 하는 것 같아도 실은 그래야만 자신에게 이롭기 때문에 옳다고 하는 경우가 허다하기 때문이다.

속 깊이 도사리고 있는 이기적 본능을 과감히 버리고 보다 바람직한 대아적 입장에서 참으로 옳은 일의 편에 손을 들기는 매우 어려운 것이다. 왜냐하면 밤낮으로 바뀌지는 이 세상을 잘 모르고 밤에는 밤인 줄로만 알고, 낮에는 언제나 낮인 줄로만 아는 것처럼 짧은 소견을 지닌 인생이기 때문이다.

우선 먹기는 곶감이 달다는 식으로 단 곶감에 취해 있다 보면 쓴 것도 단 것일 뿐이라, 다만 단맛 쓴맛을 잃어버리고 살아가는게 대부분 우리네 인생인 듯도 싶다. 그래서 일찍이 장자도 이르기를 "아침에 돋아난 버섯은 초하루 그믐을 알 수 없고, 매미나 쓰르라미 같은 벌레는 봄과 가을을 알지 못한다."(朝菌不知晦朔, 蟪蛄不知春秋)라고 긴 탄식을 하였다.

 **止** 그칠 지

종아리, 뒤꿈치, 발바닥, 발가락의 모양

　어떤 물건이든 귀중한 것들은 다 발이 있어 몸을 받들고 있기 마련인데 하물며 천지간에 가장 신령스런 만물의 영장으로 좌우, 위아래 그리고 앞뒤를 확실히 가늠하며 끊임없이 움직이는 사람에게 어찌 발이 없으랴. 그 어느 동물과도 다른 빠른 발이 있으니 '발'의 구조는 곧 종아리, 발바닥, 뒤꿈치, 발가락 등 네 부분으로 이뤄져 있어 이를 상형한 것이 곧 '止'(발 지)다.

　그런데 본디 '발'을 나타낸 이 글자는 발이기 때문에 '간다'는 뜻을 나타낸 글자로도 쓰였고, 또 한편 발 하나를 본뜬 글자이기 때문에 발 하나로는 갈 수 없어 그저 그쳐 있다는 뜻에서 '그치다'는 뜻으로도 썼는데 오늘날에 와서는 간다는 뜻으로는 거의 쓰지 않고 '그치다'는 뜻으로만 쓰여 금지(禁止)를 나타내는 '止'로만 쓰이고 있다.

　옛말에 "높은 산은 그저 우러러볼 따름이요, 볕 좋은 곳은 그저 다녀 볼 따름이라."(高山仰止, 景行行止)라 하였다. 이 말의 참다운 뜻은 인격이 훌륭한 스승은 마치 감히 오르지 못할 높은 산처럼 우러러 받들 따름이요, 버젓한 행실을 대하거든 반드시 잘 살펴 나도 저처럼 닮아 가리라 하는 생각을 지녀야 한다는 말이다.

　이때에 '仰止'의 '止'는 감히 오르려 들지 않고 다만 우러러본다는 뜻이기 때문에 '그치다'로, '行止'의 '止'는 두루 낱낱이 살펴 쫓아 '실제로 밟아

가다'는 뜻으로 받아들여 '다니다'는 말로 새겨야 옳다.

　이러하듯 글자가 만들어지기 시작하던 초기에 있어서는 한 글자에 전혀 다른 두 뜻이 동시에 깊아 있었던 예가 많다. 그 비근한 한 예로 '亂'(어지러울 란)도 실을 풀고 감는 과정(受)에서 실 가닥이 엉킨 모양을 본뜬 글자이기 때문에 '어질러졌다'는 뜻인데도 불구하고 엉킨 것은 반드시 잘 다스려 풀어야 하기 때문에 '다스리다'는 뜻으로도 썼다는 것이다.

　그렇다면 '止'가 '가다'는 뜻으로 풀어진 것은 어떻게 된 것인가? 다만 가다는 것은 '止'를 앞뒤로 맞붙여 '步'(걸음 보)라 하였고, 이는 거리를 가늠하는 기초 단위로도 쓰이게 되었다.

　발로는 걸음을 내딛어 몸을 움직이기 때문에 이를 '행동'(行動)이라 하고, 손으로는 손을 들고 내려 옳은 것과 그른 것을 나타내기 때문에 이를 '거지'(擧止)라고 하였다. 그런데 손과 발은 다 같이 몸통에서 뻗어난 가지다. 그렇기 때문에 두 손과 두 발을 합쳐 '사지'(四肢)라 한다.

　따라서 지나친 공포 속에 몸이 떨린다는 표현도 사지가 떨린다고 말하고, 마음이 편안하다는 표현도 또한 사지가 편안하다고 한다. 나아가 사람과 사람이 서로 상대를 아끼고 존중한다는 뜻에서 예의를 갖춘다는 것도 대부분은 행동거지를 정확히 한다는 말이다.

　그래서 예의나 예절을 말함에 있어서는 거의 행동거지를 어떻게 한다는 규정이 대부분이지 그 밖에는 별다른 것이 없다. 상대방을 향해 존중이나 존경을 표시한다는 '절'만 두고 볼지라도 일단 두 손을 아래로 내려 땅을 짚고 고개를 숙이는 것이라 하였다.

　그렇기 때문에 절을 뜻하는 '拜'(절 배)는 본디 일단 두 손을 아래로 내려 땅을 짚어야 된다는 말로 '手'(손 수) 둘에 '下'(아래 하)를 덧붙여 만든 글자다. 두 손을 아래로 짚자면 자연히 몸을 숙이고 머리를 조아려야 할 것이므로 상대를 향한 이보다 더 정중한 행동거지가 어디 있을 것인가?

 **디딜 발**

두 발을 좌우로 굳게 디딘 모양

발은 몸을 지탱하는 밑바닥이다. 그래서 두 발을 좌우로 굳게 벌린 모양을 '癶'(디딜 발)이라 하고, 좌우로 벌린 두 발은 서로 엇갈린 모양을 하고 있기 때문에 한편 '癶'을 '배반할 발'이라고도 한다.

그리하여 '癶'에 '豆'(제사 그릇 두)를 붙이면, 제사상을 차린 높은 단 위에 올라 그 차림을 자세히 살핀다는 뜻에서 '登'(오를 등)이라 하였다.

또한 두 발을 굳게 딛고 활을 쏜다는 뜻으로 '癶'에 '弓'(활 궁)과 '殳'(던질 투)를 붙여 '發'(필 발)이라 하였다. 시위를 당겨 화살을 쏜다는 뜻도 있어 발사(發射)하다는 뜻도 있지만, 봉오리 지어 있던 꽃이 핀다는 뜻도 있어 화발(花發)이라고도 하며, 한편 비로소 자리를 떠난다는 뜻도 있어 출발(出發)이라고도 한다.

고요히 움츠리고 있었던 상황을 털고 일어나 나아가거나 피어나는 것을 형용한 글자를 '發'로 삼았다는 사실은 참으로 기발한 발상이다. '간다'는 뜻을 지닌 '發'의 소리까지도 '손발의 발'일 뿐더러, 고요함에서 움직임으로 변하는 현상을 활에서 나아가는 화살로 의미 지었으니.

흔히 "고요한 가운데 움직임이 있고, 움직임이 있는 중에서 고요함을 지녀야 한다."(靜中動 動中靜)고 떠들어 대기는 하나 막상 이를 지키기는 아주 어려운 일이다. 일단 활쏘기에 이를 비유해 보자. 앞서 말한 바와 같이 과녁을 향해 활을 쏘는 이는 그 과녁만을 바라보는 시선만 정확하다 해서 과녁을 적중할 수는 없다. 과녁을 향한 정확한 시선 이전에 두 발 디딤이 정확해야 한다. 즉, 방향성(方向性)도 중요하나 입각점(立脚點)이 더욱 중요한 문제이다.

화살은 반드시 과녁을 향해 나아가야 한다는 말을 글자로 꾸민 것이 바로 '知'(알 지)이다. 그런데 나아가야 할 방향을 확실히 알았다 할지라도 발 디딤이 흔들리다 보면 예측과는 다를 수 있다. 그래서 흔들림 없는 발 디딤이야말로 활쏘기의 기본이요, 이런 기본을 갖추는 일을 두고 중심을 잃지 않는 덕이라 하였다.

이런 뜻에서 활쏘기를 일러 기본적으로는 '관덕'(觀德; 자신의 덕을 가늠해 보는 일)이라 하였고, 기술적인 면에서는 '천양'(穿楊; 버들잎을 멀리서도 맞춘다는 말)이라고도 하였다. 그렇기로 똑같은 장수라 할지라도 용장(勇將)보다는 지장(智將)이 낫고, 지장보다는 덕장(德將)이 낫다고 하지 않았던가?

싸움이란 혼자 싸우는 것이 아니요 반드시 더불어 싸워야 할 것인데 모든 군사들이 목숨을 걸고 일심합력으로 싸우려면 평소 장수로부터 덕스런 감화를 받은 뒤에야 솔선수범할 수 있기 때문이다.

그러나 다만 충무공 이순신 장군처럼 지혜도 갖추고 덕도 갖춘 장수라면 고운 비단 위에 아름다운 꽃을 꽂은 것처럼 '금상첨화'(錦上添花)일 따름이다. 난중의 고난 속에서 막 풀려난 장군이 단지 12척으로 300척의 왜선을 물리칠 수 있었던 기적은 지덕을 갖춘 충무공이 아니면 도저히 내놓을 수 없는 불멸의 성과인 것이다.

비껴 찬 큰 칼에 새긴 "바다에 서원하니 어룡도 감동하고 산에 맹세하니 초목도 알리라."(誓海魚龍動, 盟山草木知)라는 충무공의 두 글귀는 굳게 디딘 두 발처럼 도저히 움직일 수 없었던 것이다.

步 걸음 보
발과 발 사이의 걸음

앞발과 뒷발과의 사이를 한 걸음이라 하기 때문에 '걸음'을 나타내는 글자는 자연히 '止'(발 지)를 위아래로 짝지어 '步'(걸음 보)라 하였다.

그러나 '가다'는 뜻을 지닌 세 글자, 즉, '彳'(걸을 척)에 '止' 자를 '步'와는 달리 그대로 붙인 글자를 합성시킨 '徙'(옮길 사)는 몸만을 옮기는 것이 아니라, 몸을 비롯한 모든 자리를 옮긴다는 뜻에서 이사(移徙)하다고 말할 때 썼다. 단순히 몸만 걷는 것이 아니라 몸과 더불어 물건까지 옮겨 가는 것은 곧 '몸과 물건이 더불어 가다'는 말로 중복성이 있기 때문에 이토록 '가다'는 글자가 세 겹으로 합성된 것이다.

고사(故事)에 '사목지신'(徙木之信)이라는 말이 있다. 진나라 때의 재상 상앙(商鞅)이라는 자가 법령을 개정하려 할 때에, 서울 남문에 세 길이나 되는 큰 나무를 세워 두고, 이것을 북문까지 옮기는 사람에게 오십금(五十金)의 상을 준다는 소문을 내었는데, 필경 이를 옮기는 사람이 있었으므로 약속대로 상을 주어, 법령 시행에 대한 믿음을 얻었다는 말이다.

참으로 지도자가 귀담아들어야 할 좋은 이야기이다. 한때에 어떤 이가 공자에게 말하기를 "집을 옮기면서 그 아내를 잊어버린 자가 있습니다."
(人有好忘者, 徙宅而忘其妻)라고 하자, 공자는 답하기를 "그런 자보다도 더욱 심한 사람이 있습니다. 나라를 망친 걸(桀)이나 주(紂)는 자신까지도 잊었던 사람들이지요."(又有甚者, 桀紂乃忘其身)〈자치통감〉라고 하였다.

68

세상에는 '가야 할 일'과 아무리 가고 싶어도 '가지 말아야 할 일'이 있는 가 하면, 반드시 옮겨야 할 것도 있고 옮기지 말고 고스란히 지켜 내야 할 것도 있는 법이다. 흔히 "옛것을 법 삼아 새것을 열어 간다."(法古創新)고 말은 쉽사리 하지만 과연 새것에만 집착하여 옛것을 도외시하지 않는지 힘써 살펴야 할 필요가 있다.

사람이 발 디딤을 내어 걸어가려 할 때에 앞서가는 발은 왼발이요 뒤따라가는 발은 오른발이다. 왼발을 먼저 디딜 때에 한 걸음을 떼지 않고 반걸음을 디딘 뒤에야 비로소 오른발이 한 걸음을 디디는 까닭은 오직 디디고 나아가야 할 것인가 아닌가를 가늠하되 섣불리 한 걸음을 내디딜 수는 없기 때문이다.

두 발 위에 두 손이 있다. 발은 디디고 다닐 때 쓰는 것이고, 손은 손써 일하거나 손써 가늠할 때 쓰는 것이다. 발과 다름없이 왼손은 길이를 가늠할 때 쓰기 마련이요, 오른손은 밥을 먹거나 일을 할 때 주로 쓴다.

그래서 같은 손을 뜻하는 'ナ'에 잰다는 뜻을 지닌 '工'(헤아릴 공)을 붙이면 '左'(왼 좌)가 되지만 '口'(입 구; 가장 중요한 먹는 일)를 붙이면 '右'(오른 우)가 될 수밖에 없다. 그러나 두 손 모두가 몸을 돕는 역할을 한다.

사람에게 왼손이나 오른손은 모두 돕는다는 뜻을 나타낼 수밖에 없기로 '佐'나 '佑'는 다 같이 돕는다는 뜻으로 쓴다. 다만 '佐'는 옆에서 가늠해 준다는 뜻인데 반하여 '佑'는 더욱 손써서 적극적으로 도와준다는 뜻이다.

그래서 하늘의 신은 사람을 옆에서 가늠해 준다기보다는 적극적으로 돌봐준다는 뜻에서 '보우'(保祐)한다고 이른 것이다. 이때 '保'는 마치 아무런 것도 가늠하지 못하는 '呆'(바보 매; 강보에 쌓인 아이)를 어른이 옆에서 보살피다는 뜻이며, '祐'는 신이 손써 준다는 말이다.

 此 **부화할 차**

한자리에 머물러 부화하는 모양

머물러 있다는 뜻을 지닌 '止'(머물 지)에 변화시킨다는 뜻을 지닌 '匕'(化의 본디 글자)를 붙이면 '어미 새가 알을 품고 한자리에 머물러 새끼를 치다'는 뜻을 나타낸다. 이때에 정성껏 알을 품어 새끼를 쳐내는 새는 암컷이기 때문에 '雌'를 '암컷 자'라 한다.

그리고 속담과 같이 "꿩 먹고 알 먹는 자리"는 곧 이 어미 새가 알을 품고 있는 장소를 나타내는 말로 '바로 이 자리'라 하여 꿩도 얻고 알도 얻는 필요충분조건을 다 갖춘 자리이기에 '此'(이 차)라 하였다.

옛말에 "재앙은 홑으로 다니지 않고, 복은 쌍으로 이르지 않는다."(禍不單行 福不雙至)라 하여 "눈 위에 서리까지 쌓이는 일"이나 "엎치자 덮쳐지는 일"은 흔히 있어도 "호박이 넝쿨 채 들어오는 일"이나 "잃었던 암탉이 병아리 몰고 들어오는 일"은 여간해서 드문 일이라 하였다.

그럼에도 불구하고 너나없이 대부분 사람들은 '꿩 먹고 알 먹는 일'만을 찾아 바로 이 자리만을 찾아 헤매니 참으로 안타까운 일이 아닐 수 없다. 어찌 그 자리만을 끊임없이 찾는다고 해서 과연 그 정성대로 찾아질 수 있을 것인가.

아마 이것은 바로 이것과 저것 속에 섞여 있기 마련이기 때문에 바로 이것을 얻으려면 이것과 저것을 딱히 분별하지 말고 멍청한 듯 끊임없이 찾아 헤매다 보면 저것과 이것이 확연히 다르다는 깨침이 틀림없는 신념으로 마음속에 튼튼히 자리 잡힐 때에 비로소 이것이 드러나고 이것이 드러난 뒤에야 힘써 얻을 수 있으리라.

그렇다면 '이것'과는 다른 '저것'은 무엇인가. '저것'이라는 뜻을 나타내고 있는 '彼'(저 피)는 곧 저쪽으로 일단 던져진 가죽을 말한다. 그러니 이때의 '이것'은 맛좋은 살코기요, '저것'은 저쪽으로 던져진 먹을 수 없는 질긴 가죽일 뿐이다.

따라서 이것은 반드시 저것과 섞여 있기 때문에 이것과 저것 가운데에서 이것을 취하고 저것을 버릴 줄 아는 것이 중요하다. 그렇다면 이것과 저것만 섞여 있는 것인가? 아니다. 이것과 저것 외에 그것이 뒤섞여 있으니 사실 저것을 던지고 이것을 취하기 전에 이것도 저것도 아닌 그것을 가려 버릴 줄 아는 일이 우선적으로 필요한 일이다.

이것과 저것을 취하고 그것을 버리려 들면 어떻게 해야 하는가? 다름 아니라 이것과 저것을 취하고 이도 저도 아닌 그것을 버리는 일상도구는 바로 알차게 여문 곡식과 반 쭉정이와 전혀 몹쓸 검불을 가려내는 '키'이다. 그래서 '키'의 모양을 그대로 본뜬 글자를 일러 '其'(그 기)라 하였다.

알속이 단단한 곡식은 종자로 남겨야 할 필요가 있으니 당연히 최우선적으로 거두어야 하고, 그런대로 보아줄 수 있는 반 쭉정이는 끌어들여야 하나 전혀 알속과는 거리가 먼 빈껍데기는 바람에 날려 밖으로 내보내야 한다.

알찬 곡식은 무거우니 종자라는 말도 '무거운 곡식'을 뜻하여 '種'(종자 종)이라 하였다. 그러니 민족의 미래 먹거리를 위해 귀중히 여겨야 할 것이다. 그리고 어차피(於此彼) 살코기는 아니지만 저쪽으로 던져진 가죽도 쓸모는 있기 때문에 그런대로 어울려 갈 것이다. 이것과 저것이 힘을 합쳐 나아가야 할 따름이다.

 正 바를 정
하나의 목표를 향해 곧바로 나아감

하나의 목표(一)를 향해 우왕좌왕하거나 갈팡질팡하지 않고 똑바로 나아가는 것(止)을 일러 '正'(바를 정)이라 하였다. 따라서 나쁜 상대를 어김없이 치러 나아가는 일을 '征'(칠 정)이라 하고, 병이 외골수로 진행되어가는 과정을 일러 '症'(증세 증)이라 하였다.

그러므로 '正'은 '曲'(굽을 곡)과 상대되는 말이기도 하고, '症'(증세 증)은 병의 원인이 안에서 밖으로 드러나는 과정을 말함이다. 이런 뜻에서 '正'은 '直'과도 통하는 글자다.

그러나 엄밀히 말하자면 '正'은 행동으로 옮겨 나가는 과정을 말하고, '直'(곧을 직)은 누가 보거나 보지 않거나 하나같이 옳다고 여기는 것을 말함이다. 전자는 실제 행동상의 문제를 들어 말한 것이고, 후자는 인식상의 문제를 말하고 있는 것이다.

왜 사람들은 '正直'을 잃는 것인가? 제 자신이 아는 소견(所見)대로 나아간다면 정직을 잃지 않을 수 있을 것이다. 대부분 사람들은 보는 것이 좁아 행동이 잘못되는 수도 있지만, 본 대로 나아가지 않아서 잘못되는 수가 오히려 많다.

즉, 지(知)와 행(行) 사이가 일치되지 않기 때문에 옳은 뜻(正義)이 실종되기 마련인 경우가 허다하다. 소견은 멀쩡한데 그 멀쩡한 소견대로 옮겨지지 않는 것이 인간사회에서 정의가 실종되고야마는 주요한 원인이다.

부모에게 효도하는 것이 옳으냐? 그르냐? 하고 묻는다면 누구나 다 효도해야 한다고 서슴없이 대답할 것이다. 그러나 그런 대답을 서슴없이 내뱉은 자를 뒤따라 살펴보면 대답과는 전혀 다른 행동으로 진행시켜 나가는 경우가 허다하다. 옳은 소견을 행동화시키지 못하는 생활상의 반신불수(半身不隨) 환자일 뿐이다.

공자도 말하기를 "사랑이 멀지는 않다. 내 그 사랑을 실천하고자 마음만 먹으면 그 사랑이 나에게 다가온다."(仁不遠矣, 我欲仁, 斯仁至矣)라 하였다. 힘써 끌어당기면 가까이 다가온다는 사실은 어김없는 진리인 것이다. 옳게 본 대로 그대로 나아가는 것이 곧 바르고 곧은 일이다.

흔히 설문지를 통해 의견을 묻는 일을 두고 설문조사라 한다. 그런데 반드시 그 설문조사를 100퍼센트 신뢰할 수 있는가?

예를 들어 효도에 대한 설문조사에서 "부모에게 효도하는 것은 과연 어떠한 것인가?"라는 질문을 던지고, 첫째, 효도는 자녀 된 도리다. 둘째, 효도는 적당히 해야 한다. 셋째, 효도는 형편대로 해야 한다. 넷째, 효도는 귀찮은 것이기 때문에 어려운 경우 생략할 수 있다의 네 가지 중 하나를 선택하라고 했다고 치자.

그러면 대부분 답변자들은 거의 다 긍정적으로 받아들여 첫째 문항인 '효도는 자녀의 도리다'라고 답할 경우가 제일 많고, '효도는 귀찮은 것이다'라고 답하는 자는 거의 없을 것이다. 그러나 답변은 어디까지나 답변일 뿐, 그 사람의 실제 행동을 살펴보면 답변과는 정반대 되는 경우도 많을 것이다.

그렇기로 소견과 태도, 앎과 행동과는 반드시 일치할 수 없다고 봄이 타당하다. 그러나 참으로 바른 사람은 소견과 태도가 일치하고, 나아가 앎과 행동이 일치해야 한다. 이것이 바로 하나같이 바르게 가는 '正'인 것이다.

是 바를 시
해가 머리 바로 위에 있음

하나(一)의 목표를 향해 그대로 가는 것(止)을 일러 '正'(바를 정)이라 하였다는 점은 이미 밝힌 바 있다. 그렇다면 이 세상에서 가장 바른 것은 무엇이라 규정할 수 있겠는가? 바로 동쪽에서 떠올랐다가 서쪽으로 스러지는 일월의 운행이야말로 가장 바른 일이다.

그래서 예로부터 바른 가운데 더욱 바르다는 뜻을 해(日)가 사람의 머리 위에 똑바로 올라와 있음(正)을 가장 '옳고도 바르다'는 뜻으로 '是'(바를 시)라 하였다. 참으로 옳은 말이다.

따라서 이 '是' 자는 '이것'이라는 뜻을 나타내는 '此'(이 차)와 서로 통하는 글자다. 어미 새가 한자리에 머무르며(止), 알을 품고 있다가 끝내 새끼를 쳐내고야 마는 일(化)을 두고 바로 새끼를 쳐내는 이 일, 즉 꿩도 얻고 알도 얻을 수 있는 바로 이것이라는 뜻으로서의 '此'(이 차)가 만들어진 원리나 '是'가 만들어진 원리는 매 한가지다.

이런 의미에서 "선생님께서 이 나라에 이르시면"(夫子至於是邦也)〈논어〉이라 하였을 때 여기에서의 是를 "是, 此也"라고 풀이한 황간(皇侃)의 풀이는 전혀 의심할 나위가 없는 좋은 풀이라 여겨진다.

하늘이 일월과 성신을 대행시켜 만물을 가꿔 가는 일을 끊임없이 반복해 가고 있는 이 틀림없는 사실이나 끊임없이 불어 나가는 인간의 욕망 앞에 꿩도 얻고 알도 얻는 이 자리가 있다는 '이것'이라는 말이 서로 통한다

74

는 사실은 흥미로운 일이다.

자신의 욕망을 가득 채울 수 있는 조건은 꿩도 얻고 알도 얻는 바로 '이 것'에 있다. 그러나 대부분 사람들은 남을 두고 말할 때에는 누구나 다(十) 보아도(目) 굽어진 곳이 없이 다 드러나는 그런 것, 즉 '直'(바를 직)하기를 바란다. 욕심은 내 것이어야 하고, 다른 이에게 바라는 것은 바로 '정직' (正直)이라는 말이다.

왜 사회는 정직이 통하지 않는가? 소견과 태도가 일치하지 않고, 말과 글이 서로 다르고, 스승으로부터 배운 앎과 스스로 행하는 자신의 행동이 불일치하기 때문이다.

그런 뜻에서 공자도 이르기를 "행하고 난 뒤 힘이 남거든 글을 배울 것 이다."(行有餘力, 則以學文)〈논어〉라고 하였고, 더 나아가 "배우기를 미치 지 못할 것처럼 하고 오히려 때를 잃을까를 두려워할 것이다."(學如不及, 猶恐失之)〈논어〉라고 하였다.

배움에 임하는 태도는 실행에 미치지 못할까를 두려워하는 생각으로 배워 가야 하고, 오히려 두려워할 일은 배움과는 다를까 하는 두려움을 지 니며 나가야 한다는 말이다.

오늘날의 배움과는 달리 예로부터 내려오는 바람직한 배움이란 "말은 실행을 돌아보며 행할 것이요, 실행을 한 뒤에는 말과 같은가를 돌아보아 야 한다."(言顧行, 行顧言)라 하였다. 말이란 실행 이전의 선언일 경우가 허다하고, 실행은 말의 결과일 경우가 대부분이다.

말이 먼저 있고 그다음에 실행이 있는 것이 일반적인 예이다. 그런데 말을 해 놓고 그 말대로 실행했는지, 또 실행한 뒤에는 말처럼 옳게 되었 는지를 끊임없이 대조해 보는 일이 언행 사이에서 천만 옳은 일(是)이다.

辶 / 辵 쉬엄쉬엄 갈 착
가다가 쉬다가를 반복하여 감

가다는 뜻을 지닌 '彳'(자축거릴 척)에 그치다는 뜻의 '止'(그칠 지)를 합성시켜 만든 글자가 곧 '辶'(쉬엄쉬엄 갈 착)이다. 사람이 길을 가든지 짐승이 가든지, 아니면 수레가 가든지 먼 길을 갈 때에는 반드시 가다가 쉬다가를 반복하며 갈 수밖에 없다.

그래서 '가다'는 뜻을 지닌 글자 중에서 '去'(갈 거)는 양손을 흔들고 머리를 끄덕이고 발자국을 내며 그냥 '걸어서 가다'는 단순한 뜻을 나타낸 글자이다. 그러나 '辶'은 '가다'는 말의 가장 넓은 의미를 지닌 글자임과 동시에 또한 멀고도 길게 '가다'는 뜻을 지닌 글자이다.

예를 들면 한 마리 새가 앞을 향해 나아가는 것은 '進'(나아갈 진)이요, 나아감에 장애가 있으면 그 장애물을 손을 써서 밀고 나아가니 곧 '推'(밀 추)는 '밀어내다'는 뜻이다. 이런 점에서 '推進'하다는 말은 새에 관한 정확한 생리를 알지 못하면 그 깊은 뜻을 헤아리기 어려운 말이다.

새는 오직 나아갈 줄만 안다. 나아가다 장애가 있으면 그 장애를 손써 밀쳐내려 든다. 그러다가 제 힘에 어려우면 쉽사리 한계(限)를 느껴 물러간다. 그래서 '退'(물러갈 퇴)는 한계를 나타낸 '艮'(그칠 간)에 '辶'을 붙여 만든 글자다.

따라서 '推進한다'는 말을 함부로 써서는 안 된다. 추진함에 앞서서 먼저 그 한계를 정해 두고 추진해 나가야 할 것이며, 추진하려던 목표(한계)

에 도달되었다 싶으면 더 이상 무리수를 쓰지 말고, 아무런 미련도 두지 말고 깨끗이 물러나는 것이 옳다.

애당초 쉬엄쉬엄 가려고 그대로 행하는 자에게는 무리수가 없는 법이다. 빨리 이루고자 하면 멀리 갈 수 없다(欲速不達). 시작하기도 전에 장담하며 추진하는 일치고 잘되는 일은 드물다.

추진함에 앞서서 그 일을 적극적으로 도와줄 만한 주위가 있는지를 잘 살피고, 그런 주위가 없다면 제 혼자서라도 밀고 나갈 각오를 가지고 쉬엄쉬엄 나가야 한다. 새는 나가다가 버거우면 뒤로 돌아서지만 사람은 일단 문을 열고 나서다가 앞을 막는 바위가 있으면 힘써 그를 물리쳐야 한다. 이를 '開拓'(열 개, 물리칠 척)이라 한다.

특별한 신분이거나 경제적으로 부유한 양반들은 말을 타거나 가마를 타지 걸어 다니지는 않았다. 그러나 그 밖의 대부분 사람들은 언감생심 말이나 가마를 이용할 수 없었다. 그래서 특히나 가도 또 가도 끝없는 전라도 황톳길 가에는 걷다가 쉬어 갈 수 있는 정자문화가 발달했던 것이다. 십 리마다 장정(長亭)이요 오 리마다 단정(短亭)이라는 〈춘향전〉의 글귀는 단연코 빈말이 아닌 듯싶다. 들녘만 아니라 산 너머 저 산 밑을 찾아 나서는 고갯길까지도 어김없이 성황당이 있었다.

외침을 막기 위한 하나의 지혜로 주요 도시의 성 밑에는 이른바 '해자'(垓字)를 파 성을 직접적으로 허물지 못하도록 하였고, 곳곳마다 관문이 되는 고갯마루에는 걷다가 쉬다가 쉬엄쉬엄 가는 길손들로 하여금 돌을 모아 탑을 쌓도록 하는 민속을 크게 장려하였다.

아마도 아차 하면 관문을 통해 쳐들어오는 외적을 향해 모아 둔 돌이라도 던져 그들을 막고자 하는 처절한 자주국방의 한 방안이었을 것이다. 그 같은 증거가 곧 행주산성에서의 투석이요, 지리산 속으로 향하는 한 고갯마루의 지명을 명석치(鳴石峙)라 한다는 사실에서도 여실히 증명된다.

아래는 발, 가운데는 종아리, 위는 허벅지

종아리, 뒤꿈치, 발가락 등을 모아 놓은 글자를 '止'라 하고 이를 발이 하나라는 뜻으로 쓰면 '그치다'라 하고, 발이기 때문에 '가다'는 뜻으로도 썼던 것은 글자가 처음으로 만들어져 몇 글자 되지 않았을 때에는 어쩔 수 없는 일이었을 것이다.

예를 들면 '亂'을 두고 살펴보면 본디 이 글자는 실을 풀고 감는 과정에서 엉킨 모양을 나타낸 글자이기 때문에 '어지러울 란'이라 쓰이기도 하였고, 엉켜 있기 때문에 풀어 다스려야 한다는 뜻에서 '다스릴 란'이라 쓰기도 하였다.

이처럼 아래로 발목 밑의 발과 가운데 종아리와 위의 허벅지가 연결된 모양을 나타내어 '彳'(자축거릴 척)자를 만들었고 이를 가만히 서서 있다가 처음으로 발을 내딛는다는 뜻으로 썼다.

그래서 왼발을 조금 내딛는 일을 '彳'이라 하고, 연이어 오른발을 따라 딛는 일을 '亍'(걸을 촉)이라 하고, 이 둘을 합쳐 '行'(다닐 행)이라 하였다.

사실 처음부터 발을 크게 디디는 일은 흔치 않다. 앉았다가 일어나 발을 디딜 때에는 거의 다 작게 내딛기 때문에 '彳'은 똑같이 '걷다'는 뜻을 지닌 글자 중에서도 '조금 걷다'(小步)라는 뜻을 지니고 있다.

속담에 "종일 내리는 소나기는 없다."(驟雨不終朝)고 하였다. 모든 일이 급하게 진행되면 쉽사리 멈춰지는 것이 당연한 이치일 수밖에 없다. 조심스럽게 조금 내딛는 발걸음이야말로 먼 천 리 길을 갈 수 있는 것이다.

그리하여 노자도 말하기를 "천 리 길도 한 걸음 내딛는 발밑에서부터 비롯되고 구 층이나 높은 누각도 흙바닥에서 시작된다."(千里之行 始於足下 九層樓臺 基於塵土)라고 하였다.

이곳저곳 두루 돌아다님을 일러 '彷'(거닐 방)이라 하고, 멀거나 가깝거나 높거나 낮은 것을 가리지 않고 두루 돌아다니는 것을 일러 '徨'(크게 걸을 황)이라 하고, 게다가 목표를 찾지 못한 채 힘들여 다니는 것을 '방황'(彷徨)이라 한다.

목적도 잃은 채 아무런 향상을 꾀하지 않는 방황은 무의미한 방황일 뿐이다. 일정한 목표를 두고 두루 돌아다니는 일이나 서두르지 말고 향상을 꾀하기 위한 생각을 염두에 두고 쉬엄쉬엄 걷는 산책은 심신 두 방면에 다 좋다. 이때 가장 유념해야 할 일은 걸음도 그저 마구잡이로 걸을 것이 아니라, 쉬엄쉬엄 가락을 지닌 채 걸어야 한다.

이처럼 가락을 지닌 걸음을 통해 그 멋진 가락 그대로 올바른 생각이 떠오르고 떠오른 올바른 생각이 점점 쌓여야 때가 되면 자연히 그 좋은 생각들이 몽땅 봇물 터지듯 터져 나와 위대한 창작이 이뤄질 수 있는 것이다. 좋은 생각을 지닌 채 제법 가락에 맞는 절도 있는 걸음은 머리와 발과 손을 다 동원해 얻어지는 일종의 좋은 명상이라 해도 지나친 말이 아니다.

저 유명한 칸트의 산책이 바로 이런 것인 듯싶고, 부처를 염원하며 오솔길을 쉬엄쉬엄 가락 찾아 걷는 한 수도승의 '經行'(경행)도 또한 이 감회를 벗어나 얻을 수 없는 일이리라. 더구나 비 개인 뒤 맑은 바람 불어 대는 대숲 사이를 걷는 맛이야 그 어느 맛과도 바꿀 수 없는 '청한미'(淸閑味) 바로 그것이다.

廴 길게 끌 인
발(彳)을 길게 끌어낸 모양

걷는다는 뜻을 지닌 '彳'에서 밑을 길게 늘어트려 만든 글자 '廴'(길게 끌 인)은 걷는데 단순히 걷는다는 뜻만이 아니라 걷기는 걷되 길게 끌어 걷는다는 뜻으로 썼다.

그러다가 뒤에 활을 끌어 잡아당긴다는 뜻으로 '引'(당길 인)이 나오자, '廴'이라는 단독 글자는 자취를 감춰 버리고, 그 대신 '廴'에 가다는 뜻을 지닌 '止'에 한 획을 덧붙인 글자를 합쳐 '延'(끌 연) 자를 만들어 이를 '길게 끌다', 즉 '연장하다'는 뜻을 나타내는 글자로 쓰기에 이르렀다.

또한 '廴'에 오뚝함을 나타내는 '壬'(오뚝할 임)을 붙여 평지보다 높게 돋우어 사용한 마당을 뜻하는 '廷'(뜰 정) 자를 만들어 내고, 이를 '朝'(아침 조)와 짝지어 이른바 '朝廷'이라는 단어를 만들었다. 즉, 궁중을 출입하는 큰 신하들은 아침이면 궁 안뜰에 모여 임금이 백성 다스리는 도리를 물으면 반드시 몸을 다소곳이 숙인 채 정중히 소신껏 물음에 대답해 올리는 것을 중요한 하루의 일과로 여겼다.

궁을 짓든 집을 짓든 간에 모든 건축물을 올릴 때에도 반드시 그 순서가 있는 법이다. 첫째, 그(其) 집이 들어설 만한 터(土)를 잡아야 하기 때문에 '基'(터 기)는 집의 시작을 뜻하는 글자다. 둘째, 터를 잡았으면 지어야 할 집의 구조를 자세히 붓(聿)으로 늘어트려(廴) 그려야 함이니 이것이 곧 설계로서의 '建'(세울 건)이라 이렇게 된 것을 두고 시작이 반이라 한다.

셋째, 무릎까지 우거진 숲을 정리하여 터를 다듬고(楚) 주춧돌(石)을 놓는 일이 '礎'(주춧돌 초)요, 넷째, 설계대로 주춧돌 위에 나무(木)와 대나무(竹)를 마름질(工)하여 얽고, 지붕을 덮으면(凡) 집이 이뤄지니 이를 '築'(쌓을 축)이라 한다. 이렇게 되면 집이 다된 것이다.

흔히 집을 '가정'이라 한다. 여기에서 '家'란 지붕을 나타낸 '宀'(집 면) 밑에 '돼지'를 뜻하는 '豕'(돼지 시)를 붙여 '家'(집 가)라 하였고, '庭'(뜰 정)은 같은 지붕이라도 행랑채와 같은 지붕을 뜻하는 '广'(집 엄) 아래에 '廷'(마당 정)을 붙였다.

그렇다면 '家'에서의 집이란 돼지 집이란 말인가? 그렇지 않다. 일반 가정 집 제사에는 거의 다 '돼지'를 잡아 조상의 제사를 모시되 반드시 행랑채가 아닌 정간의 당상에 제물을 차리고 자손들은 그 아래 '土房'(토방)에서 예를 행했기 때문에 '家'는 곧 부모가 계시는 정간을 뜻하는 글자다.

부모는 반드시 당상에 모셔 두고 자손들은 다 각자 당 아래 행랑에서 지내며 마당은 애당초 바깥보다 좀 더 높이 다져 집을 들어앉혔기 때문에 높다는 뜻을 지닌 '壬'(오뚝할 임)에 '廴'을 붙여 '庭'이라 하였다.

따라서 해마다 입춘축으로 쓰는 문자 중에 "당상의 부모는 천년의 수를 누리시고, 슬하의 자손들은 만세토록 영화로울 것이로다."(堂上父母千年壽, 膝下子孫萬歲榮)이라는 내용을 이해할 수 있을 것이다.

즉, 당상의 '家'와 슬하의 '庭'을 합쳐 가정이라 하였다. 그런데 유독 우리말로는 '집'이라 한다. 그 뜻을 굳이 찾아 풀어 보면 '집'이란 식구가 모여 사는 곳이기 때문에 '集'(모일 집)과 통하는 말일 것이다. 말하자면 작은 새들은 날다가 나무 위에 모여 재잘거리고, 집안 식구들은 날이 저물면 반드시 집으로 모여들기 때문에 '집'은 '集'이라는 말이다.

行 다닐 행
좌우 두 발을 번갈아 움직임

발에서 허벅지까지 연이어 있는 모양을 '彳'(걸을 척)이라 하여 넓은 의미로는 '걷는다'는 뜻으로 썼고, 좁은 의미로는 '왼발을 먼저 떼어 걷는다'는 뜻으로 써서 처음 딛는 걸음이라 '작은 걸음'이라는 뜻을 지닌다.

따라서 대부분 사람들이 왼발을 먼저 내딛고, 그다음 오른발을 내딛기 때문에 특히 오른발을 내딛는 경우를 '亍'(걸을 촉)이라 한다. 그래서 왼발 디딤과 오른발 디딤을 합친 '行'(다닐 행)을 두 발을 움직여 '걷다'는 뜻을 나타내었다고 한다.

그런데 또 다른 한편으로 '行'은 본디 상하와 좌우가 교차된 네거리의 모양을 그대로 본뜬 글자라고도 한다. 아마 '衝'(부딪칠 충)이 곧 상하로 가는 것과 좌우로 가는 것이 겹치기 때문에 '부딪치다'로 보아야 한다는 점에서 '行'은 곧 네거리의 모양에서 비롯된 글자라는 풀이도 설득력이 있다.

더구나 갑골문 시대에 있어서는 이 '行' 속에 각종 짐승 모양을 넣어 각각 그 짐승이 다니는 길을 나타내기도 하였다. 예를 들면 '行' 속에 '豕'(돼지 시)를 넣으면 돼지 다니는 길, '鹿'(사슴 록)을 넣으면 사슴 다니는 길 등과 같이 짐승 길을 이처럼 나타내었던 것이다.

사냥을 주업으로 삼았던 그 시절에는 짐승의 통로에 대한 정확한 파악이 곧 생활과 직결될 수밖에 없었기 때문에 짐승 길에 관한 여러 표현이 반드시 필요했을 것이다.

그러다가 사냥시대가 지나고 농업시대로 접어들게 되자, 짐승이 다니든 사람이 다니든 움직이는 물건들이 다니는데 그 움직이는 물건들이 다니는 모양은 반드시 머리를 앞으로 향하고 다니기 때문에 오늘날의 '道'(길 도) 이전에 본디 길을 나타낸 글자는 '行' 속에 '首'를 넣어 이를 길이라 하였다.

아무튼 머리를 향하고 다니는 곳이 곧 '길'이요, 누구나 왼발과 오른발을 번갈아 걷는 곳이 바로 '길'이라는 점은 틀림없다. 그렇기로 머리를 향하고 갈 곳을 찾아 나서는 것이 옳은 일이요, 길을 걸을 때에는 조심조심 걷는 게 천만 옳다. 길이 아니면 가지 말아야 한다.

비슷한 뜻을 지닌 '去'(갈 거)나 '往'(갈 왕)과는 다른 뜻을 지녔다. '去'는 발걸음을 내딛어 간다는 뜻이요, '往'은 주인을 정해 두고 먼 길을 간다는 뜻이다. 그래서 이 두 글자는 '來'(올 래)와 상대되는 글자로 '去來'니 '往來'니 하는 말처럼 '來'와 짝지어 쓴다.

그러나 '行'은 간다거나 온다거나 하는 말을 다 포섭하는 말로, 가는 것이나 오는 것이나 다 다니다는 뜻이라는 말이다. 그래서 간다거나 온다거나 하는 것, 즉 '去來'나 '往來'를 통틀어 '行'이라 말한다.

그렇기로 일정한 지점에서 다른 일정한 지점을 갔다가 되돌아오는 '往來'도 行, 한 지점을 기점으로 하여 둥글게 끊임없이 도는 일을 두고도 '運行'이라 말한다. 우리가 밤낮으로 통행하는 길도 갔다가 돌아오는 것이기 때문에 '길'을 한자로 말하면 '道路'라 한다.

이때에도 우선 '道'란 본디 '行' 속에 '首'(머리 수)를 넣어 "머리를 향해 왕래하는 길"이라는 뜻이었는데 다시 '辶'(쉬엄쉬엄 갈 착)에 '首'를 붙여 '도'라 하였듯이 '路'(길 로) 또한 '足'을 한쪽은 바르게 쓰고 다른 한쪽은 거꾸로 붙여 "가고 오는 것이 길"이라는 뜻을 극명하게 밝힌 글자다.

齒 이빨 치

입 속에 이빨이 든 모양

입속에 발이 있다면 누구나 놀랄 것이다. 그러나 그것이 다름 아닌 '이빨'이다. 위아래 턱 잇몸에 촘촘히 박혀 말을 하거나 음식을 씹거나 때때로 움직이는 양이 마치 두 발이 서로 맞아 걷는 것 같기로 '입속의 발'을 줄여 '이빨'이라 하였다.

이빨에는 대략 세 가지가 있다. 제일 중간에 있으면서 음식을 잘라내는 '齒'(이빨 치)가 있고, 잘라낸 음식을 삼키기에 앞서 몽글게 갈아 젖히는 '牙'(어금니 아)가 있으며, 사람을 비롯한 잡식동물에서는 퇴화된 관계로 두드러지게 나타난 바가 없지만 먹이를 사냥하는 맹수류에게는 감춰진 무기로서의 '송곳니'가 사나운 발톱과 더불어 특이하다.

그래서 앞 이빨을 나타내는 '齒'는 입속에 촘촘히 위아래로 박힌 이빨의 모양에다가 '치-' 하는 소리를 낼 때에 보인다는 뜻에서 '止'를 덧붙여 만든 글자다. 이에 반하여 어금니를 나타내는 '牙'는 잇몸 속에 두 가닥 뿌리를 굳게 박고 있는 어금니 자체의 모양을 본뜬 글자임과 동시에 다만 '아-' 하고 입을 벌려야 비로소 보이는 큰 이빨이라는 소리까지를 감안하여 '어금니 아'(牙)라고 한 것이다.

입속의 발을 두고 '이빨'이라 하였는데 그렇다면 '입속의 손'은 무엇인가? 아마도 '혀'가 곧 입속의 손이라 보아도 큰 무리는 없을 성싶다. 왜냐하면 혀는 음식의 맛을 더듬어 감별하기도 하고, 마음속에 있는 뜻을 밖으로 손써 내보내기도 하며, 마땅치 않을 때에는 손을 내둘러 제지하듯 혀를 내둘러 보이고, 조금 언짢을 때에는 손을 내려 버리듯 혀를 차기 마련이다. 그렇기로 입 밖의 손과 입안의 혀는 그 하는 일이 비슷하다.

이빨은 어떤 이빨이든 출생 직후에는 없다가 얼마 후에 '젖니'(乳齒)가 나고, 이 젖니가 빠지면서 '영구치'가 나며, 같은 이빨이라 할지라도 시간을 두고 굵은 어금니는 맨 나중에 난다. 그래서 이빨을 보고 나이를 알아차리기 때문에 '齡'(나이 령)이라 했다. 특히 말이나 소나 유용한 동물에 한해서는 이빨을 보고 부림의 여부를 명령(결정)했다는 뜻이다.

한창때 예쁜 아가씨를 '妙齡'(묘령)이라 말하고, 늘그막에 다다른 노인을 '老齡'(노령)이라 말하는 것은 모두 다 '齒'를 나이라는 뜻으로 썼기 때문이다. 그런데 묘령에 이빨이 상해 있거나 노령에 이빨이 튼튼하다면 나이와는 다른 건강을 나타내고 있다는 사실을 미리 알아야 한다. 이빨은 적어도 일차 소화기관이기 때문이다.

흔히 미인에 드는 조건의 하나로 '붉은 입술에 하얀 이빨'(丹脣皓齒)을 말한다. 여기서 말하는 '붉은 입술'은 튼튼한 심장을 뜻하고, '하얀 이빨'이란 소화를 말한다. 자주 놀라다 보면 심장이 상하고 심장이 상하다 보면 입술은 청색을 띤 자주색 아니면 검은색으로 변하기 마련이다.

또 일단 입으로 들어간 음식은 소화기관을 통해 제대로 소화되면서 아래로 내려가야 하는데 그렇지 않고 소화되어 내려가야 할 음식이 위로 치밀어 올라 입안으로 소화되는 '기'가 맴돌다 보면 입안은 온통 냄새가 날 뿐 아니라, 이빨도 자연 누렇게 퇴색하기 마련이다.

그런 뜻에서 '丹脣皓齒'는 미인의 조건 중에서도 건강미를 뜻하는 말이 된 것이다. 들여다볼 수 없는 내장의 상태를 얼굴의 한 부위에서 볼 수 있다는 일종의 형상진단에 따른 말이다.

牙 어금니 아
입속 깊이 박혀 있는 어금니의 모양

　입의 역할은 크게 두 가지가 있다. 말하는 일과 먹는 일이다. 이 둘 중 더욱 중요한 일은 말하는 일보다는 먹는 일이다. 말은 못해도 어렵게 살아 갈 수는 있지만 먹지 않고서는 살 수 없기 때문이다.

　물론 입속에는 혀가 있고 이빨이 있어서 먹는 일이나 말하는 일을 돕고 있다. 혀는 주로 말하는 역할을 담당하고 있는 데 반하여 이빨은 주로 먹는 역할을 담당하고 있다.

　만약 혀가 없다면 도저히 말을 할 수가 없을 것이요, 또한 이빨이 없다면 잇몸으로 대신한다 하지만 먹는 일을 원활히 할 수 없기 때문에 혀와 이빨은 반드시 입속에 있어야 할 중요 기관이라 아니할 수 없다.

　그중에서도 위아래 이빨을 두고 살펴보면 대략 세 종류가 있다. 첫째, 앞에 벌려져 있는 이빨은 먹이를 자르는 역할을 하고, 둘째, 바로 그 옆에 약간 날카로운 이빨은 먹이를 물어 젖히는 역할을 하고, 셋째, 입속에 큰 이빨은 먹이를 갈아 젖히는 역할을 한다.

　그렇기 때문에 앞에 난 이빨의 뿌리는 비교적 한 뿌리로 뻗어 들었으나 날카로운 송곳니는 밖으로도 솟고 안으로도 그 뿌리가 비교적 깊다. 그러나 먹이를 갈아 젖히는 어금니는 뿌리 자체도 두 가닥으로 박혀져 있을 뿐만 아니라 먹이를 갈아 젖힐 수 있도록 굴곡져 있다.

　이런 면에서 앞에 난 이빨이나 송곳니는 '齒(이빨 치)라 하여 입을 약간 벌리면 보이는 모양과 벌릴 때의 나는 소리(止)를 합성한 데 반하여 입속 깊은 곳에 굵게 박힌 어금니는 잇몸에 굵게 박힌 모양을 그대로 본떠 '牙'(어금니 아)라 하였음과 동시에 입을 크게 벌려서야 비로소 보인다는 뜻에서 '아-'라고 하였다.

그 어떤 동물이나 다 세 종류의 이빨을 지니고 있는 것은 분명한 일인데 먹고 살아가는 형태에 따라 다소 다른 점이 있다. 육식을 주로 하는 동물들은 송곳니가 발달할 수밖에 없고, 초식을 주로 하는 동물들은 풀을 뜯는 앞니나 씹는 어금니가 발달할 수밖에 없다.

그렇기는 하나 단지 그 어떤 동물이나 어금니만큼은 애당초 어려서부터 굵게 자라 올라와 먹이를 갈아 젖히는 역할을 제대로 하지 않으면 안 되기 때문에 '牙'라는 글자의 뜻 속에는 이미 굵다는 뜻이 들어 있어 어떤 초목의 씨가 굵게 올라오는 것을 일러 '芽'(싹 아)라 하였다.

또 한편으로 입을 크게 벌려야 '牙' 소리가 난다는 뜻에서 '口'(입 구)를 붙여 어떤 사물을 보거나 뜻밖의 일을 당했을 때에 입을 '쩍-' 벌려 놀라는 모양을 나타낼 때에 '呀'(입 벌릴 아)라 하였고, 마을 앞뒤를 부지런히 나르며 마냥 소리를 지르는 새를 '雅'(까치 아)라 하였다.

'雅'를 명사로 쓸 때는 '까치'라 쓰지만, 이 까치는 전체 몸이 검은 까마귀와는 달리 흑백의 조화를 이룬 옷을 입었기 때문에 '우아하다'는 뜻으로도 쓰고, 까마귀는 온 몸이 검기 때문에 눈도 보이지 않는다는 뜻에서 '烏'(까마귀 오; 검을 오)라 하였다.

앞니로 먹이를 끊고 송곳니로 먹이를 물어 젖히고 어금니로 씹어 젖히는 세 박자 작업을 통해 일차적인 소화를 한 뒤에 밥통으로 들어가서 이를 삭히고 장을 통해 영양분과 수분을 뺀 뒤에 나머지 것들은 다 앞뒤로 분리 처분하는 몸의 전체 소화구조 중에서 이빨이야말로 매우 중요한 것이기 때문에 예로부터 오복 중의 하나로 꼽았다.

 足 다리 족
발 위에 허벅지를 붙인 글자

발을 본뜬 글자로 종아리, 뒤꿈치, 발바닥, 발가락을 다 그려 만든 것이 '止'(발 지/ 그칠 지)라 하였다. 발 하나를 두고 발이기 때문에 '가다'라는 뜻으로도 쓰고, 한쪽 발만 그렸기 때문에 '그치다'라는 뜻으로도 썼다.

이렇게 같은 글자를 두 가지 뜻으로 겸하여 쓰다가 뒤에 '가다'는 뜻으로는 먼 길을 갈 때에는 대부분 주인(主)을 정하고 간다(行)는 뜻을 담은 '往'(갈 왕)으로 쓰고, 오늘날에 '止'는 다만 '그치다'는 뜻으로만 사용되고 있다.

이 '止' 위에 '口'를 덧붙여 '足'(다리 족)이라 쓰면 곧 종아리 위에 통통한 허벅지를 붙인 글자다. 그렇기 때문에 '止'는 무릎 밑에서 발바닥까지를 본뜬 글자라면, '足'은 발바닥에서 허벅지까지를 나타낸 '다리' 전체를 뜻하는 글자다.

사람이 급할 때에는 '다리'를 써서 움직일 수밖에 없기로 '재촉하다'는 뜻을 '促'(재촉할 촉)이라 하고, 다리로 달려가 손으로 붙잡을 수밖에 없기 때문에 '잡다'는 뜻을 '捉'(붙잡을 착)이라 쓴 것이다.

제 아무리 마른 사람일지라도 궁둥이와 연결된 허벅지는 통통하기 마련이기 때문에 '足'을 한편 '만족하다'는 뜻으로 쓰기도 한다. 그래서 예로부터 '安分自足'(분수에 편안하고 스스로 만족함)이라 하여 일단은 자신의 타고난 처지에 편안할 것과 그다음으로는 자신이 기울인 노력에서 얻어지는 성과에 만족함을 느끼고 살아갈 것을 크게 강조하였다.

즉, "분수에 편안하면 몸에 욕됨이 없고, 기미를 알면 마음이 저절로 한가롭다. 그렇다면 비록 인간 세상에 살지만 도리어 인간 세상을 벗어난 것이다."(安分身無辱, 知幾心自閑, 雖居人世上, 却是出人間)〈안분음(安分吟)〉라고 하였다.

분수에 편안하고 기미를 알면 몸과 마음이 욕되지 않고 스스로 한가롭다는 말은 오늘날 흔히 말하는 심신수련의 가장 큰 요건이라 해도 지나친 말이 아닐 것이다. 타고난 선천적 여건의 제약 속에서 제 스스로 노력 여하에 만족을 느낄 수밖에 없다는 말이다.

그렇다면 이른바 '分數(분수)'란 무슨 말인가? 타고난 몫을 뜻하기도 하고, 혹은 노력에 따른 어떤 성과의 몫을 뜻하기도 한다. 제 자신의 의지대로 택할 수 없는 자신의 몫이 이미 선천적으로 정해져 내려왔다고 볼 때에는 어찌할 수 없는 자신의 몫이라 한다.

또 나아가 후천적인 노력에 뒤따른 자신의 성과를 일러 '몫'이라 말하기도 한다. 자신의 의지와는 상관없는 '몫'이 있다고 여길 때 그것을 일러 타고난 몫이라 한다면, 이 세상 이 사회에서 자신이 맡은 바 임무를 성실히 이행한 뒤에 얻어지는 대가를 일러 노력의 몫이라 한다.

그렇기로 분수에 편안하다는 말 속에는 선천적인 몫과 후천적인 몫이 다 포함되어 있다는 사실에 주목해야 할 필요가 있다. 아무리 많은 노력을 해도 얻어지는 몫이 적을 때에는 선천적으로 타고난 자신의 몫이 이것뿐인 듯싶다고 스스로가 스스로를 위안하며 살아가고, 별다른 노력 없이도 몫을 많이 차지하여 풍요롭게 살아가는 사람을 보면 자신과 비교하여 불평불만을 늘어놓기보다는 아마도 선천의 몫이 크기 때문이려니 하고 오히려 자신의 일에 충실한 노력을 기울이는 것이 현명한 일이기 때문이다.

疋 발 소
발바닥에서 장딴지까지

이미 '止'(그칠 지)는 몸을 받치고 있는 '발'을 본뜬 글자라는 점은 설명한 바 있다. 그런데 '止'가 무거운 몸을 받치고 있을 수 있는 까닭은 허벅지와 장딴지가 있기 때문이다. 그래서 '止'에 '口'를 붙여 '足'(다리 족)이라 하였고, 또한 '止'에 한 획을 가로질러 구부려 발바닥 위에는 장딴지가 있음을 나타내었다.

이런 점에서 '足'과 '疋'(발 소)는 똑같이 '발' 또는 '다리'를 나타낸 글자라는 점에서는 서로 통한다. 그러나 엄밀히 말하자면 '足'은 발바닥에서 허벅지까지를 나타낸 글자로 '만족하다'는 뜻을 지니고 있으나, '疋'는 발바닥에서 장딴지까지를 나타낸 글자라 '足'보다는 덜 만족하다는 의미에서 소리도 '小'(작을 소)라 하였다.

'발'은 진행을 뜻한다. 그래서 어떤 일을 진행시켜 나아가며 이를 일일이 기록하는 지방의 하급 관리(記事者)를 두고 '胥'(아전 서)라 하여 관장(官長)의 측근에서 각종 일을 돕는 '吏'(아전 리)와 비슷한 뜻으로 써 왔고, 잡초가 우북하게 자라 장딴지 위까지 무성한 곳을 두고 '楚'(가시밭 초)라 하였다.

'발'은 누구나 좌우 양쪽 둘이므로 '疋'는 두 사람이 상하로 짙게 짝지은 모양을 나타낸 '匹'(짝 필)과 서로 통한다. 그래서 '필부필부'(匹夫匹婦)라는 말을 '疋夫疋婦'로 쓸지라도 결코 틀린 것이 아니며 또한 베를 셈하는 단위로 쓰기도 한다. 다만 이런 때에는 소리를 '필'로 읽어야 한다.

애당초에는 '손'과 '발'을 크게 나눠 쓰지 않고 혼동해 썼다. 그러다가 어느 때로부터 손은 흔들고 발은 내딛기 때문에 몸을 움직여 나아가려면 발을 움직여야 하기로 '행동'(行動)이라 하였고, 무엇을 중지시키려면 손을 들어야 하기로 '거지'(擧止)라 하였다. 따라서 이 두 말을 짝지어 '行動擧止'라 하였다.

옛말에 "지나친 생각은 정신을 상하게 하고, 망녕된 행동은 도리어 재앙을 부른다."(濫想徒傷神 妄動反致禍)라 하였다. 그러하니 항상 염두에 두고 조심할 일은 오직 '가볍게 손들고 함부로 발을 디디는 일'(輕擧妄動)이다.

'발'을 발이라고 하는 까닭은 안에서 고요히 지내다가 밖을 향해 나갈 때에 움직이는 것이 곧 '발'이기 때문에 '發'(필 발)과 그 소릿값을 같이하게 된 것이다. 그렇다면 움직이면서 사방팔방을 돌아다니다가 안으로 들어 '발'을 쉬고자 할 때에는 어떻게 해야 하는가?

물어볼 것 없이 나무 그늘에 의지하여 쉬는 것은 일시적일 수밖에 없다. 그래서 '休'(쉴 휴)는 사람이 나무 그늘을 찾아 쉰다는 뜻을 나타낸 글자다. 그렇지만 많은 시간을 쉴 수도 없고 또한 비가 오거나 깜깜한 밤이 되어도 오랫동안 나무 그늘에서 쉴 수는 없는 노릇이다.

더구나 인간은 생리적 구조상 하루에 몇 시간 동안 잠을 자야만 한다. 낮에는 밖으로 나가 활동하다가도 밤이 되면 발을 들여놓을 수 있는 일정한 곳이 있어야 한다. 이런 점에서 지붕을 뜻하는 '宀'(움집 면)에 발을 붙여 '定'(정할 정)이라는 글자가 나왔다.

따라서 '定'이란 발을 들여놓고 편히 쉴 집을 뜻하는 글자로 집이란 일정한 거처이기 때문에 '一定'하다는 뜻은 변함없이 찾아 쉬어야 할 곳처럼 변함없이 한결같음을 뜻하는 말이다.

 品 물건 품
음과 양 사이에 나온 새로운 것

　입을 나타내는 글자인 '口'(입 구)가 한편 물건을 나타내는 글자로도 쓰인다. 어떤 물건이건 간에 눈으로 보이는 물건은 일단 그 모양이 있기 때문에 그 모양을 본뜬 기본 꼴을 네모로 그렸기 때문이요, 특히 쓰임새 있는 물건은 눈이나 귀나 코는 생략한 채 만들 수는 있어도 입은 생략할 수 없기 때문이다.

　우리가 일상 사용하는 모든 도구 중에 삶과 가장 밀접한 관계를 가지고 있는 그릇을 예로 들어 보자. 물을 담아 끓이는 주전자는 입과 코와 귀가 다 있다. 물을 끓여 마시는 데 사용하는 물을 담는 입이 있고, 뜨거운 물을 다른 그릇에 옮겨 부어야 할 때에 잡는 귀가 있어야 하고, 물이 한창 끓을 때에 수증기를 날려 보내는 코가 있어야 한다.

　그런데 같은 물을 담아 마시는 그릇으로서의 컵은 귀(손잡이)가 없는 컵도 있고, 반드시 귀가 없어서는 사용하기 어려워 귀를 달지 않으면 안 되는 컵도 있다.

　왜냐하면 그릇은 물을 담는 데 사용하는 것으로 '陰'(그늘 음)이지만 뜨거운 물은 곧 그릇 안에 담겨지는 내용으로서의 '陽'(볕 양)이기 때문에 뜨거운 물을 담아 마시는 컵은 반드시 귀가 있어야 한다.

　물건을 담는 그릇을 '음'이라 치면 담겨지는 것들은 '양'이다. 그렇기로 그릇에 어떤 물을 담는다 할지라도 그릇의 물은 '양'이다. 그러나 같은 물일지라도 뜨거운 물을 '양'이라 치면, 차가운 물은 '음'이라 말할 수 있다.

그래서 '음'(그릇)에 '음'(차가운 물)을 담아 쓸 때에는 귀 없는 컵도 무방하지만, '음'(그릇)에 '양'(뜨거운 물)을 담아 쓸 때에는 반드시 귀 달린 컵을 써야 한다.

음에 음이 담겨질 때에는 아무런 일이 없다. 그러나 음에 양이 담겨질 때에는 특별히 귀 달린 그릇이 아니면 쓸 수가 없다. 그렇기는 하나 어떤 물건을 담는 그 어떤 그릇이라 할지라도 반드시 일단 입이 있고 담을 수 있는 용량이 있어야 그 용량만큼 담겨지는 법이다.

귀 달린 컵과 귀 없는 컵과는 어느 것이 더욱 쓸모 있는 그릇인가? 자신에게 걸맞은 이들만 담아 가는 그릇의 입장에서 보면 귀 달린 그릇은 그 귀 자체가 거추장스럽게 느껴질 수도 있다.

그러나 음이 음만을 담으려 들거나 양이 양만을 담으려 든 나머지 자신의 비위에 맞는 이들만 모여 쑥덕쑥덕 거리기로만 들면 어찌 되겠는가? 그때마다 "그 밥에 그 나물이라"는 비웃음을 면할 길이 없다.

일단 길을 잃었다 싶으면 새로운 길을 찾아야 한다. 그 새로운 길은 다른 데 있는 것이 아니다. 나 혼자 애써 쌓으려 들면 얼마 쌓을 수도 없거니와 설사 약간 쌓았다 할지라도 금방 무너지기 마련이다.

너와 내가 합쳐야 일단 새로운 것이 나오고, 그 합쳐진 힘으로 차곡차곡 이치에 맞게 잘 쌓아야 새로운 것이 더욱 새롭고, 또 새롭고, 나날이 새로워지고도 또 오랫동안 굳게 남는 법이다.

왼쪽의 '口'와 오른쪽의 '口'가 너와 나라면 그 위에 올려진 '口'는 새롭게 쌓여져 가는 너와 나를 아우르는 새로운 큰 나(大我)이다. 높이 쌓으려면 좀 더 많은 이들이 힘을 모아 쌓아야 하고, 항상 새로운 것은 동질의 단순 화합에서 얻어지는 게 아니라 이질의 조화에서 얻어진다는 진리를 단적으로 나타낸 글이 곧 '品'이다.

龠 피리 약
대나무에 구멍을 뚫어 만든 피리

원시로부터 인류가 처음 만든 악기를 꼽자면 타악기로서의 '북'과 관악기로서의 '피리'라 한다. 특히 피리를 연주하는 가락은 봉황새가 12달을 두고 우는 울음소리를 그대로 본뜬 것이라 하는 이른바 12율이라 한다. 아마 언제나 사계절을 두고 태평을 염원하는 인간의 바람을 반영한 것이 곧 음악이라는 뜻일 것이다.

피리는 대나무에 구멍을 뚫고 얇은 갈대 속청을 붙여 불어 대면서 구멍을 조절하여 12가락을 읊어 내는 가장 간단한 식물성 소재의 악기이다. 나아가 대통 하나로만 연주하는 피리가 있는가 하면 여러 개의 피리를 합쳐 하모니 효과를 내도록 만든 피리도 있다.

이때 하모니 효과를 내는 큰 피리를 두고 그 모양을 나타낸 글자가 '龠'(큰 피리 약)이니, '册'(엮을 책)은 여러 개의 피리를 묶어 놓은 모양을 나타낸 것이요, 그 위에 여러 개의 구멍(口)를 붙이고, 또 그 위에 '合'(모일 합)에서 口를 생략한 '亼'을 덧붙인 것이다.

많은 이를 부추기는 효과로서는 '북'이 가장 으뜸일 수밖에 없다면 조용한 분위기 속에서 깊은 가락을 연주하여 귀를 통해 스며드는 소리가 마음속에 든 가락을 가장 잘 움직일 수 있는 악기로서는 '피리'를 빼 놓을 수 없다.

그리하여 힘센 저 항우장사의 많은 군사도 끝내 마지막에 흩어 놓을 수 있었던 큰 묘한 수법은 다름이 아니라, 패전의 슬픔에 쌓여 고향 생각을 아니할 수 없는 그 비참한 상황에서 달마저 휘영청 밝자, 어디선가 가냘프게 들려오는 '사모곡'(思母曲) 한 곡조가 서로 눈치만 살피며 도망칠 기회만을 엿보던 패잔병들에게는 앞 다투어 도망치는 기폭제가 될 수밖에 없었던 것이다.

예로부터 "아비가 이치를 들어 무섭게 설득하는 말은 옳은 줄 알면서도 잘 듣지 않지만, 어미가 눈물로 호소하는 말은 설사 그 말이 온전히 마땅치 않을지라도 따를 수밖에 없다."는 것이니 북 치고 장구 치는 이벤트만이 능사가 아니라, 잔잔하면서도 호소력 있는 한 곡조 피리 소리가 더욱 필요할 때가 많다.

같은 말이라도 "상황이 더욱 나빠질 수도 있으니 우리는 우리를 잘 보존하기 위해 이를 슬기롭게 참아내자."고 조용한 목소리로 차분히 이야기하는 것이 "조금만 참으면 곧 되니 그대로 참자."라고 외치는 것보다 훨씬 좋은 처방일 수도 있다.

다만 전자의 설득은 말을 하는 자가 듣는 자들과 더불어 한 몸이 되었다고 여겼을 때 가능한 처방이다. 그렇지 않은 상황에서 "조금만 참아라, 곧 된다."라고 한다면 청중들은 이미 '참'은 없어졌다고 절망하며 더 이상 믿음을 주지 않는다.

'참는다'는 말은 어려운 중에서도 과연 어떻게 하는 것이 '참'이냐 하고 끊임없이 '참'을 찾는다는 말이다. 즉, '참을 찾는다'가 '참는다'는 말이다. 따라서 참을 만하냐 그렇지 않느냐는 문제는 상황에 따라 다르다. '참'을 이미 잃었다고 여겼을 때에는 참지 못하지만 그래도 참을 가치가 있다면 참는다. 참에서 나오는 참다운 곡조만이 마음속에 든 가락, 즉 심금(心琴)을 울릴 수 있는 법이다.

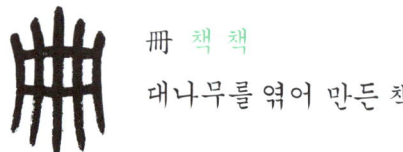 冊 책 책
대나무를 엮어 만든 책

맨 처음 '소리'가 있은 연후에 '말'이 있었고, 말이 있었던 연후에 '글'이 생겨났다. 우리가 흔히 역사시대라 함은 글이 있어 인류의 생활이 기록되어진 이후를 말하기 때문에 역사를 뜻하는 '史'(역사 사)는 손(又)으로 붓을 잡고 치우침 없이 중심(中)을 잡아 기록함을 나타낸 글자다.

제일 먼저 기록의 바탕으로 사용된 재료는 주로 짐승의 뼈 조각이나 거북의 배때기 뼈였기로 이를 일러 '갑골문'(甲骨文)이라 한다. 즉, 갑골문이란 거북 뼈(龜甲)나 짐승의 물 방둥이 뼈(獸骨)에 새긴 글이라는 말이다.

물론 뼈에 새겼기 때문에 필기도구로 사용된 것은 뾰쪽한 칼이었기로 이를 '도필'(刀筆)이라 하였다. 칼로 새겼던 그 시절의 글은 자연히 오늘날의 글자체와는 달라 '새김'체로서의 독특성을 지닌 것이었다.

이때 갑골에 새겨진 문자들의 대부분 내용은 길흉을 점친 것이었는데 그중에서도 특히 날씨에 대한 물음이 전체 내용 중 약 70%나 된다. 이 점은 오늘날에도 전화 안내를 통해 물어 오는 내용 중 날씨에 관한 물음이 제일 많다는 점과 크게 다를 바 없다.

서양에서의 기록이 이뤄지게 된 맨 처음 바탕은 나뭇잎이었는 데 반하여 한자 문화권(동양)에서의 기록 바탕은 뼈 조각이었다는 점은 매우 흥미로운 일이다. 그래서 서양에서의 종이라는 말은 오늘날까지 나뭇잎을 뜻하는 '파피루스'에서 근원한 '페이퍼'가 되었다.

그러나 한자 기록에 한해서는 뼈에서 대나무 또는 나무 조각으로 이어지니 동물성 재료에서 식물성 재료로 옮겨져 한 단계가 더 있었다고 볼 수 있다. 이런 점으로 유추해 볼 때 어쩌면 문자생활에서도 서양보다는 한자 문화권의 동양이 훨씬 앞섰을 것이라는 점을 짐작할 수 있다.

아무튼 뼈에 기록했던 갑골의 시대가 지나고 '죽간'(竹簡)이나 '목간'(木簡)의 시대로 옮겨지게 된 결정적인 까닭은 삶의 형태가 사냥이 청산되고, 그 대신 농업으로 바뀔 수밖에 없었던 시대적 흐름과 그 궤적을 같이할 수밖에 없었기 때문이었을 것이다.

이런 경로를 통해 대나무 조각에 기록된 문자들을 한낱 문자의 조각들로만 남겨 두지 않고 가죽 끈으로 단단히 엮어 만든 기록문화의 위대한 유산이 곧 '册'(책 책)이다. 따라서 '책'이란 죽간(목간)에 새긴 기록물을 엮어 놓은 바로 그 모양을 나타낸 글자다.

다만 부피가 많은 관계로 보관상 한 두루마리의 것을 일러 '卷'(책 권)이라 하였으니, 즉, 같은 책을 말하는 글자 중에 '권'이라 할 때에는 기록물을 엮은 한 두루마리라는 뜻이었다면 '책'이란 두루마리의 묶음 그 자체를 뜻하는 글자였다.

그러다가 필요는 발명의 어머니라고 말했듯이 문서를 출납함에 있어서 그 불편을 해소하기 위해 만들어진 것이 식물성 섬유(주로 헌 그물)를 재료삼아 새롭게 만들어 낸 '紙'(종이 지)였기 때문에 실을 뜻하는 '絲'(실 사)에 '氏'(씨앗 씨)를 붙여 '종이'라 하였다.

그래서 종이에 붓으로 써서 이를 묶어 놓은 것이 곧 '册'이며, 이 책 속에 종래의 한 두루마리의 기록을 그대로 옮긴 것이 '卷'이라, 대개 여러 권이 합쳐 하나의 책이 된 것이다. 예를 들면 공자를 중심으로 한 유교집단의 입장을 기록한 〈논어〉는 열 개의 두루마리가 하나의 책으로 묶여졌기 때문에 10권 1책인 것이다.

 品 묻입즙
동서남북으로 흩어진 즙기

　입이나 물건을 나타내는 '口'를 동서남북 사방으로 흩어 놓은 모양을 두고 일상에 필요한 모든 물건을 뜻하는 글자로 삼았다. 그러다가 일상 도구를 나타내는 글자로 그 구체성을 더하여 '器'(그릇 기)라 하였다. 본디 그릇이란 굳이 음식을 담는 그릇만을 뜻하던 것이 아니라, 일상에 필요한 모든 도구를 말하는 것이었다.

　예를 들면 의료에 필요한 것을 '의료기구'(醫療器具)라 하고, 미용에 사용하는 것을 '미용기구'(美容器具)라 하며, 농사에 필요한 것을 '농기구'(農器具)라 함과 같다. 그런데 왜 오늘날 '그릇'이라 하면 우선 음식을 담는 도구를 뜻하게 되었는가?

　생활 도구 중에서도 가장 필요한 도구가 곧 음식을 담는 그릇이기 때문이다. 그 어떤 일보다도 가장 큰 일은 음식을 먹는 일이며, 다른 도구는 다 생략할 수 있어도 음식을 담는 그릇만은 생략할 수 없다.

　솥이니 대접이니 접시니 밥그릇이니 하는 모든 그릇은 똑같은 그릇이다. 사람이 삶을 살아가는 동안 그릇을 버리고 살아갈 수 없다. 사람이 살아가는 동안에는 먼저 마시기를 하고 난 뒤에 본격적으로 먹기를 시작하기 때문에 음식을 먹는다고 한다.

　사람이 죽어갈 때에는 대부분 먹기를 그치고 겨우 마시는 일만 하다가 마시는 일까지 놓아 버리고야 만다면 그만 세상을 하직하기 마련이기 때문에 죽음을 앞둔 사람은 거의 식음을 전폐하다가 죽게 된다.

옛말에 이르기를 "백 년 동안의 몸을 보장하기 어렵고, 백 년 동안의 무덤을 보장하기도 어렵다"(難保百年身 難保百年墳)라 하였다. 그런데 사람이 한평생 사는 동안에도 '밥그릇'을 안고 사는 법인데 죽은 뒤에도 식음을 전폐한 그 안타까움을 두고 '그릇'을 무덤에까지 묻어 두는 것이 예로부터 전해져 온 관습이었다.

주인이 죽으면 그 주인에게 온갖 충성을 바치던 '개'도 함께 묻어 주었기로 동서남북 사방으로 흩어 놓은 그릇과 개도 함께 든 무덤 속의 것이 곧 '그릇'이라는 뜻에서 '器' 속에 '犬'(개 견)이 들어 있는 것이다.

그렇기로 백년도 못 사는 우리 인생은 삶을 살아가는 동안에도 그릇을 안고 살 수밖에 없었고, 죽은 뒤에도 그릇에 둘러싸여 있을 수밖에 없는 존재였을 뿐이다.

물론 사방을 둘러싸고 있는 것은 오직 '밥그릇'뿐만은 아니었다. 고인에게 필요한 모든 도구를 넓은 뜻에서 다 '그릇'이라 말할 수 있는 것이다. 그중 '개'는 주인의 밥을 지키는 또 하나의 그릇이라면 그릇이다.

우리의 몸은 그릇을 담는 큰 그릇이며, 밥그릇은 몸에 밥을 담기 위해 일단 밥을 담는 그릇이다. 많이 담을 수 있는 그릇을 큰 그릇이라 말할 수 있고, 같은 그릇일지라도 오랫동안 밥을 담는 그릇을 좋은 그릇이라 하고, 얼마 못 가서 그릇을 놓을 그릇은 몹쓸 그릇이라 하였다.

이미 어미의 태중에서 머문 시기에 따라 상 중 하 세 그릇이 있다 하니 "만 열 달을 꽉 채워 낳은 아이는 '上器'요, 만 아홉 달을 채워 나온 아이는 '中器'이며, 여덟 달 이하 만에 낳은 아이는 '下器'다."〈동의보감〉라고 하였다. 몸은 정신을 담는 그릇이기 때문에 오랫동안 정신을 담을 수 있는 그릇을 아무래도 좋은 그릇이라 하고 얼마 못 가서 깨지는 그릇은 아주 형편없는 그릇이라 말할 수밖에 없기 때문이다.

舌 혀 설

입안에 든 혀가 밖으로 나온 모양

입속에 들어 말하거나 먹는 일을 돕는 것으로 이(齒)와 혀(舌), 두 가지가 있다. 그중 이는 음식을 넘기기 전 끊고 가는 일을 하고, 말이나 소리를 밖으로 내보낼 때 마지막으로 조절하는 역할을 한다. 이에 반해 혀는 씹고 갈아 젖힌 음식을 넘기기 전 맛을 감별한 뒤 속으로 넘기기도 하고, 속에서 끓어 나오는 '기'에 굴절(屈折)을 가해 일단 분명한 말이나 소리를 만든 뒤 밖으로 내보내는 역할을 한다.

따라서 '舌'(혀 설)이라는 글자는 干(방패 간)에 口(입 구)를 붙여 만든 글자이니 그 뜻 또한 입을 통해 들고 나는 모든 일을 '혀'가 간여(干與)함을 나타낸 것이다. 어떤 일을 실제로 간여하여 바꾼다는 일은 참으로 중요한 일이다.

속담에 '말 한 마디에 천 냥 빚을 갚는다.'는 말은 누구나 똑같이 세 치 남짓한 혀를 가졌지만 그 혀를 어떻게 쓰느냐에 따라 결과는 천차만별일 수 있다는 말이다. 이는 음식은 백성의 하늘이요, 말이나 소리는 각자의 알속에서 우러난 것이기 때문이다. 이런 까닭에 예로부터 '혀'는 곧 '심장의 싹'(心苗)이라고 한 것은 비단 의학적 측면에서만 붙여진 정의가 아니다. 말이나 소리는 곧 마음의 선언(宣言)이라는 깊은 뜻이 포함되어 있다.

말은 마음의 노출이므로 잦은 실수는 말에서 비롯된다. 이런 뜻에서 "허물을 부끄럽게 여기는 것보다 마음을 경계해야 할 것이요, 입을 잘 지키는 것은 침묵보다 더 좋은 것이 없다. 침묵하면 온전하게 지킬 수 있고, 말을 삼가면 허물을 줄이는 것이다."(恥過, 莫如戒心. 守口, 莫如愼黙. 寡言則戒全, 戒言則寡過)〈미수기언(眉叟記言)〉는 허목(許穆) 선생의 말씀은 누구나 심장에 새기고 혀에 붙여 둘 금과옥조(金科玉條)이다.

'舌'에 물(水)을 붙여 '活'(살 활)이라 하였다. 항상 혀는 촉촉하게 해 주어야 활기차게 살아갈 수 있다는 글자다. 말로 실수를 저지르는 경우는 흔히 혀가 촉촉하지 않을 때 일어나는 경우가 많다. 그 까닭은 가슴속에서 화가 끓어오르기 때문이다. 그럴 때마다 한 잔의 차로 혀를 달래어 참는 여유로 활기(活氣)를 되찾아야 한다. 그래서 서로가 차를 나누며 '茶分'할 필요가 있다.

공자가 많은 제자를 거느리고 처음으로 노자를 찾았을 때, 노자는 공자에게 "세 치 혀를 내두르며 잘난 체하고 돌아다니는 일"을 크게 경계하고 넌지시 말하기를 "다 같은 장사라도 떠돌이장사를 하지 말고, 앉은장사를 하라."고 권유하여 '良賈深藏(양고심장)'이라는 비결을 알려 주었다.

즉, 장사도 크게 세 종류가 있다. 첫째는 자신의 물건을 수레에 싣거나 짐으로 져 이곳저곳을 돌아다니며 소리쳐 파는 장사로서의 '商'(장사 상)이 있고, 제 물건을 깊이 감춰 두고 앉아서 조금씩 물건을 내놓고 아쉽게 찾는 이를 향해 물건을 파는 '賈'(장사 고)가 있고, 나라 사이에 개방된 문호에 자리 잡고 물건을 사고파는 '貿'(무역할 무)가 그것이다.

이 같은 장사 중 아쉬운 장사는 떠돌이장사라, 자연히 물건 값을 흥정하더라도 제값을 받을 수 없는 경우가 많을 뿐더러 장소를 옮겨 가며 떠들어 대야 하기 때문에 피곤하지 않을 수 없다. 그러나 물건을 깊이 감춰 두고 아쉬워 찾아오는 사람에게 배짱으로 물건 값을 톡톡히 부르며 팔 수 있는 것은 앉은장사일 수밖에 없으므로 값이라는 뜻을 나타내는 '價'(값 가)는 바로 이 같은 사정을 잘 반영하고 있는 글자다.

 干 방패 간
어떤 것을 찔러서 들어간 모양을 본뜸

　모든 동물들은 겉은 가죽이나 껍질로 둘러싸여 있고, 그 속은 겉과는 달리 부드러운 살로 이뤄져 있다. 그래서 겉만 보면 속을 알 수가 없기 때문에 속을 알려면 반드시 찔러 보아야 제대로 알 수 있는 것이다.

　그렇기로 겉을 통해 속을 찔러 본다는 말은 찔려지는 그 어떤 겉이 있어야 함과 동시에 찔리는 속이 있어야 한다는 말이다. 그래서 밖에서 안으로 들어간다는 뜻으로 '入'(들 입)을 거꾸로 쓴 글자와 찔리는 속을 나타낸 '一'을 붙여 '干'(찌를 간)이라는 글자를 만들어 내었다.

　그런데 글자의 운용에 있어서는 반드시 겉에서 속을 향해 '찌른다'는 뜻만으로 쓰이는 것이 아니라, 창으로 찔려지는 것을 막기 위한 무기의 일종인 '방패'를 뜻하는 글자로도 쓴다. 그래서 '干'(방패 간)과 '戈'(창 과)를 붙여 쓰면 모든 무기를 총칭하는 말이 된다.

　가뭄이 심할 때에는 매일 떠 비추는 해도 달갑지 않고 오직 떠오른 해를 막아 버리고 싶은 충동이 일어나기 마련이기 때문에 가물다는 뜻을 '日'(날 일) 밑에 '干'(막을 간)을 붙여 '旱'(가물 한)이라 하였던 것이다.

　또 한편 옛날에는 죽간이나 목간에 글자를 새겨 기록을 남겼으며, 그 후로는 목판이나 철판을 칼로 새기거나 약품으로 부식시켜 책을 만들어 널리 배포했기 때문에 '刊'(새길 간)에 '行'(널리 펼칠 행)을 붙여 책을 '刊行'하다는 말로 써 온 것이다.

칼로 겉에서 속을 찔러 들어가면 속살이 보이고, 더욱더 깊이 찔러 들어가다 보면 하얀 뼈가 드러나 보이듯, 모진 파도를 헤치고 겨우 뭍에 다다르면 반드시 파도를 줄기차게 막아 온 물가의 언덕이 있는데 이런 물가의 언덕을 일러 '干'(물가 간)이라고도 한다.

그뿐만이 아니다. 한참 열심히 일을 하다 보면 반드시 몸 안에서 밖으로 물기가 분출되어 나오는 것을 땀이라 하는데 땀이 나는 까닭은 몸 안에서 나는 뜨거운 열기를 식히기 위해 일어나는 생리적인 한 현상이기 때문에 '汗'(땀 한)은 곧 몸에서 나오는 열기를 막는다는 뜻일 수밖에 없다.

사실 전쟁이나 질병이나 가난 등도 견디기 어려운 극한상황이기는 하나 이보다 더욱 어려운 일은 가뭄이나 장마와 같이 날씨가 고르지 못하여 농사를 망치는 것이다. 그래서 언제나 하늘을 향해 비는 말이 "때때로 날씨가 고르어야 해마다 풍년이 든다."(時和年豊)고 하였다.

즉, "저 하늘의 구름이 바람에 날리고 뭉쳐 비를 뿌려 주어야 비로소 천하는 태평하다."(雲行雨施天下平)〈역경〉이라 하였다. 이때 천하가 태평하다는 가장 큰 조건은 곧 날씨가 고르어야 결과적으로 풍년을 맞아 천하가 태평하다는 뜻이다.

그렇기로 이왕 하늘이 백성을 위해 비를 찔러 내려 주신다면 어느 한 곳이나 어느 한때에 집중적으로 내려 주시지 말고 전후좌우 가리지 말고 골고루 내려 주시라는 뜻이 곧 '平'(고를 평) 자 한 글자에 담겨져 있다 해도 지나친 말이 아닐 것이다.

왜냐하면 자연이나 인간사회에 있어서나 크거나 작거나 적거나 많거나 간에 골고루 베풀어지는 일이야말로 아예 불만을 미연에 풀어 버리는 묘방이 아닐 수 없기 때문이다. 즉, 공평한 베풂과 화창한 분위기가 곧 '平和'이기 때문이다.

只 다만 지
입에서 기를 아래로 내린 모양

사람이 어떤 일을 함에 있어서 가장 중요한 역할을 하는 것은 곧 마음이다. 제일 먼저 마음에서 어떠한 일을 해야 하겠다는 작심(作心)이 서야 실제 일을 감행할 수 있는 것이다. 이때에 작심하는 그 주체는 곧 '마음'(心)이요, 작심 자체는 '뜻'(志)이며, 실제 앞서서 일을 감행하는 것을 '기'(氣)라 한다.

그래서 공문의 제자 중에서 순자는 "마음을 일러 모든 모양의 주인이다."(心 形之君也)라 하였고, 한편 더 나아가 마음먹은 그대로 나아가려 하는 뜻을 실제로 받들어 가는 것을 기라 하여 맹자는 "뜻은 곧 기를 움직이는 장수다."(志 氣之帥也)라고 하였다.

말 한 마디 자그마한 일 하나라도 이를 실제 수행해 나아가는 것이 곧 '기'이기 때문에 어떤 일이나 말을 열심히 수행해 나아감을 일러 "기를 쓰고 한다."라고 하니 곧 뜻을 장수라 치면, 기는 장수의 명을 따르는 군사일 뿐이요, 그 가장 우두머리는 아무래도 마음인 것이다.

따라서 같은 말일지라도 격앙된 모양을 지으며 강력하게 자신의 뜻을 전하는 것을 '卻'(물리칠 각)이라 함에 반하여, 나지막한 어조로 조용히 자신의 뜻을 전하는 것을 '只'(다만 지)라 하였다. 같은 말이라도 기가 입 위로 솟구쳐 나가느냐, 아니면 아래로 깔리느냐, 하는 기의 흐름에 따라 속뜻이 전혀 다르기 때문이다.

같은 기를 쓰며 살아갈지라도 속성으로 자신의 뜻을 이루려는 성급한 이들은 남의 뜻을 가로막는 데 기를 많이 쓴다. 그러나 성격이 차분하고 기를 아끼는 이는 상대를 조용히 살피며 대체로 너그럽게 긍정적으로 상대의 뜻을 수용해 가는 것 같지만 결코 만만하게 볼 수 없이 기를 아껴 쓰는 이도 많다.

기를 아껴 쓰지 않는 이는 곧 기를 함부로 쓰는 사람이며, 기를 함부로 쓰는 이는 자신을 상대에게 쉽게 노출시켜 뜻을 빨리 성취하고자 한 나머지 욕속부달(欲速不達)의 어리석음을 범하기 마련이다. 그러나 말을 되도록 아끼고 일을 자신의 뜻대로 조용히 몰고 가려는 이는 쉽사리 자신의 낯도 드러내지 않고, 급히 상대의 뜻을 막으려 들지 않는다.

그래서 "각—" 하며 쉽사리 내뱉지 않고, "그런데 다만—" 하고 자신의 목소리를 나직하게 전하면서도 상대를 너그럽게 받아들이는 태도를 지니는 것이 훨씬 바람직한 처세일 경우가 많다. 격앙된 나머지 "각—" 하고 나오려는 뜻을 억제하고 차분히 '다만'을 들어 말을 해 보자.

첫째, 글로벌 무한경쟁 시대에 우리가 우리답게 살아갈 수 있는 법은 각자가 타고난 역량과 소질대로 영어 몰입으로 빠져들어 가는 이도 있어야 한다. 그러나 다만 모든 이에게 강요할 수는 없는 일이며, 나아가 다만 내 나라 내 역사를 도외시할 수는 더더욱 없다.

둘째, 민주도 좋고 자유도 좋고 평등도 좋다. 개성의 신장도 좋고 자유로운 경쟁도 좋고 능력껏 노력도 좋다. 그러나 다만 차별은 없애야 한다. 우리 속의 우리는 모두 같은 우리라는 점을 한시라도 잊어서는 안 된다.

셋째, "왜 나만 가지고 그러느냐"는 말은 고운 말이 아니다. 일단 관심이 주어졌기 때문에 어떤 말이라도 붙여 고치기를 권유하는 말인데도 오히려 많은 사람들 중에 왜 나만 가지고 그러느냐는 식의 말은 그러는 본의를 저버린 것이다. 그런 소리를 말고 다만 자신을 통렬히 반성할 것이다.

訥 말더듬을 눌
입 안에서 소리가 머뭇거림

　말은 소리에서 더욱 발전되어 나온 공통된 약속이며 소리는 또한 마음에서 우러나온 것이다. 마음은 가장 깊숙한 곳에 자리해 있기에 이것이 밖으로 드러난 것이 소리이며 또한 말인데, 다만 말이란 소리만으로는 부족하기 때문에 단순히 하나의 소리에 한정을 두거나 또는 소리와 소리를 합성시켜 말을 만든 것이다.

　그래서 언제나 자주 쓰는 말은 단순히 소리 하나로 한정시켰고, 덜 자주 쓰는 말은 소리에 소리를 맞붙여 썼다. 예를 들면 '물'이니 '불'이니 '밥'이니 하는 말들은 생명을 지닌 동식물 등에게는 한시라도 떠날 수 없는 것이기 때문에 단순히 소리 하나로 쓸 수밖에 없는 것이다.

　그렇지만 막상 사람과 사람 사이의 도리를 나타내는 사랑이니, 매 끼니마다 먹어야 하는 음식인 '먹이' 같은 말들은 소리에 소리를 맞붙였다. 이때에 '먹이'란 밥과는 달리 밥을 중심으로 한 이것저것들을 싸잡아 일컫는 말이다.

　말에는 두 가지 측면이 있다. 첫째는 소리요, 둘째는 약속이다. 그렇기는 하지만 말의 소리 속에 이미 뜻으로서의 약속이 들어 있기도 하고 약속에 이미 소리의 요소가 집약되어 있기도 하다. 예를 들면 불이라는 말은 곧 어떤 가연체에 붙여 비치는 것(附麗)이라는 뜻이 맞붙어 된 말이요, 물은 만물에 무리지어 있는 것(多勿)이라는 뜻에서 비롯된 말이다.

집안에 불이 났을 때에 "부리— 부리야" 하는 것보다는 "불이야—" 하는 것이 옳고, 만물에 무리 지어 있는 것이 물이기 때문에 그 물건이 살아 있는 것이냐 아니면 죽은 것이냐 하는 판단의 한 기준은 촉촉한 상태냐 아니면 깡말라 버린 상태냐 하는 데 있다.

사람을 비롯한 동물이 살아 있으면 혀가 촉촉한 상태라는 뜻에서 '水'(물)에 '舌'(혀 설)을 붙여 '活'(살 활)이라 하였고, 같은 나무라 할지라도 수명이 오래된 나무는 물이 바짝 말라 있기로 '木'(나무)에 '古'(옛 고)를 붙여 '枯'(마를 고)라 하였다.

이런 의미에서 보면 이른바 동물이니 식물이니 또는 광물이니 할 때에 이르는 '물'은 바로 일상 마시는 '물'과 다를 바 없는 물이다. 즉, 물을 속에 담고 움직이는 물건은 '동물'(動物)이요, 밑에서 물을 끌어올려 반듯하게 서 있는 나무는 '식물'(植物)이다. 그리고 각종 쇠붙이와 많은 물을 담고 있는 가장 넓은 만물의 바닥은 '광물'(鑛物)이다.

그래서 만물의 물도 또한 '물'이며 물은 한편 곧 '생명'이다. 그렇지만 깊은 생명의 샘(마음) 속에서 일단 타오른 인간의 감정은 물이 아닌 '불'이다. 때문에 감정은 솟구치기 마련이며, 감정이 솟구치다 보면 가장 가리기 쉬운 '물'과 '불'도 가릴 수 없다고 하였다.

말이란 감정의 표현이기 때문에 말이 감정에 사로잡혀 함부로 뱉어지면 '망언'(妄言)에 이르기 쉽다. 격한 감정을 참고 냉철한 생각을 거쳐 차분히 뱉어 내는 말은 적어도 망언에까지 이를 수는 없는 법이다. 그래서 노자도 "믿음직한 말은 번지르르 하지 않고 더듬는 말이 참다운 말이다."(信言不美 訥言眞言)라 하였다. 입을 통해 마음속에서 궁굴려 더디 나오는 말이기 때문에 '口'에 '內'(안 내)를 붙여 '呐'(말 더듬을 눌)이라고도 하고, 마음속에 든 것이 입을 통해 드러나는 것이 곧 말이기 때문에 '訥'(말 더듬을 눌)이라고도 한다. 그래서 '呐'과 '訥'은 똑같은 글자다.

 句 굽을 구

말이나 물건이 굽어져 있음

입의 모양을 본뜬 글자로 '口'(입 구)는 입을 나타낸 글자일 수도 있고, 한편 어떤 물건을 뜻하는 글자일 수도 있다. 예를 들면 '言'(말씀 언)에서의 '口'는 입을 뜻하는 글자지만 '中'(가운데 중)에서의 '口'는 물건을 뜻하는 글자가 된다.

이런 의미에서 어떤 물건이 굽어져 있는 상태를 두고 '句'(굽을 구)라 하였으며, 굽었다는 뜻 속에는 한편 아직 덜 자란 상태라는 뜻도 있기에 '狗'는 아직 자라지 않은 개, 곧 강아지를 말하고, '駒'는 망아지를 말한다.

이와 같은 경우로 볼 때에 아직 덜 자란 양 새끼는 '羊'(양 양)에 '句'를 맞붙이지 않고 '句' 위에 양 뿔의 모양을 위로 붙여 '苟'(양 새끼 구)라 하였다. 그러나 '羊'에 '夭'(굽을 요)를 붙인 '羍'(양 새끼 달)이 널리 쓰이게 되자 '苟'는 양 새끼를 뜻하기보다는 '참하다'는 뜻에서 '진실로 구'라 뜻하기도 하고, 또는 '어려울 구'라 뜻하기도 하였다.

아마도 같은 글자인 '苟'를 두고 진실을 뜻하기도 하고, 또는 어렵다는 상태를 뜻하기도 하는 까닭은 나름대로 그만한 깊은 뜻이 내포되어 있을 것이다. 즉, '참된 것'이 쌓이고 쌓이다 보면 일단은 '어려움'이 쌓일 수밖에 없겠기로 '苟且'(구차; 어렵고도 어렵다)스러운 상태에 이를 수밖에 없는 것이 아니겠는가.

애당초 좌우를 살피지 않고 거침없이 내뱉는 말이 틀림없이 지켜질 진실인 듯한 착각을 지녔든지, 아니면 그렇게 말하는 것이 마냥 정직한 마음을 지닌 자신만의 독특한 표현이라는 습성에서 연유된 것이었든지 간에 아무튼 누가 들어도 거침없는 말은 우선 당장에는 시원스럽게 들릴지는 몰라도 실은 아직 성숙되지 아니한 말, 서툰 말이다.

그러나 아직 성숙되지 아니한 채 서툰 말이 있었을지라도 그 바탕이 양순한 양 새끼의 울부짖음이었을 것이라 널리 이해하고 오히려 힘은 모자랐지만 그 본질은 너무나도 진실했을 것이라고 그 진실성만을 높이 받들고 기억해 가야 할 일들이 한둘이 아닌 듯하다.

흔히 진실 자체가 힘이라 하지만 한갓 진실이 실현될 만한 힘이 붙지 않는 한 그 진실만의 축적은 '苟且'스럽기만 한 것이다. 그래서 "돈 떨어지면 신발도 떨어지고, 신발도 떨어지면 양말도 떨어지는 법"이라 하였다.

굽어진 것은 어떤 경로를 거쳤던 간에 일단 엉킨 것이며, 엉킨 것은 어떤 방법을 써서라도 풀어 거두지 않으면 안 된다. 엉킨 것을 쳐서 거두어들인다는 뜻을 곧 '收'(거둘 수)와 '拾'(주을 습)이라 한다.

그런데 엉킨 것을 함부로 엉켰다고 마구 친다면 더욱 엉킬 따름이라, 손써서 주워 담을 수도 없게 된다. 그렇다면 남의 살도 내 살처럼 서로의 동질성을 십분 자각하여 '살살~' 풀어 하나하나 정성스럽게 주워 담아 가야 되리라 믿는다.

본디 힘없는 어린 양이 제 나름대로 현실 밖의 진실만을 지키려 들다가 '苟且'하게 내몰린 그 가엾은 상태를 제대로 '收拾'하자면 꼭 기억해 둘 말이 있다. 그것은 곧 '깨끗하다'는 말은 아무것도 없다는 말이다. 그러나 '더럽다'는 말은 전혀 없다는 말이 아니라 '덜 없다'는 말이다.

어디 전체에 먼지가 꽉 차야만 더럽다고 하는가? 그래도 저것보다는 이것이 '덜 없다'는 것이 곧 '더럽다'는 말이다.

世 代 세
삼십 년이 곧 한 세대라는 뜻

모든 생명체들은 끊임없이 그 개체 수를 늘리기 위해 생식을 거듭하기 마련이다. 그런데 생명체의 종류에 따라 번식되어 가는 기간이 각각 다르다. 똑같은 동물류라 할지라도 하등과 상등에 따라 다를 뿐 아니라, 먹이 사슬 체계에 따라 번식되는 개체의 수도 천차만별이다.

뱀은 개구리를 잡아먹고 살아가기 때문에 뱀보다는 개구리 수가 많기 마련이고, 개구리는 또 벌레를 잡아먹고 살아가기 때문에 개구리보다는 벌레들 수가 훨씬 많아야 한다. 겨울잠에서 깨어나는 순서도 마찬가지다.

새싹이 돋아나야 거기에 의지해서 살아가는 벌레들이 나오고 벌레가 나온 뒤에야 개구리가 나올 수밖에 없고 개구리가 나와 장차 왕성한 식욕을 가진 뱀이 먹을 수 있는 올챙이를 몽땅 내놓아 올챙이가 개구리로 된 뒤에야 뱀이 그것들을 잡아먹고 살아가게 되어 있는 법이다.

한편 하나의 개체가 성숙을 거쳐 또 다른 개체를 번식해 내놓는 성숙의 기간도 천차만별이다. 대체로 성숙의 기간이 긴 것들은 동식물을 막론하고 야무질 수밖에 없고, 반대로 짧은 것들은 그만큼 물러 터질 수밖에 없다. 그래서 오뉴월 하룻볕에 부쩍부쩍 자란 호박이 가장 무른 법이다.

사람은 하루 이틀 볕 사이에 성숙할 수는 없다. 적어도 스무 해는 넘어야만 다음 자녀를 낳을 수 있으나 본디 삶의 예절이 사회적 규범으로 고착되기 시작했을 때에 만들어진 〈예기(禮記)〉라는 책 속에서는 "남자 삼십

이 되면 장가를 간다."(三十有室) 하였다.

　그런데 왜 그 후로 한때는 20살도 못 되어 장가드는 조혼의 풍습이 있었을까. 그 까닭은 전쟁이 시작되면서부터 종족보전의 본능이 발동되어 어쩔 수 없이 일어난 행위일 것이다. 그래서 14살 꼬마 신랑에 20살 새 신부가 있었던 것이다.

　8살에 소학에서 기초교육을 받고 15살에 학문에 뜻을 둔 이는 대학에 들어 지도자 교육을 받고, 30살에 뜻을 세운다는 그 옛날로부터 내려온 전통으로 보면 사회의 떳떳한 일원이 되는 결혼도 또한 30살쯤에 이뤄져야 하는 것이었다. 그래서 바로 '나'라는 1세에서 '자녀'라는 2세로 세대가 이어지게 되었던 것이라, 곧 30을 '世'(대 세)라 이르게 된 것이다.

　즉, '世'란 한 사람이 성숙하여 그 자녀를 낳는 나이 30을 뜻하는 '세대의 세'를 이르는 말이니 어디 사람만이 끊임없이 세대가 불어난다는 말인가? 결코 그렇지만은 않다. 뿌리 박혀진 채로 전혀 움직이지 않는 초목까지도 해마다 낙엽이 지고 새 잎이 돋아나기 마련이니 초목(艹木)에 있어서의 세대갈이는 곧 '葉'(잎 엽)이다.

　참으로 자연의 이치는 묘한 것이다. "큰 그릇은 시간을 두고 늦게 이뤄진다."(大器晚成)〈노자〉라 하였다. 성숙도 더디고 번식 역시 더딘 사람이야말로 그 어느 것보다도 훨씬 우수한 큰 그릇일 터이다.

　흔히 '세계'(世界)라는 말을 많이 쓴다. 이때 '世'란 시간을 두고 인간이 불어 나가는 시간의 흐름을 말하는 것이라면, '界'(경계 계)란 주로 인간들이 나름대로 사회를 이루며 살아가는 그 공간적 경계를 말하는 것이다.

　그렇다면 '세계지도'(世界地圖)란 오늘의 형편만을 살펴 전개된 땅덩어리의 경계만을 그려 놓은 것이라, 엄밀히 말해 '경계도'(境界圖)인 공간도(空間圖)에 불과한 것이다. '세계지도'라는 말이 등장될 때마다 시간과 공간을 하나의 공간 속에 담아 둘 수 없는 아쉬움이 있을 따름이다.

言 말씀 언

마음속에 든 것이 입을 통해 나오는 것

말이란 소리에서 더욱 발전된 것이다. 따라서 말은 소리의 일종이기는 하지만 소리와는 달리 더욱 구체적인 뜻을 지닌 소리이다. 애당초에는 소리만 있었을 것이나 이 소리 하나로는 마음속의 뜻을 전달하기에는 아주 부족하기 때문에 소리에 소리를 붙여 만들어진 것이 곧 '말'이다.

일상생활에 아주 흔히 쓰이는 물질명사는 말이라 할지라도 소리 하나로 쓰는 것이 보통의 예이니 그 실례를 들면 '산' '물' '불' '꽃' 등과 같은 것이다. 좀 더 복잡한 뜻을 지닌 것들은 소리와 소리를 합쳐 만든, 예를 들면 '사람' '사랑' 등과 같은 것이다.

같은 짐승의 이름일지라도 사람과 아주 가까운 동물들인 '개' '소' '말'이나 '닭'들은 소리 하나로 충분히 족하지만, 그렇지 못한 것들은 '호랑이' '너구리' '비둘기' 등과 같이 소리 하나를 기본 삼아 또 다른 소리를 붙여 만든 단어들이다.

말은 그 쓰임에 따라 종류도 많다. 우선 일상생활에 가장 흔히 쓰는 말을 '言'(말씀 언)이라 한다면, 이와는 달리 대화를 통해 자신의 입장을 드러내는 말은 '語'(말씀 어)라 하였다. 그러니 '語'란 일반적으로 말을 뜻하는 '言'에 '吾'(나 오)를 붙인 것이다.

마찬가지로 말을 뜻하는 '言'에 마치 불이 위로 향해 끊임없이 훨훨 타는 것처럼 어떤 일에 대하여 열심히 계속 말하는 것을 '談'(말씀 담)이라 하며, 그저 '舌'(혀 설)을 굴려 말하는 것을 일러 '話'(말씀 화)라 한다. 나아가 '覃'(자리 담)을 붙이면 '譚'(이야기 담)이 된다.

말은 입을 열어야 되는 것이기 때문에 사람이 입을 열어 마음속에 든 것을 모처럼 벗겨 낸다는 뜻을 지닌 '兌'(벗길 태)를 붙여 두면 '說'(말씀 설)이 되지만, 여러 가지 책을 두루 읽고 많은 설들을 참고하여 새로운 말을 엮어 놓은 것을 일러 '論'(말씀 논)이라 한다.

이처럼 같은 말씀이라도 그 종류는 아주 많다. 그렇기 때문에 말은 참으로 조심해야 할 일이다. 옛말에 "한번 땅바닥에 쏟아진 물은 주워 담을 수 없다."(覆水難收)라는 말은 이미 내뱉은 말은 다시금 거두어들일 수 없다는 말이기도 하다.

그렇기 때문에 말에 관한 말의 종류도 매우 많고, 또 한편 말이란 행동으로 옮기기 이전의 선언이라는 점에서 되도록 행동에 자신이 없을 바에야 섣불리 말부터 앞세울 필요는 없다. 만약 행동과 말이 다를 때에는 말에서 기대를 갖던 것이 틀어져 믿음을 잃지 않을 수 없다.

그런 뜻에서 예로부터 "말을 할 때에는 행동을 되돌아보고, 행동을 할 때에는 말을 되돌아보라."(言顧行 行顧言)고 한 말은 말과 행동을 일치시킬 것을 당부한 말로써, 더 깊이 음미해 보면 말은 행동에 앞선 선언이나 행동은 말의 결과일 수밖에 없다는 점을 강조한 말이다.

말은 행동에 앞선 선언 또는 구상이라면, 행동은 곧 말의 내용을 구체화시키는 작업이다. 이는 마치 어떤 집을 지으려 들 때에 구상으로서의 설계와 시공으로서의 작업과도 같은 것이다. 그러나 설계나 시공은 막상 터전을 마련한 뒤에야 있을 수 있는 일이라는 점을 명심해야 한다. 생각도 거치지 않고 내뱉는 말은 '거짓'일 경우가 많고, 실행 가능성이 없는 말은 말만 부도(不渡)내는 일이라, 예로부터 이를 말만 귀양 보낸다고 크게 경계했던 것이다.

競 다툴 경
두 사람이 서로 말로 다투는 모양

　말이나 소리는 인간의 뜻을 나타내는 중요한 한 수단이다. 그런데 그 뜻을 나타냄에 있어서는 단순히 의미 전달의 측면도 있지만, 그와 더불어 감정 표출의 측면이 있다. 그래서 말을 뜻하는 '言'과 소리를 뜻하는 '音'의 중간적인 것으로 단순한 의미 전달의 말에서 그치는 것이 아니라, 말에 감정 표출이 두드러진 '다툼'이 있다.

　따라서 사람의 소리는 마침이 있을 수밖에 없다는 뜻에서 '音'에 '儿'을 붙인 '竟'(다할 경)을 일러 감정이 섞인 소리가 다하다는 뜻으로 삼았다. 그런데 '언'과 '음'의 중간적인 모양에 '儿'을 붙이고, 이 글자를 나란히 붙여 '競'(다툴 경)이라 하였으니 그 정확한 의미는 두 사람이 서로 말로 다투다는 뜻이다.

　그렇다면 왜 다투는 것인가? 옳고 그름을 다투는 경우가 있고, 이롭고 해로움을 두고 다투는 경우가 있다. 그러나 자세히 살펴보면 명분상 옳고 그른 것도 또한 실제상 이롭고 해로운 것과 중복될 수밖에 없다.

　실제적인 이로움을 얻기 위해 형식적인 명분을 내세워 다투는 것이 곧 다툼의 태반이라 보아도 큰 무리는 없다. 이런 의미에서 다툼의 원인을 가장 극명하게 나타낸 글자로 '爭'(다툴 쟁)을 들 수 있으니 그 뜻은 이미 손아귀에 쥔 것을 뜻하는 '尹'(맏 윤) 자 위에 손을 뜻하는 '爪'(손톱 조)를 붙인 것이다.

따라서 다툼(爭)이란 이미 손아귀에 권력을 쥐고 있는 기득권층에 대항하여 너만이 쥐고 있을 수는 없으니 그 쥐고 있는 것을 좀 풀어서 서로가 공평하게 나누자고 소리치는 신참 세력이 동서고금을 통해 어느 역사 어느 사회에나 있기 마련이라는 말이다.

살다 보면 항상 기득권을 주장하는 보수층과 새로운 참여를 목말라 하는 절박한 울부짖음이 대질리기 마련이며, 이것이 다툼의 최대 원인이기 때문에 '爭'을 두고 그 과정은 마치 역사에서의 통과의례와도 같이 시끄러운 다툼이라는 뜻에서 '競'을 썼다.

좋게 말하면 "어떤 면에서도 경쟁이 없는 사회는 발전할 수 없다."고 하여 경쟁의 불가피성을 말하기도 한다. 자연스런 분위기 속에서의 공평한 경쟁은 발전을 향한 과정으로서의 긍정적인 면도 없지 않겠으나 경쟁을 부추기며, 그 틈바구니 속에서 자기의 이익을 취하려는 태도는 극히 경계하지 않으면 안 된다.

아무리 공정한 사회를 지향해 간다고 할지라도 경제적인 빈부의 격차나 신분상의 고하는 피할 수 없다는 것도 숨길 수 없는 사실이다. 그러나 부의 편만 들고 높은 측만을 두둔한 나머지 그 틈바구니 속에서 자신의 이익을 취하려 드는 일은 애당초 그 발상이 크게 옳지 않은 것이다.

부의 편만 들다 보면 끝내는 빈부의 격차를 부추긴 나머지 빈익빈 부익부가 되어 더 이상 조화로운 순환을 억누르는 결과를 초래할 뿐이요, 높은 신분만을 두둔한다면 그 결과는 바닥을 긁어 산만 높이 쌓는 일과 다를 바 없어 반드시 그 산은 무너질 수밖에 없다.

항상 인간은 각기 타고난 제 나름대로의 성품대로 그 행실도 각각일 수밖에 없다는 점을 깊이 인식하여 한 처사가 저 산중의 논두렁을 점차 넓혀 나가듯 높은 곳은 높은 그대로 넓혀 나가고 낮은 곳은 낮은 곳 그대로 넓혀 나가야(高處高平, 低處低平) 하리라.

音 소리 음
배 속 깊은 곳에서 입을 통해 올라온 소리

'소리'란 말이나 글보다 앞선 것으로 말과 글의 원조다. 배 속 깊은 곳에서 우러나는 '기'를 가까스로 끌어 올려 입을 통해 나오는 것이 곧 '소리'지만 이 역시 말과 같이 그 근원은 마음이다.

마음에서 우러난 감정이 배 속에 깔아 있는 '기'를 움직여 입을 통해 나오는 것을 '소리'라 한다면, 말도 또한 마음에서 우러난 것이기는 하나 소리와는 달리 주로 감정이 아닌 이성이 입의 혀를 통해 나오는 것이다.

말은 대체로 소리보다는 작게 나오지만 소리는 말보다는 대부분 크게 나오기 마련이다. 그래서 크게 소리를 지르지 말고, 조용히 말로 하라고 말하기도 한다. 이렇기 때문에 '言'(말씀 언)은 단순히 '口'일 따름이나 '音'(소리 음)은 '口'에 한 획을 더한 것이다.

한편 소리에도 어떤 입을 통해 나오는 소리냐는 점과 어떻게 귀에 들려오느냐는 점을 두고 그 표현이 달라 이를 팔음오성이라 말한다. 팔음이란 금(金), 석(石), 사(絲), 죽(竹), 포(匏), 혁(革), 토(土), 목(木) 등에서 나오는 각각 다른 소리의 색깔을 말한다.

이에 반하여 오성이란 봄에 뭇 새들이 짝을 찾아 각각각 하며 지저귀는 각(角), 여름에 우거진 숲속에 들어 마냥 시끄럽게 우짖는 치(徵), 가을 들어 떠도는 철새들이 슬피 우는 상(商), 삭막한 겨울에 오직 불어 대는 바람 같은 우(羽), 그리고 양도 음도 아닌 중간의 궁(宮)이 바로 오성이다.

봄과 여름은 양의 계절이라, 각성과 치성을 밝은 소리라면, 가을과 겨울은 음의 계절이라, 상성과 우성은 어두운 소리라 이를 수 있다. 그리고 음에 치우치지도 않고, 양에 기울지도 않는 중간 소리를 일러 궁성이라 하니, 이 궁성은 주로 종묘 아악에 써왔다.

모든 소리는 나오는 출처에 따라 색깔이 다를 수밖에 없고, 또 같은 소리라도 듣는 이의 귀를 통해 느끼는 메아리가 밝기도 하고, 어둡기도 하고, 또는 이것도 저것도 아닌 중간일 경우도 있다. 따라서 옛 어른들은 같은 글을 읽을 때에도 소리를 유념하여 맛을 내었다.

그 한 가지 예를 들면 달이 휘영청 밝은 팔월보름이 되면 어김없이 매월당 김시습 선생은 북한산 봉우리에 올라 앉아 '상성'을 잘 내는 어느 스님을 맞아 굴원이 지은 '어부사'를 구슬프게 독송토록 하고 자신은 하염없이 눈물을 흘리며 세상일을 통탄하였다 한다.

서양 음악도 우리 음악과 전혀 다를 바 없다. 여성스러운 음색을 지닌 현악과 우람한 음색을 내는 관악을 다 같이 써서 아름다운 관현악 교향곡을 이루니 이는 다름 아닌 음양의 조화, 이른바 앙상블 그 자체인 것이다.

음색과 음향은 팔음오성에 따라 각각 그 나름대로의 특색이 있다 할 것이다. 다만 그 쓰임에 있어서는 제각기 다른 것을 제대로 조화시켜 그야말로 아름할 만한 가치를 창조해 내는 것이 아름다움을 지향하는 예술의 몫이다.

서로 다른 소리가 있고 서로 다른 색깔이 존재하는 것은 다른 데 그 뜻이 있는 것은 아니다. 오히려 서로 다르기 때문에 그 다른 것이 또 다른 것과 알맞게 섞여 새로운 아름다움을 창조해 내도록 이미 주어진 것이니 그 '다름'이 곧 언젠가는 어울릴 수밖에 없는 것인지도 모른다.

산이 높다 하나 깊은 바다와 어울리지 않으면 높고 깊은 것도 없고 또한 깊고 높은 것도 따로 없다.

丵 풀 다발 복

우거진 풀 다발을 두 손으로 받든 모양

예로부터 내려오는 인간의 가장 오랜 행사는 하늘이나 조상에 대한 제사이며, 이 제사라는 형식에는 분위기를 높이기 위한 미술 장식이나 춤가락을 맞추기 위해 만든 음악이나 또는 제사를 모시는 이들이 바치는 제사글 등이 등장되지 않을 수 없었다.

따라서 시각적인 미술이나 청각적인 음악과 춤은 물론, 인간의 염원을 담은 이른바 제사에 쓴 글 등이 문화예술의 원형이라 해도 과언이 아니다. 특히 그중 오늘날까지 유행되고 있는 것은 각종 행사에 등장되는 풀 다발(꽃다발)이다.

이 풀 다발로 장식하는 일은 아주 오랜 전통인데 우북하게 자란 풀 다발을 두 손으로 받든 모양을 일러 '丵'(풀 다발 복)이라 하였다. 그런데 지금도 마찬가지지만 이 풀 다발은 바탕을 단단히 고정하여 좌우 양쪽에 손을 써서 놓기 때문에 '對'(마주할 대)는 이런 일을 말한 글자다.

물론 장식이기 때문에 우북하게 자란 풀을 아무렇게나 묶어 장식했던 것은 아니었을 것이다. "<ruby>同價紅裳<rt>동 가 홍 상</rt></ruby>" 같은 값이면 다홍치마"(同價紅裳)라고 보기 좋고 화려한 것을 골라 세웠을 것이다. 그런 뜻에서 나온 글자가 곧 '叢'(가려 뽑을 총)이다. 많은 것들 중에서 귀중한 것들을 가려 뽑는다는 뜻으로 '叢'을 쓰니, 예를 들면 '한국문학총서'는 오랜 세월을 두고 내려온 우리 한국문학의 많은 자료 중에서도 귀중한 것들만을 가려 뽑아 모은 것이다.

하늘이 이끌어 주고 땅이 밀어 준 두 기운을 받아 낳고 자란 풀이나 꽃들은 그 어떤 것들보다도 천연덕스러운 천연 소재라 여길 수밖에 없기 때문에 아직 어설픈 조각을 가하지 아니한 옥돌을 일러 '璞'(다듬지 아니한 옥돌 박)이라 하고, 전혀 꾸미지 아니한 이를 '僕'(종 복)이라 하였다.

빈 뜰에 우북하게 자라는 풀들도 우연하고 예사롭게 자라는 게 아니다. 이미 바람에 날려 온 씨앗이 땅속에 묻혀 따스하고 습습한 땅 기운이 싹을 트도록 밀어 주고, 따뜻한 햇살이 끌어 올려 위와 아래가 같이 자라도록 도왔기 때문에 자라게 된 것이다.

지상에 나타나 보이는 줄기나 꽃은 보이는 그대로일지라도 그 줄기와 꽃을 부지런히 키우고 곱게 자라도록 하는 땅속의 뿌리는 바람에 시달리는 땅 위의 것들보다 더 심한 고통을 이겨 내야만 되는 법이다.

돌이나 바위의 저항을 뚫고 제멋대로 자란 초목의 등걸을 일러 '樸'(등걸 박)이라 하니 바람에 휘날리는 저 초목의 밑바탕에는 보이지 않는 천연덕스런 '등걸'이 있으며, 우북하게 자란 모든 줄기와 잎들이 모두 힘을 합쳐 내놓은 것이 '叢'(떨기 총)이다.

그렇기로 조각하지 아니한 옥돌을 임금의 허리띠에 꼽는 장식을 일러 이를 '大圭'(큰 홀)라 하고, "섣부른 조각은 오히려 본디 옥돌의 바탕을 버리기 쉽다."(彫文喪德)고 하여 어설픈 인위보다는 천연이 훨씬 값진 것이라 여겼던 것이다.

흔히 쓰는 말 중에 '職業'(직업)이라는 말이 있다. 그러나 엄밀히 분석해 말하자면 '職'(맡을 직)이란 "창끝에 알림을 매달아 소리를 듣도록 한다"는 뜻에서 본디 '알림을 맡은 일'을 말하나, '業'(일 업)이란 풀 다발을 설치했다가 거두는 '장식하는 일'을 뜻한 글자였다. 따라서 마른자리에서 맡은 '職'이나 힘써 일하는 '業'은 결코 차별할 수 없는 다 같은 일이다.

廾 손 모을 공

두 손을 모아 받드는 모양

두 손을 공손히 안으로 모으는 모양을 '廾'(손 모을 공)이라 하고, 나아가 여럿을 뜻하는 '卄'(스물 입)을 위아래로 붙여 '共'(한 가지 공)이라 하고, 여기에 손을 붙여 '拱'(두 손 모을 공)이라 하는데 특히 상대를 향해 극진한 예의를 표하는 것을 '拱手'라 한다.

상대를 두 손 모아 받들듯 공손히 받드는 일을 '供'(받들 공)이라 하고, 사람뿐만이 아니라 사사물물을 경건한 마음으로 대하는 심리적 태도를 일컬어 '恭'(공손할 공)이라 하였다. 그래서 사물을 대할 때마다 그 사물 속에 담겨진 진실을 밝혀내고자 하면 반드시 가르침을 얻기 위해 자신을 겸허하게 구부려야 한다.

이런 뜻에서 '苟'(구부릴 구)에 '攵'(칠 복)을 붙여 '敬'(공경할 경)이라 하였다. 따라서 '恭敬'이라는 말은 우선 사물을 건성으로 대하지 않고 그 속에 담겨진 하나의 참다움을 찾아 받드는 마음을 지녀야 하고 또 나아가 가르침을 얻기 위해 몸을 나직이 굽혀야 한다는 말이다.

사사물물에는 반드시 그것이 있어야 할 만한 하나의 이치가 깖아 있다는 말은 참으로 소중한 말이다. 그래서 옛말에 "아무리 지혜 있는 사람이 천 번 생각을 하였을지라도 한 번 잃음이 있을 수 있고, 아무리 어리석은 사람이라도 천 번 생각하다 보면 한 번은 얻을 수 있다."(智者(지자) 千慮一失(천려일실), 愚者(우자) 千慮一得(천려일득))라고 하였다.

사실 자신의 알음알이가 그 누구의 의견보다도 우수하다고 자신이 자신을 허용하는 일은 참으로 어리석은 일이다. 언제나 두 손을 모아 사물을 받들 줄 아는 마음을 지니고, 가르침을 얻기 위해 자신을 나직이 굽히는 공경스런 태도야말로 실수(失手)를 막는 큰 비결일 것이다.

설사 내 생각이 천만번 옳다 여겨질지라도 더불어 살아가야 하는 사회에서의 가장 바람직한 태도는 내가 옳다고 여기는 이 생각이 내 입장에만 치우친 생각이 아닌가 하는 객관적 성찰이 반드시 필요하다. 나는 나 나름대로 길들여져 온 내 개인의 습성에 젖어 언제나 내 판단을 가장 옳다고 여기고 있지 아니한가 하는 점을 깊이 살피지 않으면 자칫 자신에게는 너무나 옳지만 내 스스로가 옳다는 이 판단이 남에게는 전혀 옳게 받아들여지지 않을 수도 있다.

이런 점에서 "공자는 네 가지가 없었으니 내 뜻이 없고, 반드시가 없고, 고집이 없고, 내가 없다."(子絶四, 毋意 毋必 毋固 毋我)라는 말을 깊이 되새기지 않으면 안 된다.

첫째, 도리에 비춰 뜻을 세우기 때문에 도를 떠나 내 뜻이 별다르게 있을 수 없고, 둘째, 쓸 만하면 행하고 쓰지 못할 것이거든 감아 버리기 때문에 반드시라는 것이 있을 수 없고, 셋째, 가함도 없고 불가함도 별다르게 없기 때문에 굳이 집착하는 고집이 있을 수 없다. 넷째, 예로부터 내려온 진리를 밝힐지언정 자신의 저작이 없고, 여러 사람 속에 처해 있으되 별다름이 없고, 오직 도를 따를지언정 자신을 내세우지 않기 때문에 '나'라는 것이 있을 수 없다.

더불어 살아가는 세상에서 가장 기본적인 인간의 태도는 다른 데 있는 것이 아니라 곧 나 자신에만 얽매이지 않고 상대까지도 염려해 줄 수 있는 마음이니 이런 마음을 곧 배려(配慮)라 한다.

그러나 서로 받드는 길로 나가면 더욱 좋다.

攀 더 위 잡을 반
두 손을 벌려 아래에서 위를 잡아당김

두 손을 안으로 모은 모양을 두고 상대를 '공경하다'는 뜻으로 썼음에 반하여, 아래에서 위를 향해 오르려고 할 때에는 반드시 손을 벌려 어떤 것을 잡고 힘을 써서 올라야 한다는 뜻에서 두 손을 바깥으로 향해 내민 모양을 '끌어당기다'는 뜻으로 썼다.

가령 모처럼 휴일에 건강을 되찾기 위해 친구들과 함께 비탈진 산길을 오른다고 가정해 보자. 그러자면 우거진 숲을 헤치며 튼튼한 나무를 끌어 잡아당기며 오를 수밖에 없다. 그런데 이때에는 반드시 두 손을 벌려 잡고 올라야 한다.

이런 점에서 많은 나무(林)들 중에서 끌어당길 만한 나무(爻; 본받을 효)를 골라서 잡아 손쓰다(手)는 뜻에서 '攀'(더 위 잡을 반)을 산에 오르다 는 뜻의 '登攀'(등반)이라 할 때의 '攀'이라 하였다.

따라서 '登攀'이라는 말을 곰곰이 살펴보면 '登'(오를 등)은 마치 제사상 을 차린 제단 위에 올라 그 상차림이 잘 되었는지를 눈여겨 살피기 위해 '오르다'는 뜻을 지닌 글자이다. 그러나 '攀'(더 위 잡을 반)이란 가파른 길 을 가까스로 힘들여 '나무를 더 위 잡고 오르다'는 뜻이다.

그렇기로 건강을 찾아 산을 오르려는 자는 반드시 이 두 가지 방법을 써야 옳다. 첫째는 정상에 올라 아래를 굽어보는 기쁨은 그 기쁨만큼이나 오르는 과정이 쉽지 않다는 점을 확실히 깨닫고 한 발자국 한 발자국 조심스럽게 올라야 한다는 점이다.

둘째로는 가파른 위를 오를 때에는 한 손으로만 나무를 붙잡아 당기지 말고, 싫건 좋건 간에 두 손을 잘 벌려 좌우를 가리지 말고 굳게 붙잡고 힘껏 정성껏 당기며 제 몸을 제 스스로 추켜 올라가야 한다.

이처럼 한 발 한 발 조심스럽게 오르는데 일단 좌우를 붙잡고 올랐을 때에는 두 손 모아 쉬고 다시 붙잡고 오를 나무를 골라 또 잡고 끊임없이 오르되 쉴 때마다 두 손을 모으고 가쁜 숨을 고르지 않으면 안 된다.

흔히 이루기 어려운 고달픈 과정을 산에 오르는 등반에 비유하여 말하는데 이때에 나무가 하나도 없는 민둥산을 맨발로 기어오르는 일을 두고 말한 것은 아닐 것이다. 오히려 숲을 헤치고 가파른 산을 넘는 어려운 등반을 두고 말한 것이다.

그렇다면 좌우를 아우르는 통섭의 과정이 없이는 아예 가파름을 견딜 수도 없을 것이고, 또한 좌우와 내가 삼각대를 이뤄 내 몸을 끌어올린 뒤 두 손을 모으고 가쁜 숨을 쉬는 경건함이 전혀 없다면 어찌 이루기 어려운 민주주의 등반을 통해 '신자유'의 이상을 만끽할 수 있겠는가?

본디 민주주의는 중세의 봉건사회를 뒤엎고 이룬 하나의 바람직한 역사적 산물이기 때문에 개인의 절대 자유가 강조될 수밖에 없었다. 그렇지만 봉건주의가 말끔히 청산된 이 마당에 이르러서는 자유만이 귀중한 가치일 수는 없다.

오히려 보다 높은 차원으로 민주사회를 이끌어 가려면 자유에 못지않은 평등도 귀중한 가치의 하나라는 점을 부정할 수는 없다.

참다운 리버럴리즘을 실현코자 함에 있어서는 반드시 소셜리즘적 방법도 결코 백안시하거나 도외시할 수는 없다. 산에 오르자면 좌우를 '더 위 잡기'도 하고 두 손 모아 숨을 고르기도 해야 함과 같으며, 나아가 정상을 향한 자신의 고독도 참을 위해서는 참아야 하리라.

共 한 가지 공
여러 사람이 두 손 모아 받드는 모양

여러 사람을 두고 말할 때에 그 표현도 또한 여러 가지다. 첫째, 너와 나를 짝지어 너나없이 다 말한다는 뜻으로 '皆'(다 개)를 들 수 있고, 둘째, 세 사람을 모아 놓은 '衆'(무리 중)은 '많은 이들이 모여 피를 바치며 맹세하다'는 뜻을 지닌 글자다.

사람이라는 뜻을 지닌 '人'(사람 인)의 아래에 '十'(열 십)을 붙여 두면 본디 모일 수 있는 만큼 많이 모인 사람들이라는 뜻에서 '千'(일천 천)이 되고, 열의 곱인 스무 명이 빠짐없이 다 하나같이 받든다는 뜻으로는 '共'(한 가지 공)이라 하였다.

숫자가 많음을 나타내는 '千'은 고대로부터 많은 이들이 모일 수 있는 장소로 냇가에 모일 수 있는 사람들의 수를 말하였기 때문에 그 소릿값 역시도 '川'(내 천)과 통한다.

'하나도 빠짐없이 다'라는 뜻으로는 '共'이라 하였으니 그 소릿값 역시도 전혀 모난 점이 없는 '둥근 공'과 서로 통하는 글자다. 그렇기로 '共'은 '同'(한 가지 동)의 뜻을 지님과 동시에 '公'(공평할 공)과도 서로 통하는 글자다.

그래서 어떤 사람이나 다 빠짐없이 참가하는 일을 두고 '공동작업'(共同作業)이라 하고, 누구나 다 신분만 확실하면 책을 빌려 볼 수도 있고, 또는 일정 기간 빌려다 볼 수 있는 도서관을 두고 '공공도서관'(公共圖書館)

이라고 한다.

이런 뜻에서 '共'에는 '하나같이 받들다'는 뜻이 있으니 '供'(받들 공)하면 내가 다른 사람을 처음부터 지금까지 변함없이 받들어 주다는 뜻이 되며, '恭'(공경할 공)하면 참다운 마음으로 상대방을 시종일관 받들어 모신다는 뜻이 된다.

'拱'(두 손 모을 공)은 마음으로 상대방을 존경하기 때문에 두 손을 다소곳이 모아 부드럽게 절한다는 뜻으로, 상대방을 공격하기 위하여 감춰 두었던 발톱(爪)을 드러내거나 날카로운 어금니(牙)를 절대로 드러내지 않는다는 뜻으로 '조아(爪牙)리다'는 태도를 뜻한다.

그리고 고래 등처럼 무거운 지붕을 지탱하고 있는 것들은 기둥과 들보라 말할 수 있지만 이 서 있는 기둥과 누워 있는 들보 사이에 이를 받들고 있는 것을 일러 '栱'(두공 공)이라 하니 곧 '두공'은 들보에서 내리누르고 있는 무게를 기둥으로만 받칠 수 없기 때문에 들보와 기둥 사이에 끼어 무게를 완충시켜 주는 큰 역할을 하는 것이다.

너나없이 다 좋아한다고 하면 '皆'(개)를 쓰고, 그 어떤 사람도 다 하나같이 좋아한다고 치면 '共'을 붙이는 것이 옳기 때문에 '珙'(큰 옥 공)은 지름이 한 자나 되는 둥근 옥으로 초나라 화씨가 임금에게 바쳤던 바로 그 초나라 보배와 같은 그지없이 좋고도 큰 옥을 말한다.

이렇게 좋은 구슬을 임금에게 바치는 일은 말할 것도 없이 어려운 일임에는 틀림없다. 그러나 화씨 자신은 이 같은 보배를 아낌없이 임금에게 바쳐, 온 나라가 다 보배로 여기는 데 큰 보람과 만족을 느꼈을 것이다.

더불어 오로지 같이 느낀다는 것을 '공감'(共感)이라 하는데 이런 공감도 사실 알고 보면 서로가 이미 서로 통할 수 있는 바탕이 있어야 한다. 흔히 말하듯 "기가 같아야 서로 응할 수 있고, 병도 같아야 서로 불쌍히 여길 수 있다."(同氣相應 同病相憐)는 말 그대로다.

異 다를 이
탈을 쓰거나 벗은 다른 모양

본디 다른 것은 많다. 우선 색이 다르다는 말을 두고 '흑백'으로 갈라 이른바 '흑백'을 가린다고 하고, 모양이 다르다는 말은 '모난 것과 둥근 것'으로 구분지어 "지혜는 둥글게 갖추고 행동은 반듯하게 하라."(智圓行方)고 가르쳐 왔다.

그러나 높은 하늘과 넓은 땅이 다르고, 서서 움직이는 동물과 한군데에 자리를 잡고 커 가는 식물이 다르고, 너와 내가 각각 다르다 하나 실은 전혀 다른 것은 '삶과 죽음'이다.

그렇지만 곰곰이 살펴보면 '내 삶은 곧 조상의 죽음(희생)에서 얻어진 결과일 따름'이라. 그래서 "손가락이 능히 땔나무를 다 공급할 수는 없어도 불은 붙어 가는 것이고 언제 종말이 올 것인지 알 수는 없다."(指窮于爲薪, 火傳也 不知其盡也)〈장자〉고 하였다.

나 하나라는 개체의 삶은 유한하지만 조상으로부터 물려오고 또 물려온 것이 후손들에게 전해져 흐르는 뜨거운 생명의 불은 꺼질 수 없는 노릇이라고 여겼기에 집집마다 조상의 아름다운 뜻을 숭상해 온 우리네 조상들은 집안의 불씨를 꺼트리지 않으려고 갖은 정성을 다 바쳐 왔다.

이 같은 맥락에서 제사를 올릴 때에도 이미 돌아가신 고인의 모습을 그대로 본뜬 탈을 뒤집어쓴 사람을 앞세워 마치 고인이 바로 앞에 살아 계신 것 같은 분위기를 연출하여 경건한 마음으로 추모의 정을 다하였다.

이때에 뒤집어쓴 것을 '탈'이라 하여 오늘날까지 널리 일러오는 탈의 기원이 된 것이다. '탈'이란 곧 본디 '귀신의 머리' 그 자체인지라, '鬼'(귀신 귀) 자에서 머리 부분만을 떼고 거기에 '又'(또 우; 손이라는 뜻으로 十처럼 변형된 것)를 붙인 '卑'(낮을 비)는 '제사를 지내는 동안 탈을 잡고 서 있는 나이나 신분이 낮은 동자'를 뜻하는 글자다.

귀신은 누구에게나 다 두려운 존재이므로 너나없이 두려움으로 잘 받든다는 뜻에서 '귀신 머리' 밑에 나와 너를 뜻하는 두 사람을 붙여 '畏'(두려워할 외)를 귀신을 받드는 두려움을 나타내는 글자로 쓰게 된 것이다.

흔히 "죽음의 한편이 '삶'이요, '삶' 자체는 곧 죽음으로 향하는 행진이다."라고 하여 생사가 둘이 아니라는 말을 많이 하지만 굳이 깊은 철학적 사유에서 얻어진 말로만 받아들일 게 아니라, 장자의 말처럼 나무와 불의 관계쯤으로만 이해해도 "삶은 곧 죽음의 근본이요, 죽음 또한 삶의 바탕이다."(生, 死之本. 死, 生之本)〈음부경(陰符經)〉라는 말은 천만 옳은 말이다.

이런 점에서 탈을 뒤집어쓴 모습과 탈을 벗은 모습은 전혀 다를 수밖에 없다는 뜻에서 귀신 머리를 받든 모양을 본뜬 '異'(다를 이) 자를 전혀 다르다는 뜻으로 삼아 오늘날까지 써 오고 있다.

곰곰이 생각하면 생각할수록 참으로 기발한 발상으로 만들어진 글자임에 틀림이 없다. 분명코 탈을 뒤집어 쓴 겉모습과 탈 속에 가려진 속 모습과는 전혀 다르다. 분명코 삶과 죽음의 모양도 전혀 다르다.

그러나 자세히 생각해 보면 탈을 쓴 사람이나 벗은 사람의 다름은 쓰고 벗은 차이밖에 더 이상 다를 바가 전혀 없다. 그래서 전혀 다르다는 말까지도 실은 겉과 속을 구분하고 볼 때 다를 뿐이지 겉과 속을 구분하지 않고 본다면 전혀 다를 바가 없다. 조상과 내가 무엇이 다른가?

나는 곧 조상의 연장이자 만세를 두고 뻗어 나갈 새로운 기점일 따름이니 조상의 과거와 현재의 나와 미래의 자손은 한 직선상에 놓여 있다.

舁 더불여, 마주 들여
두 사람이 서로 손을 맞잡는 모양

속담에 "백지장도 맞들면 낫다"고 하였다. 아무리 가벼운 백지장이라 할지라도 두 사람이 마주 들면 훨씬 낫다는 말이다. 그래서 두 사람이 힘을 합쳐 어떤 일을 하는 것을 '더불어'라고 하였으니 하나가 하면 하나일 뿐이지만 더 붙어서 둘이 맞서서 하면 하나에 하나를 보탠 것보다는 더 불어날 수밖에 없다는 뜻에서 '더불어'라고 말한 것이다.

어찌해서 남자 하나가 제 아들을 낳을 수 있으며, 여자 혼자서 제 딸 하나인들 낳을 수 있겠는가? 도저히 더불어 힘쓰지 않으면 하나에서 그칠 뿐이라는 진리가 곧 '더불어'라는 말 한 마디에 함축되어 있는 것이다.

저 꼭대기에 하늘이 아무리 높다 한들 그 하늘을 받쳐 주는 땅이 없고서 어찌 하늘이 홀로 하늘일 수 있으며, 똑같은 땅일지라도 높은 산이 높다고 한들 끊임없이 받아 주는 바다가 없으면 어찌 산이 홀로 산일 수 있겠는가.

산은 위로 높아 산일 수밖에 없고 바다는 아래로 깊어 바다일 수밖에 없는 것이 음양의 조화일 따름이니 산과 물이 각각 완연히 늘어놓여 있는 이 바탕 위에 새는 거침없이 푸른 하늘을 날고, 물고기는 제멋대로 힘껏 뛰노는 것이다.

이처럼 사람을 태우고 두 사람이 각각 앞과 뒤에서 더불어 들어 옮겨 가는 그 옛날의 교통수단을 일러 '輦'(가마 연)이라 하였고, 바다 속의 산처럼 오뚝 솟아 물새들의 휴식처가 된 제법 너른 곳을 '島'(섬 도)라 하였음에 비하여 옹기종기 모인 작은 섬들을 일러 '嶼'(여러 섬 서)라 하였다.

같은 수레라 할지라도 수레의 몸체가 무엇에 의해 이끌려 가느냐에 따라 수레를 나타내는 소리도 달랐으니 사람이 직접 들어 올려 들고 나갈 때에는 '거'라 하였고, 바퀴를 쓰고 엔진을 써서 나갈 때에 이르러서는 '차'라 하였다.

그래서 똑같은 차를 두고도 발로 굴러 자동적으로 바퀴가 돌아가는 차를 '자전거'(自轉車)라 하고, 엔진을 달아 인력이 아닌 동력으로 굴러 가는 차를 '자동차'(自動車)라 말하는 것이 일반적인 통례인 것이다.

원칙적으로 더불어 가는 주체가 소나 말일 때에는 '우거'(牛車) 또는 '마거'(馬車)라 하는 것이 옳지 '우차'니 '마차'니 하는 말은 온당치 않은 말이며, 무심코 쓰는 '자전차'라는 말도 틀린 말이라 이를 수 있다.

언제나 더불어 만들어 쌓아 놓으면 산처럼 높다 이르고 산처럼 높은 곳에서 흐르는 물은 낮고 낮은 곳만을 골라 어김없이 바다로 흘러들 수밖에 없는데, 산에서 뱉은 물은 어떤 물이나 필경 바다가 다 받아들일 따름이니 이런 까닭에 바다란 곧 '다 받아들인다'는 뜻에서 유래된 말이다.

그러므로 산은 항상 높다고 버티고 있어 높은 것 같지만 바람에 흩어지고 물에 씻겨 내리기 때문에 점점 낮아질 수밖에 없다. 그러나 바다는 그 물을 가리지 않고 어김없이 다 받아들이기 때문에 언제나 깊은 물을 잃지 않고 깊아 나갈 수 있다.

더불어 살아감에 있어서 가장 중요한 조건은 손과 손이 제대로 맞아 서로 조화를 잃지 않고 나가야 오랫동안 지속될 수 있는 것이다. 그 조화를 잃는 순간 '더불어' 가기는커녕 '더 줄어' 갈 수밖에 없다. '太極'(태극)이 곧 끊임없이 조화를 이루며 더불어 감을 상징하는 마크다. '조화'는 꾸준함과 역동성의 증표다.

白 칠 극
두 손을 모아 어떤 것을 쥐는 모양

　두 손 안에 어떤 물건을 넣어 쥐는 모양을 나타낸 글자에 다시 받들다는 뜻을 나타낸 글자(廾)를 위아래로 합쳐 붙이면 바로 '與'의 고자로 '너와 내가 손을 모아' 함께 더불어 라는 뜻이었는데 바로 너와 내가 같이 손 모았으면 곧 두 사람이 되기 때문에 '與'의 속에 든 글자는 '두 사람'을 나타낸 것이다.

　이미 여러 사람이 더불어 손을 써서 드러내었으니 자연히 '與'에 '手'를 붙이면 '擧'(드러낼 거)라 하여 백성의 뜻이 모아져 드러내어졌음을 나타낸 말이다. 게다가 여럿 가운데 오직 한 사람만이 뽑혀 드러내어졌으니 '選'(가릴 선)을 붙여 백성의 바람이 모아져 드러내진 상태를 두고 '選擧'에 따라 뽑혔다고 말하는 것이다.

　그러나 아무리 넓은 지지를 얻어 뽑혔다 할지라도 여럿의 바람이 바람으로 이어지지 않고 실망으로 변한다면 바람이 큰 만큼 그에 따르는 실망도 또한 크다. 더불어 뽑힌 자는 더불어 뽑힐 만한 상황 속에서 뽑힌 만큼 그에 걸맞은 바람직한 '바람'이 있어야 하는 데도 불구하고 끝내 그 바람을 저버리고 만다면 반드시 뽑아 준 이들은 뽑아 준 보람도 없을 뿐 아니라, 뽑힌 자는 뽑힌 영광이 고스란히 지속될 수 없을 것이다.

　이왕 더불어 뽑아 올렸으니 뽑힌 이는 뽑아 준 이들의 바람이 과연 무엇이었던가를 항상 살펴서 뽑아 준 이들과 내가 일심동체가 되어 더불어 나아갈 때에 바로 보람찬 나머지 '흥'이 일어나는 것이다. 이런 뜻에서 '興'(일어날 흥)이라는 글자는 일심동체의 '同'에 '舁'를 붙이되 어느덧 두 사람이 하나가 되어야 비로소 興할 수 있음을 나타낸 글자다.

예로부터 백성들과 제왕과의 관계를 밝게 설명한 이는 공자보다는 맹자를 꼽고 맹자보다는 순자를 더욱 꼽았는데 순자는 말하기를 "물은 배를 띄운다. 그러나 물은 한편 배를 엎어 버릴 수도 있다."(水能載舟, 水能覆舟)라고 하였다.

작은 사람이 큰 소를 다루는 데에는 두 가지 방법이 있다. 하나는 앞에서 이끌어 가는 법이 있고, 또 다른 하나는 소를 앞세우고 잘 달래며 슬슬 뒤에서 몰아가는 법이 있다. 그러나 언제나 앞에서 이끌어만 가려는 방법은 주인에게는 힘들고 소도 크게 원치 않는 방법이다.

오히려 형편에 따라서는 이끌어 가다가도 또한 형편에 따라서는 뒤에서 살살 달래며 몰아가는 것도 반드시 써야 할 방법이다. 앞에서만 이끌어 들려고만 하면 자칫 교만하다거나 고집 세다는 평가가 뒤따르기 마련이니 그럴 때에는 뒤로 물러나 소를 앞세우는 것이 좋다.

배를 띄우는 물에는 언제나 물결이 있을 수밖에 없고, 그 물결은 물 자체가 출렁이는 것이 아니라, 바람이 일면 출렁대고 바람이 잔잔하면 물결도 잔잔할 따름이다. 그렇기로 바람은 무서운 것이다.

한 해가 봄 여름 가을 겨울로 끊임없이 변하는 까닭도 바람이 언제나 바뀌기 때문에 일어나는 현상이라, 바람결 따라 물결이 일어나기 마련이요, 물결 따라 굳은 땅에도 결이 생기고, 그 땅에 뿌리를 두고 자라는 나무에도 '결'(나이테)이 뚜렷하게 박히게 된다.

하노니 결을 찾아 결에 맞게 이끌든 따르든 간에 한 방법만을 고집할 일은 아니다. 바람결(시대적 바람)을 탓하거나 물결만을 탓할 게 아니라 결 따라 일심동체로 무리 없이 흐르는 '興'(흥)을 찾아 나서야 한다.

晨 새벽 신
해가 돋고 만물이 꿈틀대는 새벽

동이 트는 새벽이라는 말은 곧 온통 어둠에 덮여 있던 밤중(夜)의 기운이 점차 저녁(夕)의 기운으로 바뀌고, 그 저녁과 같은 어둑한 기운이 밝은 아침으로 다시 돌아올 때에는 반드시 동녘에서 밝은 해가 떠오를 수밖에 없는, 그 밝아 오는 모양을 형용하여 동이 튼다고 이른 것이다.

온통 칠흑과도 같은 어둠의 세계를 청산하고 밝음으로 바꾸는 음양의 변화는 반드시 동방에서부터 일어나며 이때에 구름이 해를 감싸고 올라오기 때문에 '두 손의 해를 움켜 쥔 모양'을 본디 '晨'(새벽 신)의 윗 획으로 썼다.

또 동이 튼다는 말을 다른 표현으로 쓰면 사방의 벽이 다 막힌 듯 컴컴했었는데 유독 동쪽의 벽에 틈새가 벌어져 그 틈새에서 밝아오는 해가 쑤-욱 올라오기 때문에 '새벽'이라 하였으니 이때의 벽은 곧 '동쪽의 벽'을 이른 것이요 '새'라는 말은 곧 '사이'의 준말이다.

따라서 저녁과 밤이 컴컴한 어둠의 세계라면 아침과 낮은 훤히 밝은 밝음의 세계이니 이처럼 끊임없는 음양의 변화가 반복되는 동안 모든 생물들은 활동과 휴식을 거듭해 나갈 수밖에 없다는 것이 자연과 더불어 살아가는 도리인 것이다.

그러므로 '동이 트는 새벽'이 되면 한편 지상의 모든 생물들은 제각기 부여 받은 천성대로 꿈틀거리기 시작할 수밖에 없고, 다시 어둠이 깃들게 되면 제각기 자신들이 정해 놓은 처소로 돌아가 쉴 수밖에 없다. 이런 뜻에서 '晨'의 아래 획은 '꿈틀거림'(辰)을 붙였다.

또 해가 밝아오기 직전에는 잠 속에 묻혀 꿈을 꾸는 시간이기 때문에 취침의 상태라는 말이지만 날이 밝아오면 그 잠에서 깨어난 취침 직후의 상태일 수밖에 없다. 그래서 '아침'이라는 말 역시 '취침'의 '침'(寢)과 그다음이라는 '버금'(亞)의 뜻을 합성시켜 만든 말이다.

어떤 일을 나름대로 다 끝냈다는 말을 '마침'이라 하고, "까마귀 날자 배 떨어졌다."고 했을 때에 이를 새겨 말하자면 "까마귀 날자 마침내 배가 떨어졌다."는 뜻이라 풀어 말할 수 있다. 이같이 해가 밝아 오자 마침내 잠에서 깨어나 꿈틀대기 시작하는 때가 곧 '아침'이니 잠의 마침이 '아침'이라, '아침'은 곧 '亞寢'(亞란 둘째라는 뜻으로 잠자리에서 일어난 바로 그 때라는 말)이며 '아침'이 찾아오는 쪽 또한 '震'(동방으로 만물이 잠을 깨어 꿈틀거림을 나타내는 진)방인 것이다.

한편 '아침'은 수평선이나 지평선 위에 붉은 해가 불쑥 솟아나는 때라는 점에서 '旦'(아침 단)이라고 하였다. 그래서 우리 동방의 빛나는 역사를 연구하는 학회 모임의 이름을 '震檀'이라 하였으니 이때의 '檀'(박달나무 단)도 실은 '震旦'에 자리한 자랑스러운 단군(檀君)의 역사를 연구하는 모임이라는 뜻이었다.

'밝다'는 표현에도 두 가지가 있다. 첫째, 창문에 달빛이 비치니 밝다는 뜻으로 '明'(밝을 명)을 쓰기도 하고, 둘째, 하늘과 땅 사이에 해가 떠올라 밝다는 뜻에서 '暄'(밝을 훤)을 쓰기도 한다.

해가 떠오르는 아침을 봄(春)이라 하고, 중천에 올라 가장 훤한 낮을 여름(夏)이라 하고, 해가 기울어 어둠이 든 때를 가을(秋)이라 하고, 컴컴한 밤중을 겨울(冬)이라 한다. 그래서 한 해의 사계절(節)과 하루의 네 진(辰)은 서로 상통한다.

革 가죽 혁

짐승의 껍데기를 홀딱 벗긴 가죽

일반적으로 '가죽'이라 하면 거의 동물 중에서도 길짐승의 겉을 벗긴 것을 말한다. 그런데 같은 가죽이라 할지라도 크게 세 가지 종류로 나누어 볼 수 있다.

첫째, 단순히 살에서 겉을 벗긴 그것을 '皮'(가죽 피)라 하고, 둘째, 머리를 제외한 나머지 몸통 부분에서 꼬리까지를 홀딱 벗겨 버린 것을 '革'(가죽 혁)이라 하고, 셋째, 벗긴 가죽을 잘 다듬은 것을 '韋'(가죽 위)라 한다.

이 세 가지 가죽 중에 '革'이란 문자 그대로 "짐승의 가죽을 벗겨 그 털을 제거한 것"(獸皮治去其毛)을 말한 것이다. 즉, 머리에는 이미 일곱 구멍이 뚫려 있을 뿐 아니라, 단단한 머리 골 위에 얇게 덮여진 터라, 아무짝에도 쓸모없는 머리는 잘라 버리고 그 나머지를 홀딱 벗겨 뒤집은 채 털을 제거한 모양 그대로를 본뜬 글자가 바로 '革'이다.

그렇기 때문에 엄밀히 따져서 '皮'는 살에서 가죽만을 분리시켜 놓은 것을 일컬은 것임에 비하여 '革'은 홀딱 뒤집어 털까지를 벗긴 것이기 때문에 '皮'보다는 '革'이 훨씬 쓸모가 있는 것이며, 또한 홀딱 뒤집어 버린 것이기 때문에 "革은 更也"라 하여 '바꾸다'(更:고칠 갱)라는 뜻도 있다.

털을 심어 둔 채 굳은 가죽 속에 오랫동안 몸집을 갋아 두고 있으면 그런대로 편할 것 같기는 하나 너무나 오랫동안 갋고 있으면 제 몸집을 키울 수 없다. 따라서 때로는 제 몸집을 불리기 위해 다소 쓰라린 고통을 참아

내고라도 가죽(허물)을 홀딱 벗어 버릴 필요도 있다.

남의 가죽을 벗겨 제 옷으로 삼았던 시절은 대체로 사냥으로 삶을 영위해 왔던 수렵시대의 일이었다. 어디 몸통만을 가죽으로 갊았던 것일까? 그렇지만은 않다. 가죽을 변형시켜 발을 보호했기로 '革'에 '化'를 붙여 '靴'(가죽신 화)라 하였다.

사냥시대가 청산된 지도 수천 년이 지난 오늘에 있어서도 가죽으로 이뤄진 옷이나 제품들은 누구나 소유하기를 원하는 기호품 중의 하나이다. 그러나 눈을 크게 뜨고 보면 가죽옷에 가죽신을 신고 비싼 가죽 띠를 차고 거들먹거리는 것만이 대수는 아니다.

같은 물이라도 "냇물은 밤낮으로 흐르지 않으면 썩기 마련이다. 그러나 너른 연못에 고여 스스로 맑아지게 되면 그림자를 제대로 얻어 낼 수 있다."(川流不息, 淵澄取映)〈천자문〉라고 하듯이 제 몸을 가죽 속에만 갊은 채 성취했다고 자부하는 것은 웃기는 착각일 수 있다.

더러는 "봄바람이 불면 가죽 띠를 벗어 버린 채 풍욕(風浴)을 즐기고 일단 서늘해진 몸으로 달이 오르기를 기다렸다가 달 뜨자 줄판을 살며시 당겨 한 곡조 시름을 풀어 보는 자신만의 풍류를 즐겼던 옛 어른의 삶"이 일상을 벗은 홀가분한 멋이 아니었던가.

바쁘다는 말은 마음 옆으로 어떤 것을 버렸다는 말로 '忙'(바쁠 망)이라 썼다. 그러나 한가롭다는 말은 모든 복잡한 일들을 위로 승화시켜 버렸다는 말로 마음을 밑으로 하고 많은 일을 위로 보내 버렸다는 뜻이기 때문에 '心' 위에 '亡'을 올려붙여 '忘'(잊을 망)이라 하였던 것이다.

"하루라도 맑고 한가로움을 지닐 수 있다면 그 하루의 신선이 된 것이다."(一日淸閑, 一日仙)〈명심보감〉라는 말처럼 바쁜 중에서도 한가로움을 찾는 여유가 반드시 필요하다.

 鬲 솥 격
세 발 달린 솥의 모양

맨 위에는 뚜껑, 가운데는 무늬가 있는 솥의 몸, 그리고 아래는 세 개의 발을 그대로 본뜬 모양을 '솥'이라 한다. 이 鬲은 본디 흙으로 빚은 질그릇으로 〈주례〉에 따르면 '대략 다섯 말들이 이상으로 큰 솥'(鬲實五斛)이었다. 그런데 쇠의 사용이 보편화되면서 오늘날의 '가마솥'(釜)이 되었다.

〈진류풍속전〉에 따르면 "순임금은 하빈에서 질그릇을 만들었는데, 은 상시대에 이르러서는 질그릇에 채색을 가한 채도(彩陶)가 유행하기에 이르렀다. 그러다가 한대에 이르러 본격적으로 '가마솥'이 일용으로 성행하게 되었다."라 하였다.

한편 솥과 제사는 서로 공통성이 있다. 즉, 내 집과 남의 집과는 일단 솥이 다르고, 또한 조상도 다르기 마련이라 제사도 다르다. 그래서 '너와 나 사이'라는 뜻에서 경계를 나타내는 '阝'(언덕 부)에 '祭'(제사 제)를 붙이면 '際'(사이 제)가 되고, '鬲'을 붙이면 '隔'(떨어질 격)이 된다.

솥은 음식을 익히는 도구다. 음식이 익으려면 솥 밑의 불이 바람을 받아 계속 불타야 되기 때문에 바람(風)과 불(火)을 상하로 짝지어 '鼎'(솥 정)이라 하여 〈주역〉의 64괘 중의 하나(風火鼎)로 썼다. 이때에 '鼎'이라는 글자는 쪼개진 나무 위에 받들어져 있는 솥의 모양을 본뜬 것이다.

솥은 음식을 익히는 그릇이기로 밑에서 불을 때면 솥 안에서 김이 위아래로 돌고 돌아 마침내 음식이 익혀지기 마련이기 때문에 '鬲'에 김이 도

는 모양을 본뜬 '虫'(구불구불 움직이는 모양)을 붙여 '融'(돌 융)이라 하였
다.

그리고 가장 간단한 솥은 몸통에 다리를 붙인 모양을 본뜬 '貝'에 뚜껑
의 모양을 본뜬 '口'를 위아래로 합성시켜 '員'을 본디 '솥'이라는 뜻으로 썼
었다. 그러다가 '鼎'자가 널리 쓰이게 되자, 사람의 숫자를 나타내는 '員'
(인원 원)이라는 뜻으로만 쓰이게 되었다.

그렇지만 여전히 솥이라는 뜻이 남아 있어 솥의 둘레는 둥글다는 뜻에
서 '圓'(둥글 원)이 있고, 소리는 별다른 막힘이 없는 한 둥글게 퍼진다는
뜻에서 '韻'(메아리 운) 자가 있으며, 아무리 단단한 무쇠 솥일지라도 만지
작거리면 닳아진다는 뜻에서 '損'(덜어질 손) 자가 있다.

아무튼 솥은 인간이 불을 발견하여 생식을 청산하고 화식을 시작한 이
래로 먹이를 익혀 먹는 중요한 그릇 중의 하나로 솥이 흔들리지 않고 솥
속의 물과 솥 밑의 불이 서로 통하여 인간의 삶을 부드럽게 꾸려 온 가장
중요한 도구라 해도 결코 지나친 말이 아니다.

이런 뜻에서 솥을 바치고 있는 세 다리가 흔들리지 않고 제 기능을 다
할 때를 일러 '정립'(鼎立)이라 한다. 예를 들면 삼국이 각기 패권을 다투
며 싸우는 것을 '쟁탈'(爭奪)이라 말함과는 전혀 달리 이웃 나라 사이에 잘
지내는 때를 '三國鼎立의 때'라 말하는 것이다.

그래서 고대에 중국의 천자는 온 나라 온 국토를 골고루 사랑한다는 뜻
에서 아침 일찍 일어나 아홉 주를 상징하는 각각 주마다의 흙을 담은 '아
홉 솥'을 골고루 어루만지는 일을 하루 일상의 첫 업무로 삼기도 하였다.

천자의 시대가 훨씬 지난 이 민주시대에 있어서의 바람직한 민주통일
의 길은 곧 각자의 마음 솥 속에 백두산 천지의 물과 한라산 백록담의 흙
을 한데 담아 섞어 우리 아름다운 금수강산을 온통 새 단장할 수 있기를
간절히 기원함에서부터 싹터 가야 하리라.

爪 손톱 조
손등에서 보이는 손톱의 모양

동물이나 사람이나 똑 같이 살에도 반드시 줄기가 있다. 손끝과 발끝은 그 줄기가 마무리 지어지는 곳이다. 살이 뻗어 내린 그 끝은 아무래도 단단히 마무리 지어지지 않으면 안 되기 때문에 이런 끝의 마무리가 곧 손톱과 발톱이다.

만약 손톱과 발톱이 없다고 상상해 보자. 쉽사리 어떤 물건을 쥘 수도 없고, 또한 힘차게 걸을 수도 없을 뿐 아니라, 아무리 손이나 발이 있다 할지라도 제 구실을 단단히 할 수 없는 노릇이다.

손등에 나타난 손톱의 모양을 그대로 본떠 '爪'(손톱 조)라 하였고, 손발을 하나로 여겨 발톱이라는 뜻으로도 썼다. 그리고 나아가 손가락에 단단히 마무리 지어진 손톱은 마치 나무를 베는 톱과도 같다는 뜻에서 '손에 달린 톱'이라는 뜻에서 '손톱'이라 하였다.

손을 뜻하는 '手'(손 수)와 '爪'를 합치면 '抓'(긁을 조)가 되고, '爪'에 손아귀로 어떤 물건을 꽉 쥔 모양인 '巴'(쥘 파)를 붙여 비로소 '爬'(쥘 파 또는 길 파)가 되어 '把'(잡을 파)와는 약간 다른 뜻으로 쓴다.

'把'(잡을 파)는 손가락을 굽혀 수를 '셈한다'거나 또는 어떤 도구의 자루를 '움켜쥐다'는 뜻으로 쓰지만 '爬'(길 파)는 손이나 발로 땅을 움켜쥐며 '기어간다'는 뜻으로 기어 다니는 동물의 무리들을 일러 '爬蟲類(파충류)라 하는 것과 같다.

'爪'는 분명코 손의 일부이기는 하나 손을 씀에 있어서는 아주 중요한 역할을 하기 때문에 임금 옆에서 항상 호위를 담당하는 무사를 일러 마치 짐승이 적을 손톱으로 할퀴어 버리거나 어금니로 물어 버리듯 한다는 뜻에서 '爪牙'(손톱과 어금니)라 하였다.

뿐만 아니라 일단 손아귀에 쥔 모양을 나타낸 '尹'(맡 윤)에 다시 그 쥔 것을 돌려 달라고 하거나, 나누어 달라고 하거나, 빼앗고자 하는 뜻으로 '爪'를 붙이면 '爭'(다툴 쟁)이 되어 대부분 싸움의 원인을 말해 주는 글자가 된다.

대부분의 경우에는 이미 기득권을 차지한 가진 자는 그 가진 것을 놓지 않으려고 안간힘을 다하기 마련이고, 별 가진 것이 없는 자들은 왜 너만 쥐고 있느냐, 다 같이 나누자고 손을 내밀어 이른바 보수파와 진보파가 서로의 이익을 두고 다투기 마련이다.

그래서 한동안 서로의 입장을 지키며 힘겨루기를 하는 것이 곧 싸움의 원인이다. 그러다가 잘 되면 서로가 서로의 입장을 바꿔 가며 생각에 생각을 다한 끝에 급기야 비 온 뒤에 땅이 굳어지는 법이라는 식으로 서로가 손을 잡고 화해하는 경우도 더러는 있다.

산골에서 내리는 맑은 물은 콸―콸―콸― 제법 맑은 소리를 내며 쏟아져 내리고, 각종 곡식이나 초목들을 적시다가 천천히 흘러 들어오는 들녘의 물이 서로 합치자면 처음에는 서로 다투는 소리가 성난 소리처럼 시끌벅적 요란하다.

그러나 서로 슬그머니 합쳐 낮은 곳을 향해 흐르다 보면 어느덧 들녘의 흐린 물은 산골의 맑은 물을 닮아 스스로 깨끗해져 흐르기 마련이다. 그래서 다투어 모인 물은 '淨'(깨끗할 정)이다. 사람도 이처럼 흐린 것이 맑은 것을 닮아 갔으면 좋겠다.

鬥 싸울 투

두 장수가 제기를 놓고 무기로 다투는 모양

역사가 있어 온 이래 인간의 삶은 오순도순 서로 사랑하고 아끼며 살아온 세월보다는 어쩌면 서로가 서로를 미워하고 다투어 온 세월이 훨씬 많은 것 같다. 인류의 역사 대부분은 투쟁으로 점철된 이른바 크고 작은 전쟁사라 해도 지나친 말이 아니다.

그렇다면 무엇 때문에 서로가 서로를 아끼며 살아가지 않고 싸움을 하게 된 것일까? 과연 옳고 그름을 두고 다툰 것일까? 아니면 이롭고 해로운 자신의 입장을 굳게 지키기 위해 다툰 것일까? 물론 옳고 그름을 두고 다투기도 하고, 또는 이롭고 해로움을 두고 다투기도 하였다.

그러나 자세히 살펴보면 옳고 그름을 가지고 다투는 것은 거의 표면상의 이유일 따름이며 대부분의 다툼 그 자체의 내용상 가장 큰 이유는 자신에게 이롭고 해로운 것을 따져 다투는 이해의 다툼이 훨씬 많다고 보아야한다.

하찮은 개인 사이의 다툼만 보아도 옳고 그름을 따져 핏대를 세우는 일은 드물고, 오히려 그 옳고 그름에는 별다른 관심이 없고 다만 자신의 입장에 이롭고 해로운 것을 따져 그럴만한 처지가 아닌데도 걸핏하면 삿대질을 하며 언성을 높여 다투는 일이 일수다.

특히나 돈이 판치는 황금만능의 시대적 풍조가 만연하면 만연할수록 이해의 다툼은 날카롭기 마련이고, 그 대신에 시비의 다툼은 뒷전으로 물러나 앉는 추세라는 점은 시대적 병통 가운데서도 단단한 병이다.

날카로운 다툼의 근본적인 원인을 잘 파악한 글자가 '爭'(다툴 쟁)인데 이 글자를 곰곰이 분석해 보면 손아귀에 이미 권리를 쥔 모양을 나타내고 있는 '尹'(맏 윤)에 다시 손을 벌려 기득권에 도전하는 다른 손을 말하는 '爪'(손톱 조; 손이라는 뜻)를 상하로 짝지은 글자다.

기득권이나 이미 쥔 보수층에 새롭게 달려드는 말하자면 신참권이 손을 내밀고 자네만 먹는가 나도 좀 같이 먹자고 하니 자연히 다툼이 벌어질 수밖에 없는 것이다. '爭'은 이해를 두고 다투는 싸움의 근본적인 원인을 곧바로 나타낸 글자다.

처음에는 제법 본 좋고 말로서 점잖게 같이 살자고 제의해 올지도 모르지만 기득권과 신참권이 서로 큰소리를 치며 언성을 높여 가기 때문에 두 번째 라운드는 '競'(다툴 경)이 되어 말로써 다툰다는 뜻이며, 가면 갈수록 입에 힘이 주어지니 이것이 곧 '加'(더할 가)가 될 수밖에 없는 것이다.

속담에 "가는 방망이에 오는 홍두깨"라는 말이 있다. 입으로 소리쳐 싸우다가 급기야 오고 가는 소리와 소리가 높아지면 방망이질이 되고, 방망이가 날아들면, 그보다 더 큰 홍두깨(솜을 가라앉히는 몽둥이)가 날아 싸움은 갈수록 커진다는 말이다.

그래서 소리치며 다투던 '경쟁'이 제사 그릇을 놓고 다투던 '투쟁'으로 변하였고, 다시 각종 험악한 무기가 등장되어 격렬한 '전쟁'으로 바뀌게 된 것이다. 그러나 그 원인은 빼앗으려는 자와 빼앗기지 않으려는 자와의 싸움인 것이다. 즉, '利害得失'(이해득실)을 저버리며 무조건 다투는 일은 없었다.

 又 또 우
손목과 손가락이 어울려 있는 모양

　손이 좌우로 둘이란 것을 바꿔 말하면 좌우 둘을 아우르고 있는 나는 곧 좌우의 중심이라는 뜻이다. 그렇다면 좌와 우는 어떻게 다른가? 같은 손(又)에 '재다', '만들다'는 뜻을 지닌 '工'(만들 공; 만드는 모든 일은 재는 것으로부터 시작되기로)을 붙여 '左'(왼 좌)라 하였고, '口'(입 구)를 붙여 '右'(오른 우)라 하였다.

　따라서 재는 손은 왼손이요, 밥을 먹는 일을 비롯해 웬만한 일을 다 손써 하는 손은 오른손이다. 그래서 나는 곧 좌우지간(左右之間)에 존재하고 있는 중심체라는 말이다. 아는 길을 찾아 나설 때에도 좌우를 가늠하면서 가고, 모르는 길을 가리켜 줄 때에도 좌우를 써서 알려 주기 마련이다. 그렇기로 손은 마치 방향을 결정짓는 돛대와도 같은 것이다. 목적지를 향해 좌우를 살펴 잘 나아가면 되지만 우왕좌왕(右往左往)하다 보면 갈팡질팡 죽도 밥도 될 수 없다.

　흔히 친한 사이를 두고 손잡은 사이라고 하듯이 손에 손을 마주잡은 모양 자체를 '友'(벗 우)라 한다. 별다른 연고가 없지만 마음과 마음이 서로 통한다고 여기면 서로가 손을 맞잡고 서로가 서로를 벗겨 주는 사이라는 뜻에서 '벗'이라 하였다. 즉 "글로써 벗을 삼고, 벗으로써 어진 마음을 채워 간다."(以文會友, 以友輔仁)〈논어〉는 말 그대로다.

　같은 벗을 말할 때에도 두 가지 종류가 있다. 첫째는 뜻을 같이하는 사이로서의 벗(同志曰友)이 있고, 둘째는 같은 스승의 문하에서 가르침을 같이 받아 온 벗(同師曰朋)이 있다. 아무래도 사회생활을 하다가 귀하게 만난 벗도 좋지만 그보다는 스승의 문하에서 해묵어 자란 어릴 적 병아리와도 같은 오랜 벗이 더욱 정감 어린 벗일 것이다.

벗 사이는 선택의 여지조차 없이 어쩔 수 없이 맺어진 혈연 사이와는 달리 어쩌면 자신의 선택에서 얻어진 둘째가는 인간관계이기 때문에 특히나 서로가 진실과 진실의 교류를 통해 더 큰 진실덩어리를 만들어 가야 된다는 뜻에서 '朋友有信'(벗과 벗 사이에는 믿음이 있어야 함)이라 하였다. 즉, 진실로 손써서 서로를 벗겨 주는 사이가 '벗'이다.

손을 맞잡는다는 것은 뜻을 같이한다는 하나의 몸짓이다. 왜냐하면 서로가 못 믿다 보면 경계할 수밖에 없고, 경계하다 보면 어쩌면 서로 손써 싸울지도 모르기 때문에 손을 함부로 잡을 수 없는 노릇이다. 그래서 손을 맞잡은 허물없는 사이를 서로가 허물을 벗은 사이라는 뜻에서 '벗'이라 하였다는 말은 의미심장한 말이다.

보고 듣는 사회적 견문 없이 단순히 숨 쉬고 먹어 가며 몸집만 키워 나가며 살아가는 동물들도 영리한 것에 속하는 것들은 간혹 싸우다가 화해하는 경우에도 서로 손을 잡고, 나아가 입을 맞추기도 한다.

그러나 본능적인 욕구가 갑자기 발동되면 입을 크게 벌려 감췄던 송곳니를 내놓고 발밑에 모아 두었던 날카로운 발톱을 크게 벌려 곤두세우기 마련이다. 그러다가 급기야 상대를 할퀴고 마구잡이로 물어뜯을 수 있는 대로 물어뜯는 것이 어쩔 수 없는 동물들의 싸움이다.

인간은 이와는 전혀 달라야 한다. 일단 오해가 있으면 대화를 통해 풀 수 있는 한 풀어 가고, 또 의심되는 일이 있으면 묻고 답하는 사이 서로를 이해하고, 그래도 안 되면 입장을 바꿔 곰곰이 생각하면 사실 다툼으로 치달을 만한 일은 거의 줄어져 버릴 수밖에 없다.

 史 역사 사
중심을 잡고 기록하는 일

　손에 붓을 잡고 중정(中正)을 잃지 않고 진실을 그대로 기록하는 일을
일러 '史'(역사 사)라 한다. 기록에는 두 가지 측면이 있다. 하나는 움직임
을 적어 내는 것이요, 또 다른 하나는 말씀을 적어 내는 것이다. 이 움직
임과 말씀이 서로 일치가 되어야 중심을 잃지 않고 쓴 기록이라 이를 수
있다.

　따라서 임금의 움직임을 적는 자는 왼쪽에 앉고, 말씀을 적는 자는 오
른쪽에 앉아 있기로 이들을 각각 左史와 右史라 한다. 적는 일은 손으로
하기 때문에 손에 헤아림(工)을 뜻하는 글자를 붙여 '左'라 하고, 말(口)을
뜻하는 글자를 붙여 '右'라 하였다.

　중도를 취함에 있어서 가장 중요한 요건은 左와 右가 고르게 맞아야 中
에 이를 수 있다는 것이며, 표정과 말씀이 일치해야 올바른 역사의 기록이
된다는 뜻에서 '史'라 하였으며 이를 기록하는 관리 또한 左史와 右史가
담당하였다.

　흔히 역사란 기록을 중심으로 두 시대로 나눈다. 기록 이전의 때를 일
러 선사(先史)시대라 하고, 기록 이후의 때를 일러 역사(歷史)시대라 한
다. 기록 이전의 일을 살피려면 발굴되는 유물을 통해 짐작할 수밖에 없
고, 기록 이후의 일은 일차적으로 기록을 통해 알 수 있다.

　역사라는 말을 글자 그대로 풀어 보면 '歷'(지낼 력)이란 끊임없이 이

땅에 곡식을 가꾸어 삶을 유지해 온 지난 시간들을 뜻하고, 한편 '史'(역사 사)는 기록을 통해 삶을 적어 온 나날들을 통틀어 말함이니 즉 '삶과 기록', 또는 '삶의 기록'이 역사인 것이다.

소리(音)가 있은 연후에 말(義)이 있었고, 말이 있은 연후에 글(形)이 있게 되었으니 굳이 기록의 수단만으로 한정지어 살펴볼지라도 오늘날 사용하고 있는 문자를 기준 삼아 볼 것이 아니라, 말에서 글로 옮겨지는 그림 문자(象形)가 등장되기 시작한 때로부터 역사시대라 봄도 옳을 것이다.

인류의 역사는 투쟁사라 한다. 모여 사는 모듬의 틈바구니 속에서 서로의 존재를 더욱 크게 드러내려는 억센 몸살이 곧 '전쟁'이요, 개인과 개인 끼리의 잘난 모양새를 갖추려는 몸부림이 '경쟁'이며, 크고 작은 모든 싸움의 치열한 형태를 '투쟁'이라 한다.

뺏고 빼앗기지 않으려는 그 소용돌이 속에서 일시적으로 빼앗았던 기쁨의 역사가 승리의 역사라면 빼앗겼던 슬픔의 역사 또한 패배의 역사인 것이다. 그러나 승리도 패배도 결코 영원할 수 없다는 것 또한 역사가 보여 준 가장 큰 가르침이다.

민족이라는 한 모듬의 역사를 두고 볼지라도 그렇다. 특히 대륙과 섬사이에 놓여 있는 반도로서의 우리의 역사는 지킴과 빼앗김이 반복된 '투쟁의 역사'라는 특색을 지니고 있다.

빼앗김은 소멸을 뜻하나 지킴은 보존을 의미한다. 이 소멸과 보존 사이에 그나마도 보존된 것이 곧 오늘의 보물들이요, 이런 보물들은 문화적 가치가 훌륭한 것들이기 때문에 이를 '문화재'(文化財)라 말한다. 해인사 대장경이 그렇고, 불국사 다보탑이 그렇고, 남대문이 그렇다.

그러나 이런 유물적인 문화재도 중요한 가치를 지니고 있지만, 이런 우리의 것들을 소중하게 지켜 내려던, 또 지켜 가려는 우리의 힘찬 의지가 더욱 값진 것이라 봄이 옳다.

支 지탱할 지
대나무 가지를 손에 쥔 모양

대나무(竹)처럼 가느다란 가지를 손(又)에 쥔 모양을 일러 '支'(지탱할 지)라 한다. 손에 쥘 만한 정도의 나뭇가지를 뜻하기 때문에 일반적으로 나무에서의 가지를 '枝'(가지 지)라 하고, 이 가지는 큰 줄기에서 갈라져 나온 것이므로 한편 '가르다'는 뜻으로도 쓰인다.

손에 쥘 만한 가느다란 가지는 한편 자식을 가르치는 사랑의 매로도 쓰이기 때문에 손(又)에 나뭇가지, 즉, 회초리를 쥔 모양에서 회초리를 뜻하는 글자로는 '枚'(회초리 매)가 있다. 이렇기로 가지의 본디 글자인 '支'와 회초리, 또는 회초리를 쥐고 가르치다는 뜻을 지닌 '攵'(칠 복; 攴과 같음)은 서로 통하는 글자이다.

속담에 "재주는 곰이 넘고 돈은 중국 사람이 받는다."는 말이 있듯이 애당초 곰을 길들이는 일도 '枚'를 써서 길들이고, 또 곰으로 하여금 갖가지 재주를 부릴 수 있도록 지시하는 것도 '枚'로써 하기 때문에 '攵'에는 이미 '가르치다'는 뜻이 내포되어 있다.

사람은 언제 무엇을 어떻게 가르쳐야 한다는 것인가? 다름 아니라 어려서부터 온갖 행동의 근본이 되고 모든 착함의 으뜸이 되는 '孝'(효도 효)를 매질해 가면서 정확히 갈라 주어야 한다는 뜻을 집중적으로 담고 있는 글자가 곧 '敎'(가르칠 교)자인 것이다.

손에 나뭇가지(支)를 쥐고 다시 손(扌)써서 재주를 부리도록 한다는 뜻에서 '技'(재주 기)라 하였고, 예로부터 남자로써 웃기는 재주가 많은 이를 '伎'(광대 기)라 하였고, 여자로써 남자를 잘 다루는 재주가 좋은 이를 '妓'(기생 기)라 하였다.

동서남북 사방을 쉽사리 가늠할 수 없는 깊은 산중에서 갈 바를 모르고 헤매는 것은 갈래 길(=갈림길)을 찾지 못하기 때문에 그렇다. 그래서 산중의 갈래 길을 '岐'(산 갈래 기)라 하고, '路'(길 로)를 붙여 '岐路'라 한다.

고사에 '多岐亡羊'(다기망양)이라는 말이 있다. 양치기 한 사람이 잃어버린 양을 찾아 양이 갈 만한 길을 따라 나섰다가 드디어 많은 갈래 길에 이르러 허둥대다가 그만 놓친 양도 잃고, 뒤에 두고 온 양 떼들까지도 고스란히 잃었다는 말이다. 우리 인간에게 흔히 있을 수 있는 어처구니없는 상황을 잘 나타낸 이야기다.

큰 것과 작은 것이 단순히 숫자에 있지는 않다. 그러나 산 갈래 길에서 잃은 작은 것을 반드시 찾아야 한다는 강박관념이 나머지 큰 것을 잃는 원인이 될 수밖에 없다고 느껴졌을 때에는 큰 것을 위해 작은 것을 과감히 버릴 줄도 알아야 한다.

장자는 일찍이 말하기를 "섶나무는 다하여 타 버리고 말지만 산에서 보충하여 들이면 불꽃은 끊임없이 섶에 붙어서 무궁하게 꺼지지 않는다." (指窮于爲薪, 火傳也 不知其盡也)라고 하였다. 나뭇가지 하나하나는 개인의 유한한 생명이지만 그 하나하나가 끊임없이 타오르는 그 불꽃은 끝이 없다는 말이다.

유한한 개인의 생명이 무한한 생명을 향해 끊임없이 닦아 나갈 수 있다면 어차피 유한한 나도 편안하고 즐거우며, 나로 인해 더욱 타오른 불꽃도 무한한 생명을 지닌 채 끊임없이 꺼질 수 없다. 작은 나뭇가지 하나라도 아낌없이 잘 태우자. 작고 큰 것이 따로 없나니.

聿 붓 율
손으로 붓을 잡은 모양

손으로 마치 빗자루와 같은 붓을 잡은 모양을 그대로 본떠 만든 글자를 '붓'이라고 하였다. 이 붓은 손으로 잡고 기록해 나가는 인류문명의 필수 도구이기 때문에 소리나 말이 시간이나 공간의 제약을 뛰어 넘지 못하는 한계를 극복할 수 있었던 아주 유용한 도구 중의 하나인 것이다.

애당초의 붓은 오늘의 것들과는 달리 기록되어지는 바탕이 짐승의 뼈나 아니면 대나무 조각 또는 나무 조각들이었기 때문에 털로 만들어진 것이 아니었고, 조각칼로 된 것이었기로 이를 '도필'(刀筆)이라 불렀다.

한동안 이것으로 죽간에 글자를 새기다가 오늘날과 같은 붓이 이루어지게 된 계기는 30만 대군을 이끌고 흉노를 무찌르고 만리장성을 축조하는 데 많은 공을 세운 진나라의 장수 몽염이라는 자가 토끼털을 써서 붓을 만든 것이 맨 처음의 붓으로 '토모필'(兎毛筆)이었다.

이후로 한나라 때에 이르러 환관으로 왕에게 문서 출납의 업무를 담당하던 채륜이라는 자가 무거운 죽간이나 목간을 들고 출입하는 불편을 없애려는 한 방안으로 발명해 낸 것이 곧 주로 헌 그물에서 나온 실을 압축해 만든 종이다.

그래서 '실'(絲)을 씨(氏) 삼아 만든 것이 종이라는 뜻에서 '紙'(종이 지)라 하였다. 필요는 발명의 어머니라는 말이 참으로 정확한 말이다. 붓과 종이가 등장함과 동시에 거의 같은 시기에 벼루와 먹이 나와 이른바 '문방

사우'(文房四友)가 이뤄지게 되었다.

글방에 두고 쓰는 네 가지 벗 중에서 종이를 제외한 붓과 벼루와 먹은 같은 기(氣)를 타고난 가까운 벗들이다. 나오고 드는 것이 서로 비슷하고, 쓰임에 사랑을 받거나 덜 받는 것이 거의 같다. 그렇지만 오래 살고 일찍 죽는 그 수명은 서로 다르다.

이런 뜻에서 일찍이 중국의 당자서(唐子西)는 옛 벼루에 새김을 두어 말하기를 "붓의 수명은 날로써 헤아리고, 먹의 수명은 달로써 헤아리지만, 벼루의 수명은 한 세대, 즉 30년을 두고 헤아린다."(筆之壽以日計, 墨之壽以月計, 硯之壽以世計)라 하였다.

붓은 이미 그 생김이 날카롭기 때문에 쉽게 닳을 수밖에 없는 것이나, 먹이나 벼루는 붓보다는 둔하다. 그중 먹보다는 벼루가 더욱 둔하기 때문에 둔한 자는 더욱 오래 살아갈 수 있고, 날카로운 자는 쉽사리 명을 마칠 수밖에 없다.

끊임없이 먹을 찍어 종이 위에 능동적으로 움직이는 붓은 피곤을 거듭하여 쉽사리 닳기 마련이지만 가만히 드러누운 채 수동적으로 그림을 그리든지 글씨를 쓰든지 맘대로 하라는 듯 처음부터 끝까지 조용히 있는 종이는 글방의 벗 중에서 가장 그 수명을 오래도록 누릴 뿐이다.

자연스럽게 태어났다가 자연스럽게 돌아가는 비결은 다른 데 있는 것이 아니라, 바로 다소 둔한 듯 태도를 취하며, 조용히 지내는 것을 일상으로 삼아 즐겁게 살아가는 것이다.

흔히 알량한 붓 자랑으로 평생 동안 쌓아 온 자신의 명성이나 인격을 하루아침에 티끌로 바꿔 버리는 일이 종종 있음을 볼 때마다 붓은 역시 칼과도 같은 것이라는 점을 재삼 느낄 수밖에 없다. 칼도 분명 인간에게 유용한 도구요, 붓 또한 칼 못지않게 유용한 도구이다. 그러나 둘 다 사용 여하에 따라 잘 쓰면 유용하나 잘못 쓰면 아주 위험천만한 것이다.

畫 그림 화
붓으로 밭의 경계를 그린 모양

그림이라 하면 우선 먼저 풍경을 그린 것을 '그림'이라고 연상하기 마련이다. 그러나 그림을 그리기 시작한 것은 어떤 풍경이나 인물을 대상으로 그린 것이 아니라, 토지의 구획을 구분하기 위해 그린 일종의 도면과 같은 것이 그림의 시작이라 한다.

이집트 문명에서 측량술의 발달은 나일 강의 잦은 홍수가 그 주된 원인이었고, 그런 측량술의 발달은 기하학적 원리에 대한 깊은 연구가 뒷받침되었기 때문이라는 점은 누구나 쉽게 이해할 수 있는 대목이다.

마찬가지로 황하나 양자강의 잦은 홍수는 곧 자신의 토지 구획을 어떤 방법으로든지 명시해 둘 필요를 절실히 느껴 도면을 그리게 되었을 것이다. 그래서 이집트의 기하학과 걸맞는 산술과 도면이 중국에서도 발달하게 되었다.

이런 때문에 '그림'이라는 글자는 붓(聿)으로 밭(田)의 경계(凵)를 그린 것이라는 뜻에서 '畫'(그림 화)라 하였고, 네 밭과 내 밭의 경계를 칼로 새겨 표시할 수밖에 없었기 때문에 '畫'에 '刀'(칼 도)를 붙여 '劃'(그을 획)이라 하였다.

어떤 일을 진행코자 하면 반드시 정확한 계획을 세워 그 계획표에 따라 선후를 가려 가며 차분히 진행시켜 나가야 한다. 그렇다면 계획한다는 말은 무슨 말인가?

첫째, 어떤 일을 어떻게 해야 할 것인가를 하는 전체적인 구상을 두고 밑그림이라 한다. 둘째, 일에 소요되는 비용과 시간과 인력 등 모든 요소를 헤아리는 단계가 있어야 하는데 이를 '計'(헤아릴 계)라 하고, 셋째, 진행의 순서를 정하는 일을 '劃'이라 한다.

속담에 "시작이 반이라"는 말처럼 해야 할 일과 하지 말아야 할 일을 구분하는 애당초의 구상(밑그림)이 중요하고, 다음으로는 일을 수행할 수 있는 능력을 가늠하는 일이 정확해야 하고, 그다음으로는 진행의 순서가 옳아야 한다.

"아무리 하찮은 식물이라 할지라도 뿌리와 가지가 있듯이 복잡한 인간사도 먼저 할 바와 뒤에 할 바가 있으니 그 앞뒤 할 바를 알면 곧 도에 가깝다 하리라."(物有本末, 事有終始, 知所先後, 則近道矣)〈대학〉는 말처럼 마음먹은 일의 진행은 선후를 잘 가리는 데 있다.

그렇다면 무엇을 어떻게 그리며 살아갈 것인가? 첫째, 정당한 밑그림을 그리는 것이 옳다. 정당한 밑그림이란 나만을 위한 그림이 아닌 누구나 공감할 수 있는 그림, 즉 공동선(共同善)에 바탕을 둔 그림이다.

그런 뒤에 그 그림이 명백하게 드러날 수 있는 모양을 그리고 색을 칠하되 앞과 뒤를 명확하게 나타내는 형상을 정성껏 그리고, 자신의 마음 바탕에 깊숙이 갊아져 있는 진실을 힘껏 끌어내어 혼신을 다하여 그려야 한다.

그림이란 단순히 모양을 그리고 색을 칠하는 일이 아니다. 사물과 똑같은 것을 굳이 그릴 일은 아니다. 그림을 그리는 까닭을 사물을 그대로 그리는 단순 작업에서 머물지 않고 바로 '진실(true)을 뽑아 내는 일(pick up)'이라 여겼기 때문에 서양인들도 '그림'을 일러 'picture'라 하지 않았던가.

隶 미칠 이

손으로 꼬리를 잡은 모양

사물의 전체를 통틀어 말할 때에 흔히 '머리에서 발끝까지' 또는 '머리에서 꼬리까지'라고 말하기도 한다. 그중에 머리는 맨 앞을 말하고 발이나 꼬리는 맨 뒤를 뜻한다. 그래서 남보다 앞서서 기틀을 잡았으면 '소의 귀를 잡았다'(牛耳) 하여 자랑하고, 뒤를 따라잡았으면 '미쳤다' 하여 결코 뒤처지지 않았음을 뜻한다.

이런 뜻에서 '뒤처지지 않고 미쳤다'는 뜻을 '뒤쫓아 가'(辵; 辶) 꼬리(尾)를 손(手)써서 잡았다는 뜻으로 '逮'(미칠 체)라 하였다. 그렇지만 굳이 '뒤쫓다'는 '辵'(착; 辶)을 붙이지 않더라도 '미치다'는 뜻이 된다.

앞서서 나간다는 것과 뒤따라 잡는다는 것은 각각 나름대로의 사정이 다른 것이다. 앞서 나가는 자는 반드시 앞서 나간다는 보장이 없기 때문에 언제나 조마조마할 따름이지만, 뒤따라 잡는 이는 일단 앞설 수 있는 가능성이 확인되는 순간 일시적인 기쁨을 느낄 수는 있지만 온 힘을 다한 결과 이미 지쳐 있을 수도 있다.

세상을 살아가다 보면 때로는 본의 아니게 남의 앞에 서서 앞장서야 할 때도 있고, 때로는 슬그머니 뒤처진 듯 처져서 다른 이에게 미쳐 주어야 할 때도 많다. 하나에서 열까지 두루 거친 쓸모 있는 선비(士)는 솔선수범하여 앞장설 일이 많다.

그러나 남의 은혜를 잔뜩 입고 커 나온 이들은 되도록 그 은혜를 잊지 않고 갚아 가야 할 따름이다. 누구나 부모의 은혜를 입지 않은 이는 없다. 그렇기로 앞장서서 입은 은혜의 만분의 일이라도 갚기로 노력해야 하니 이것이 곧 선비(士)가 행해야 할 일이며, 나아가 많은 이들에게 아는 만큼 베풀어야 할 일이라, 이것이 곧 '仕'(섬길 사)이다.

뿐만이 아니라 부모를 앞세우고, 어른을 앞세우고, 은인을 앞세우고 본인은 뒤처진 듯 뒤에서 섬겨야 할 필요가 있다. 특히 부모나 어른이나 은인이 잘못되는 일이 있을 때에는 뒤를 받쳐 올리는 것이 당연한 도리인 것이다.

그래서 한편 '미치다'는 또 다른 글자로는 '사람'(人)을 뒤에서 손써 준다는 '손'(又)을 붙여 '及'(미칠 급)이 있다. 급할수록 더욱 애써서 미쳐 드려야 하고, 돌아가실 지경이면 더욱 서둘러 뒷받침해 드려야 한다.

그렇다면 제일 급한 일은 무엇인가? 타고난 명을 다하지 못하고 죽을 위기를 힘써 거슬러 버리는 일이 가장 큰 일이다. 그런 뜻에서 가장 다행한 일은 곧 '일찍 죽는 일'(夭)을 '거슬러 버리는 일'(逆)을 두고 '幸'(다행할 행)이라 하였다.

나아가 은혜를 갚는다는 뜻은 곧 은인이 어려운 지경에 이르렀을 때에 그 어려움을 거슬러 버릴 수 있도록 혼신의 힘을 다해 미치도록 한다는 뜻으로 '幸'에 '及'을 붙여 '報'(갚을 보)라 하였다.

부모의 은혜를 두고 이르기를 "낳아 주신 은혜는 하늘과도 같이 높고, 길러 주신 덕이야 땅처럼 두텁도다."(恩高如天, 德厚似地)〈사자소학〉라고 하였다.

우리가 부모를 섬겨야 할 까닭이 빚을 끊임없이 갚아 가는 일이라 보면, 자손을 기르는 까닭은 한사코 저축해 가는 일과 같은 것이다. 이미 진 빚을 잊고 저축에만 힘쓰는 일은 이치에 걸맞지 않는 천부당하고도 만부당한 일이다.

取 굴을 간
굽어진 것을 손써 펴서 굳게 함

세상에는 반듯한 것과 굽어진 것이 있는데 대개의 경우 굽어진 것은 반듯한 것보다 오래 갈 수는 없다. 우선 크게 볼 때에 동물과 식물 두 종류를 두고 잘 살펴보자.

굽어져 기어 다니는 동물들보다는 반듯하게 자라는 나무들이 훨씬 오래 살고, 같은 나무들 중에서도 굽은 채 바람에 휘청거리는 나무보다는 그래도 빳빳하게 자라는 나무들이 인간의 손이 미치지 않는 한 보다 오래도록 산다.

그렇기 때문에 물을 몸속에 담은 채 반듯하게 살아가는 나무들을 일러 '식물'(植物)이라 하고, 물을 몸속에 담은 채 사방으로 부지런히 움직이며 살아가는 생명체들을 일러 '동물'(動物)이라 이른 것이니, 동식물을 다 포함해서 물은 곧 생명을 유지시키는 원천(源泉)일 수밖에 없다는 말이다.

높고 낮은 땅에 각각 자리를 잡고 살아가는 그 어떤 나무들도 근본적으로 샘이 없으면 살아갈 수 없고, 날고 기는 그 어떤 짐승들도 샘을 찾아 물을 먹지 않으면 살아갈 수 없는 노릇이다. 그래서 같은 언덕일지라도 촉촉한 물기를 지닌 생명의 언덕을 '原'(언덕 원)이라 하였다.

비탈진 언덕배기에 위태롭게 서 있는 굽은 솔보다는 평원에서 반듯하게 자라는 곧은 솔이 훨씬 잘 자라기도 하고 오래도록 살아갈 수 있으니 그 까닭은 뿌리부터가 든든하고 줄기 또한 반듯하기 때문일 것이다.

이런 뜻에서 '立'(설 립)은 그저 사람이 땅 위에 선 모양을 그대로 본뜬 글자로 '서다'는 넓은 뜻을 지닌 글자이지만 '竪'(세울 수)는 굽어진 것을 손써서 반듯하게 일으켜 '세우다'는 뜻을 지닌 글자다.

나아가 '堅'(굳을 견)은 마른 흙을 모아다가 물에 개어 덩이 지어 하나하나 쌓아 가며 '굳게 만들다'는 뜻을 지닌 글자며, '賢'(어질 현)은 본디 재물을 많이 모아 굳힌 상태, 즉 다재(多財)를 뜻한 글자였다. 그러나 계속해 재물을 굳힐 수는 없기로 일단 굳혀진 재물을 잘 쓴다는 뜻으로 바뀌게 되었다.

즉, 재물을 굳게 굳히는 과정에서 무의식중에서라도 길들여진 이기적인 심성(욕심)에서 점점 벗어나 그 재물을 굳이 지니려만 들지 않고, 보람차게 쓸 수 있는 자세로 돌아가 물질 수용에 대한 높은 도덕적 자각을 얻는 것을 일러 '어질다'는 뜻으로 삼게 되었다.

의식만의 자각을 참다운 자각이라 말할 수는 없다. 올바른 자세로 행동하는 실천적인 용기가 뒤따라야 참으로 '어질다'고 이를 수 있다. 이런 의미에서 "누가 보아도 버젓한 행동을 잃지 않는 이를 어질다 이를 수 있고, 아무리 속을 들여다볼지라도 잡스런 생각이 전혀 없는 이를 일러 성스럽다 말할 수 있다."(景行維賢, 剋念作聖) 〈천자문〉는 말은 세속의 티끌 밖까지를 밝게 드러낸 말씀이다.

일단 굳은 것은 쉽사리 녹지는 않는다. 그래서 "익혀진 습관은 고치기 어렵다"(熟習難防)고 하였다. 그렇기는 하나 '깊은 이해(耳)와 뜨거운 설득(口)'으로 감화되면 얼음 녹듯 사르르 녹아 버릴 수도 있다.

이처럼 굳어진 것을 녹이는 일은 용광로와 같은 아주 뜨거운 사랑으로만이 가능한 일이며, 아무런 조건 없이 이런 사랑을 기울여 남을 이해시키려 들거나 설득시키려 드는 이는 일단 자신을 버린 '바보'만이 가능한 일인데 이런 바보를 일러 한편 '聖'(성인 성)이라 말한 것이다.

臣 신하 신
임금 앞에 몸을 굽힌 모양

　이 세상에서 가장 큰 위와 아래는 '하늘'과 '땅'이요, 한 개인이 버젓한
백성이 되어 살아가는 모듬은 '지아비'와 '지어미'가 만나는 혼인이며, 전
통 군주사회에서의 상하의 관계는 '임금'과 '신하'와의 신분관계가 곧 상하
의 관계였다. 이런 까닭에 〈주역본의(周易本義)〉에서 소녀(少女)와 소남
(少男)의 만남을 '咸'(다 함)이라 규정짓고 다음과 같이 설명하고 있다.

　"천지가 있은 연후에 남녀가 있고, 남녀가 있은 연후에 부부가 있고, 부
부가 있은 연후에 부자가 있고, 부자가 있은 연후에 군신이 있고, 군신이
있은 연후에 상하가 있고, 상하가 있은 연후에 상하가 얽혀져 예의가 있게
된 것이다."(有天地然後有男女, 有男女然後有夫婦, 有夫婦然後有父子, 有
父子然後有君臣, 有君臣然後有上下, 有上下然後上下交錯有禮義)

　첫째, 젊은 여자와 젊은 남자가 부부의 인연을 맺는 까닭은 이미 남녀
가 있기 때문이요, 그 남녀가 있는 까닭은 이미 높은 하늘과 낮은 땅이 있
기 때문이라는 말이다. 그런데 부부의 만남은 오직 젊음과 젊음의 만남이
라야 서로가 삶을 오롯이 다할 수 있다는 말이다.

　둘째, 부부의 만남에서 '아비'와 '아들'이라는 부자의 상하관계가 성립되
는 것인데, 이 같은 상하관계를 나라라고 하는 큰 모듬에 적용시키면 곧
'임금'과 '신하'라는 상하관계가 된다는 말이다.

　셋째, 부자와 군신의 상하관계를 일반 사회에 적용하면 '어른'과 '아이'

라는 상하관계가 될 수밖에 없다는 말이며, 이런 수직적인 관계 규정 때문에 삶의 도리 또한 아래가 위를 섬겨야 한다는 '섬김'의 도리가 강조될 수밖에 없었다.

즉, 지어미는 반드시 지아비를 열렬(熱烈)하게 섬겨야 하고, 아들은 아비를 효성(孝誠)으로 섬겨야 하고, 신하는 임금을 충성(忠誠)으로 섬겨야 한다는 것이다. 지아비와 지어미는 각별하기 때문이요(夫婦有別), 아비와 아들은 친하기 때문이며(父子有親), 임금과 신하는 의리를 지켜야 하기 때문(君臣有義)이다.

천지의 상하에서 비롯된 수직적 인식이 남녀, 부부, 부자로까지 연계되고, 이런 인식이 군신과 장유로까지 미쳐 급기야 "조정에서는 벼슬보다 더한 것이 없고, 향당에서는 나이보다 더한 것이 없다."(朝廷莫如爵, 鄕黨莫如齒)라는 상하관계가 명백하게 규정 지어지게 되었다.

그리고 남녀 모두 가정에서부터 부모님께 효성을 다하여 섬기는 도덕적 훈련을 철저히 익혀 그 바탕 위에 "남자는 재주와 양식을 본받아 임금을 충성으로 섬길 것이며, 여자는 시집간 뒤에도 자신의 처지를 굳게 지키며 지아비를 열렬히 섬길 것을 잊지 말 것이다."(男效才良, 女慕貞烈)〈천자문〉라고 하였다.

전통놀이 판으로 가장 즐겨 쓰는 '장기판'의 예를 들어 보자. 졸병(卒兵)이 앞과 좌우로 한 칸씩 이동하는 것은 후퇴 없는 일반 병사다. 상(象)이나 마(馬)는 그 이동에 걸맞는 일이다. 차(車)와 포(包)도 그럴싸하다.

그러나 궁(宮)을 에우고 지키는 사(士)는 일단 궁 안을 벗어날 수도 없고, 항상 임금을 지켜야 할 뿐 아니라, 임금이 위험에 처했을 때에는 지체 없이 힘써 몸으로 막아야 한다. 그래서 언제나 궁 안을 지키며 자신을 굽혀 임금을 섬기는 모양을 곧 '臣'(신하 신)이라 하였으니 수직사회에서 수평사회로 바뀐 이 시대에 다시 돌아볼 글자다.

矟 창수
수레에 깃발을 꽂는 대나무 창

전쟁에 있어서 적군과 아군을 구별하는 가장 뚜렷한 방법은 깃발을 내어 창에 걸어 두는 일이며, 이런 깃발은 반드시 군사의 가장 선두에 두어 군사들의 사기를 진작시키는 역할을 함과 동시에 전쟁의 명분을 밝히거나 혹은 집단의 특색을 나타내는 일을 한다.

이때 사용하는 나무는 대부분 대나무로 만든 팔각 막대기로서 길이는 12자인데 대나무 하나를 가지고 만든 것이 아니라, 대나무의 흰 속 부분은 제거하고 푸른 껍질만을 취하여 만든 단단한 대나무 몽둥이였다.

이런 까닭에 군사의 맨 선두에 세워 둔 깃발 꽂은 막대기가 곧 전쟁의 맨 머리라는 뜻에서 군사를 풀어 상대를 공격하는 일을 투입(投入)한다고 말한 것이다. 그리고 상대를 공격한다는 뜻은 일단 헤아려 친다는 의미로 '工'(헤아릴 공)에 '攵'(칠 복)을 붙인 '攻'(물리칠 공)에 다시 '軍'(군사 군)과 '投'(던질 투)를 붙인 '擊'(물리칠 격)을 합쳐 '攻擊하다'라 하였다.

상대를 치고 안 치고는 우선 아군의 병력과 적군의 병력을 제대로 헤아려야 함은 물론이요, 다만 상대를 치는 일은 깃발을 앞세우고 힘찬 소리를 내어 상대를 일단 기로 억누르며 힘을 모아 일시에 온 힘을 다해 쳐부수어야 할 것이다.

이런 면에서 '깃발'이란 군사들의 '사기'(士氣)를 높이는 중요한 상징물이 되기 때문에 '기를 높이기 위해 앞서 세운 것'이라는 뜻에서 '깃발'(氣

發)이라 이름한 것이다. 따라서 '깃발'을 날리면 이기고, '깃발'이 처지거나 땅에 떨어져 버리면 패할 수밖에 없는 것이다.

흔히 깃발에 쓰는 것은 힘센 동물을 그린 그림이거나 또는 그런 동물을 글자로 쓴 것일 경우가 많으니 예를 들면 '龍'(용 용) 자를 쓰거나 '虎'(호랑이 호) 자를 쓰거나 또는 곰을 그린 깃발을 사용하기도 하였다.

전쟁의 승패는 그 집단의 생명을 건 크나큰 일이기 때문에 전쟁을 수행하는 순서나 내용에 따라 정도를 높이기도 하고, 때로는 낮추기도 할 필요가 있다. 마치 높은 계단을 오를 때와 마찬가지로 하나하나 정확히 오르는 길은 오르는 것만 능통한 일로 삼아서는 안 된다. 오직 힘을 하나로 뭉쳤다가 단숨에 오를 수 있으면 더욱 좋겠으나 그렇지 못할 때에는 힘을 쓰는 척하면서 힘을 아끼며 상대의 힘을 뺀 뒤에 칠 수도 있고, 어느 경우에는 아예 지는 척하다가 상대의 허점을 노려 칠 수도 있다.

이처럼 '깃발'을 앞세우는 일도 여러 방법이 있다. 다만 '깃발'을 세울 때 세우고 막상 숨길 때에 숨길 수 있는 전술전략이 적중해야 상대를 이길 수 있다. 그렇다면 '깃발'을 앞세워 싸우는 일만이 능통한 일은 아니다. 싸우지 않고 이기는 방법도 있다.

기를 쓰고 앞장서서 싸우기보다는 오히려 상대가 먼저 기를 쓰도록 유도하여 자신은 슬그머니 낮추고 낮추다 보면 오히려 기를 다 써 버린 상대가 기도 빠지고 맥도 빠진 상태가 되어 기진맥진(氣盡脈盡)한 나머지 내가 파 놓은 겸손의 함정으로 기어들 때가 있다.

"굳이 싸우지 않고 이기는 길이 가장 잘 이기는 길이다."(不爭而善勝)라는 노자의 말씀은 잘 되새겨 볼만한 말이다.

창을 뜻하는 '戈'(창 과)를 중복시켜 놓으면 '작다' 또는 '적다'는 뜻이 된다. 즉, 창과 창이 대질러 싸우다 보면 더불어 같이 살아가야 할 처지가 더 줄어 버린다는 말이다.

殺 죽일 살

베고, 벗기고, 때린다는 뜻

사람은 누구나 살아가면서 일을 하기 마련이다. 그런데 일의 결과는 좋을 수도 있고, 좋지 못할 수도 있다. 이 일의 성취를 두고 가늠하여 잘한 일에 상을 내리는 것을 일러 '논공행상'(論功行賞)이라 한다. 그렇기로 '功'(공로 공)이란 힘(力)을 들인 그만큼(工) 얻어지는 것이기 때문에 '勞'(수고로울 로)의 결과가 곧 '功勞'(공로)인 것이다.

일을 잘할 수만은 없다. 일의 시작이나 과정이 아무리 좋았다고 스스로 자부할망정 그 결과가 좋지 않으면 이를 일러 '過'(허물 과)라 한다. 그래서 사람은 대부분 결과적으로 '功'과 '過', 두 사이를 벗어나기가 그리 쉽지 않으며 논공행상의 영예를 차지하기는 그리 쉽지 않다.

한편 어떤 허물을 지으면 반드시 그에 해당하는 '刑罰'(형벌)이 더해지기 마련이다. 이때에 '罰'(형벌 벌)이란 가벼운 허물에 더해지는 것을 말하며, '刑'(형벌 형)이란 무거운 허물에 더해지는 것을 말한다.

예로부터 내려온 '벌'로는 '譴責'(견책; 책임을 묻고 나무람)이나 '笞杖'(태장; 매를 맞는 일) 등이 그 대표적인 벌이지만, 무거운 '형'은 소위 '五刑'이라 하여 墨刑(묵형; 몸에 문신을 쳐 표시해 두는 벌), 劓刑(의형; 코 베는 벌), 刖刑(월형; 발을 자르는 벌), 宮刑(궁형; 생식능력을 없애는 벌), 大辟(대벽; 죽이는 벌) 등이 있다.

'죽이다'는 殺은 마치 낫으로 풀을 베어 버리듯 '乂'(벨 예)하거나 나무의 껍질을 벗겨 버리듯 '尣'(벗길 출)하거나, 몽둥이로 죽도록 끊임없이 때리듯 '殳'(몽둥이 수)하면 죽을 수밖에 없다는 뜻으로 죽음에 이르도록 하는 세 가지 방법을 합쳐 놓은 글자다.

그렇다면 무슨 죄를 지면 이처럼 베거나 벗겨 버리거나 때려 죽여 버리는 큰 벌을 가하게 되었던가? 삼천 가지 죄 가운데 가장 큰 죄는 바로 불효라 하여 부모님께 막심한 불효를 첫째로 들었고, 둘째는 신하나 백성이 되어 임금님의 뜻을 거역한 자를 큰 죄로 거론하였다.

즉, '충효'를 가장 큰 도덕적 실천의 바탕으로 삼아 불충불효(不忠不孝)를 크게 경계하고, 집안에서나 나라에서나 도덕적 성취는 반드시 효에서 우애로 나아가고, 충에서 신으로 나아가야 한다는 뜻에서 이른바 '孝悌忠信'이라 하였다.

따라서 "충성과 신의를 주장 삼을 것이며, 행실은 돈독하고 공경스럽게 해야 한다."(主忠信, 行篤敬)〈논어〉라 하였을 때에 "행실을 돈독하고 공경스럽게 한다."는 도덕적 함양도 다름 아닌 부모형제와의 바람직한 도덕적 태도, 즉 '孝悌'를 통해 길러져야 한다는 말이다.

이런 점에서 작은 가정에서부터 길러진 도덕을 큰 사회 또는 나라로 확대 적용하도록 한다는 뜻에서 '국가'(國家)라는 말도 나왔다. 즉, "한 가정에서의 도리가 이에 나라에서의 도리다."(家乃國)이라는 말이다.

그래서 "효는 마땅히 힘을 다할 것이요, 충은 목숨을 다할 것을 원칙으로 삼아야 할 것이다."(孝當竭力, 忠則盡命)〈천자문〉라 하였고, 또는 "임금이 욕되게 되면 신하는 죽음으로 맞서야 한다."(主辱臣死)라고 하였다.

임금이 욕되면 신하된 이는 마땅히 스스로 죽음으로 이를 대처해야 한다는 말로서 이는 "뜻있는 선비나 어진 이는 구차스럽게 삶을 구하여 어짊을 해칠 것이 아니라, 제 몸을 버려 어짊을 이뤄내야 한다."(志士仁人, 無求生以害仁, 有殺身以成仁)〈논어〉는 말과 상통된다.

几 날을 순

새가 날개를 쫙 펴 날다는 뜻

속담에 이르기를 "뛰는 자 위에 나는 자가 있다."고 하였다. 뛰는 자들은 단지 땅을 짚고 뛰고, 나는 자들은 땅을 벗어나 하늘을 마음대로 날지만 그래도 그들이 살아가는 바탕은 땅일 수밖에 없기 때문에 사실은 아무리 뛰는 자나 나는 자가 있다 할지라도 땅이라는 바탕을 벗어나 살아갈 수는 없다.

뛰는 자들에는 크게 두 종류가 있다. 그 하나는 땅에서 자라나는 풀을 먹고 사는 초식동물이요, 또 다른 하나는 동물이 직접적으로 동물들을 잡아먹고 살아가는 육식동물이 그것이다.

나는 새들도 두 종류로 보아야 한다. 새들 대부분은 부지런히 저보다 약한 벌레들을 잡아먹고 사는 것이 보통이지만, 한편 독수리나 매들과 같이 새가 새를 잡아먹고 사는 이른바 '맹금류'가 있는가 하면 또는 조개나 물고기들을 잡아먹고 사는 새들도 있다.

이런 여러 가지 새 짐승 가운데 특히나 새가 새를 잡아먹고 살아가는 생리적 구조를 지닌 '맹금류'들의 특성은 아무래도 그 나는 속도가 빠를 뿐 아니라, 대부분이 제 몸을 부풀려 상대를 제압하는 기술이 뛰어나지 않으면 살아갈 수가 없다.

이런 점에서 비록 제 몸집은 작을지라도 날개를 되도록 활짝 펴 날다는 말을 '隹'(새 추) 위에 '大'(큰 대)를 붙여 '날다'는 뜻으로 썼고, 이들 또한 땅을 박차고 올라 날 수밖에 없기 때문에 '奮'(떨칠 분)이라 하였다.

땅을 힘차게 박차고 올라 재빨리 날면서 되도록 상대의 기를 꺾기 위해서 되도록 제 몸집을 크게 한다는 점을 들어 '떨치다'라 하였고, 그토록 기를 떨치는 까닭은 손써서 먹이를 낚아채려는 데 그 목적이 있기 때문에 '奪'(빼앗을 탈)이라 하였다.

사람이나 동물들이나 제 자신을 되도록 부풀려 보이려는 태도는 아무래도 그 목적이 상대를 제압하여 이기려 드는 심사가 깔려 있기 마련이다. 그래서 어떤 사람이 제 분수 이상으로 부풀리는 것을 일러 '奢'(사치할 사)라 하였다.

'사치하다'는 말에는 두 측면이 있다. 하나는 자신을 직접적으로나 간접적으로 부풀려 크게 보이려는 면이 있는가 하면, 또 다른 하나는 겉으로 나타나는 것들로 몸을 너절하게 치장하는 것이니 '侈'(사치할 치)가 바로 이런 것이다.

그렇기 때문에 안으로 실다움이 없이 겉으로만 꾸미는 자에게서는 대부분 진실을 찾아내기 어렵고, 한결같이 제 자랑으로 제 말만 앞세우는 사람치고 참다운 면을 찾을 길이 없다는 것이다.

오히려 큰 것은 밖으로 큰 체하지 않고, 실다우면 실다울수록 밖으로 드러내기 꺼려 겉포장이 소박하면서도 단단하기 마련인 것이다. 그래서 노자도 이르기를 "믿음직한 말이란 겉으로 번지르르하지 않다."(信言不美)라고 하였다.

겉이 번지르르한 것은 거의 다 속이 빈 것일 경우가 많다. 남의 머리 위를 날며 약한 새나 짐승들을 잡아먹고 사는 맹금류들은 날아야 하기 때문에 몸집도 클 수 없지만, 한편 제 몸집을 크게 보여 상대의 기를 죽여야 하기 때문에 좀 더 날개를 쫙 펴고 날아야 한다.

寸 마디 촌

손목을 지나는 대동맥을 가리킴

사람이 살다보면 어쩔 수없이 헤아리지 않으면 안 될 때가 있는데 그중에서도 길고 짧은 것을 헤아린다거나 무겁고 가벼운 것을 헤아린다거나 또는 크고 작은 것을 헤아려야 할 때가 있다.

헤아린다는 것의 기본은 아마도 길고 짧은 것이라 말할 수 있다. 길고 짧은 것에 따라 크고 작은 것이 구분될 수 있으며, 나아가 무겁고 가벼운 것도 또한 길고 짧은 것에서 비롯될 수밖에 없다고 여겨지기 때문에 장단이 곧 경중과 대소를 결정하는 기본이라 이를 수 있는 것이다.

그렇다면 길고 짧다는 것의 표준은 어디에 두었던 것인가? 오늘날 가장 많이 쓰이고 있는 글자 중에서 '길다'거나 '짧다'거나 하는 뜻을 나타내고 있는 대표적인 글자로는 '長'(긴 장)과 '短'(짧을 단)을 들 수 있다.

'길다'는 말은 사람의 머리털이 긴 모양을 그대로 본뜬 글자로 여러 사람 중에 머리털이 가장 긴 사람은 나이가 많은 사람으로 곧 '어른'이라는 뜻을 지니고 있고, '짧다'는 말은 '矢'(화살 시)와 '豆'(작은 제사 그릇)를 짝지어 화살과 제사 그릇을 장단의 표준으로 여겼기 때문에 그렇게 썼던 것이다.

화살보다 길면 긴 것이고, 짧으면 짧은 것이라는 말이며, 제사 그릇보다 높으면 긴 것이고, 낮으면 짧은 것이라는 말로, 시대의 흐름에 따라 길고 짧은 것 또한 많은 변천을 겪을 수밖에 없다. 그래서 이른 말이 곧

"길고 짧은 것은 집집마다 다르나, 덥고 추운 것은 곳곳마다 같다."(長短 가가유 염량처처동 家家有, 炎凉處處同)이라는 말도 나올 법하다.

그러나 저러나 예로부터 내 몸에 속해 있는 모든 것들은 다 부모로부터 물려받은 유산이기 때문에 머리털을 깎지 않고 자라는 그대로 보존했던 것이요, 화살을 쓰고, 제사 그릇에 음식을 담아 제사를 올리는 일도 또한 나를 중심으로 한 조상과 후손을 저버릴 수 없다는 뜻에서 이루어진 일이었다.

그렇기 때문에 사실 알고 보면 모든 단위의 가장 기본이 되는 길고 짧은 것도 내 몸을 써서 헤아릴 수밖에 없기로 내 몸의 손과 발 중에서 손으로는 길이를 헤아리고 발로는 거리를 헤아릴 수밖에 없었던 것이었다.

이러한 바탕에서 나온 글자가 곧 대부분 긴 것을 헤아리는 표준으로 '尺'(자 척)이 나온 것이며, 한 자의 길이를 열로 나눈 짧은 길이를 두고 '寸'(마디 촌)이라 하였다. 따라서 '尺'이나 '寸'은 곧 하나는 '팔뚝'이요, 또 다른 하나는 '손마디'를 두고 이른 것이다.

옛날 초나라에서 화씨(和氏)가 한 자 남짓이나 되는 둥근 구슬을 임금께 바친 일이 있었다. 그래서 당시에는 그것을 곧 초나라의 가장 큰 보배라고 누구나 다 손꼽아 자랑하였다.

그러나 그런 "둥글고도 큰 구슬을 보배로 여기는 것보다는 아주 짧은 척벽비보 촌음시경 시간이라도 다투어 아껴라"(尺璧非寶, 寸陰是競)〈천자문〉는 말의 속 깊은 뜻은 단위로 따져 볼지라도 비록 한 자와 한 치의 크기는 비교 될 수 없지만 물질적 보배를 귀히 여기는 것보다는 주어진 시간을 더욱 귀중히 여기라는 가르침인 것이다.

皮 가죽 피
살과 가죽을 손써 분리한 모양

고기 살과 가죽 중에서 이 두 가지를 손써 분리시켜 낸 모양을 '皮'(가죽 피)라 한다. 대부분 사람들이 쓸모 적은 가죽보다는 살을 더욱 좋아하기 때문에 살은 우선 이쪽으로 놓아두고 가죽은 저쪽으로 던져 준다는 뜻에서 '彳'(자축거릴 척; 간다는 뜻의 반쪽)에 '皮'를 붙여 '彼'(저 피)라 하였다. 알짜가 되는 살은 그대로 이곳에 두고 껍데기인 가죽은 저쪽으로 제친다는 말이다.

그래서 나를 우선 '이것'(此)이라 치면, 내가 아닌 남은 '저것'(彼)이며, 또 저것을 넘어선 그곳에는 '그것'(其)이 있을 뿐이다. 그렇기로 나와 남 사이를 '彼此間'이라 하고, 피차에 벗어나는 것을 일러 '於中間'이라 한다. 그러나 이것과 저것은 아무런 관계가 없는 것이 아니고 알고 보면 절대불가분의 관계를 이루고 있기 때문에 〈중용〉에 "속이 진실하면 반드시 밖으로 드러난다."(誠於中, 形於外)고 하였다.

〈황제내경(黃帝內經)〉에 "피곤이 쌓이면 수고로워지고, 수고로움이 쌓이면 병이 나는 법이다."(積疲成勞, 積勞成病)는 말도 바로 겉과 속이 다르지 않다는 말이다. 몸을 함부로 하여 쉬어야만 할 때가 되면 우선 가죽에 이상이 생기기 마련이다. 그런데도 불구하고 안에 쌓아 두어야 할 힘을 밖으로 불태우듯 태우고 보면 급기야 병에 이른다는 것이다. 따라서 가죽에 이상이 생기고(疲), 지나치게 밖으로 힘(力)을 품어 내는 것을 일러 '疲

勞'라 하며, 이 '피로'야말로 건강을 해치는 병의 근원이 된다는 말이다.

모든 일은 알맞게 다스려 나가는 것이 가장 옳은 것이다. 우선 건강을 지키며 삶을 살아가는 길도 다를 바 없다. 첫째, 밖의 물질에만 치우치지 말고 정신을 찾는 일이 양생(養生)이며, 둘째, 밖의 영양을 알맞게 취해 몸을 키우는 일이 섭생(攝生)이며, 셋째, 사물로 향하는 지나친 욕심을 줄이는 일이 보생(保生)이다. 넷째, 밖에서 쳐들어오려는 모든 잡균을 지키는 일이 위생(衛生)이다. 그러니 안팎이 따로 없다.

밖과 안을 크게 구분할 필요가 없다. 나 밖의 남은 곧 나의 거울이요, 오늘에서 이미 벗어나 버린 어제는 반드시 다 사라져 버린 것이 아니라, 지금까지도 어제의 그늘이 오늘에까지 물려 있을 수 있기 때문에 눈을 지그시 감고 반드시 살펴야 할 대상이다.

내 안의 병통을 치유할 수 없는 것은, 우선 병을 고치려는 자신의 의지도 중요하지만 병을 고칠 수 있는 약은 흔히 말하는 것처럼 '千病萬藥'(천병만약)이라고 저 밖에 무수히 널려 있으나 다만 어떤 것이 약이 되는지를 잘 모르기 때문이라 여겨야 한다.

껍질이 없는 알속이 없듯이 귀중한 알속을 잘 지키기 위해서는 반드시 껍질도 귀중한 법이다. 마음이 몸속에 들어 있다면 마음은 알속이요 몸은 껍질인 셈이다. 그런데 마음이 중요하다 하여 막상 껍질인 몸을 도외시하다 보면 몸속에 깊아져 있는 마음도 불현듯 달아나 버리고야 만다.

이같이 몸 안을 돌며 밤낮으로 생명을 유지하고 있는 '氣'(기운 기)를 돋우기는 고사하고 일시적으로 끊어 버린다면 몸속에 들어 온갖 것들을 가늠하던 정신은 온데간데없이 달아나 버리고야 만다.

이런 뜻을 일러 '氣絶剿風'(기절초풍)이라 한다. 기가 끊기면 '巢'(새집 소)도 갈라져 거침없이 드나들던 '風'(바람 풍)도 어느 결에 날아가 버리고 만다는 말이다. 마치 전기가 끊기면 센서도 사라지는 것처럼.

攴 칠 복
막대기를 잡고 가볍게 치다는 뜻

인간은 맨 처음 사냥을 통해 목숨을 연명해 나갔을 때에는 무조건 닥치는 그대로 짐승과 힘으로 싸워 잡았을 것이다. 그러다가 그물이라는 편리한 도구를 만들어 이를 사로잡아 우리 속에 가둬 기르게 되었다. 고기를 얻기 위한 것뿐만 아니라, 힘센 것은 힘을 이용하고, 가죽이 좋거나 털이 부드러운 것들은 각각 그것들을 이용할 목적으로 기르기에 이르렀다.

예를 들면, 소는 물건을 운반하거나 밭갈이를 시키는 데 쓰고, 말은 교통수단으로나 전쟁에 쓰고, 양은 털이나 가죽을 벗겨 쓰고, 개나 매는 잘 길들여 저 같은 족속을 사냥하는 데 썼다. 짐승을 길러도 각각 용도에 맞게 방법을 달리하였다.

그렇기로 똑같이 '기른다'는 뜻을 두고도 '소'(牛)는 '매 때려'(攴;칠 복)가며 길렀기로 '牧'(기를 목)이라 하였고, '양'(羊)은 단지 '밥(食; 밥 식)만 주며 길러도 되었기로 '養'(기를 양)이라 하였다. 그러나 다만 사람은 '子'(아들 자)에게 삶에 필요한 모든 '爻'(무늬 효)를 본받아 갈 수 있도록 길렀기로 '敎'(가르칠 교)라 하였다.

이처럼 단순하고도 순한 것들을 기를 때에는 그저 밥만 먹여 기르기도 하고, 또는 먹이를 주었다가 빼앗다가를 반복하며 기르기도 하는 한편, 소처럼 힘세고 순한 동물은 전후와 좌우를 가를 수 있도록 길들이되 미처 모를 때에는 매로 자극을 주어 기르기 때문에 '좌우를 가르고 치다'는 뜻을 '가르치다'라 이른 것이다. 인간 역시도 "세 살 버릇이 여든까지 간다."는 점에 유의하여 삶의 무늬(선악)를 본받도록 지도하는 것이 곧 '가르치다'는 말이다.

사람을 두고 '기르다'는 뜻을 나타낸 글자로는 '敎'와 '育'이라는 두 글자가 있다. 앞서 밝힌 바와 같이 '선악' 자체를 본받도록 '자극'하다는 뜻을 지닌 '敎'가 있고, 어미의 배 속에서 '막 돌아 나온 아이'(子를 거꾸로 쓴 글자 云; 아이 돌아 나올 돌)에 '肉'(살찌도록 하다는 뜻)을 그대로 붙여 '育'(기를 육)이 있다.

생명체에게 자극이란 참으로 중요한 것이다. 위로 솟아 커 가는 식물을 기를 때에는 자리를 북돋아 주어야 커 갈 수 있기 때문에 '培'(북돋을 배)를 써서 '培養'해야 하고 사람을 기를 때에는 우선 어린아이는 몸이 단단해지도록 살찌우지 않으면 안 되니 '育兒'해야 한다.

이런 과정을 거쳐 철이 들 무렵이 되면 어떤 형태로든지 자극을 통해 전후좌우를 가를 수 있도록 배려해 주는 일이 곧 소를 치고 사람을 가르치는 일이니 곧 바람직한 생명을 생명답게 만드는 과정에서 빼놓아서는 안 될 일이 바로 '치는 일'이다.

왜 치지 않으면 안 되는가? "세 살 버릇이 여든까지 가기" 때문이다. 그래서 어린아이는 어미의 '育兒'를 통해 몸다운 몸을 이루도록 돌보아 주고, 이미 말귀를 알 때가 되면 아비는 손에 매를 잡고 전후좌우를 가르쳐야 하기 때문에 '攴'과 '父'는 모양도 같고 어원도 같다.

만약 쳐 주어야 할 때에 쳐 주지 않고 정확히 갈라 주어야 할 때 갈라 주지 못한다면 선악을 가르지 못한 채 장차 점점 길흉의 갈림길에서 흉으로 빠질 수가 있다는 점에서 '攴'은 손(又)에 '卜'(점칠 복)을 붙여 만든 글자다. 그러니 오늘의 작은 선악이 장차 크나큰 길흉으로 번진다는 점을 염두에 두고 가르치는 일이 곧 '敎育'이라는 말이다.

教 가르칠 교
본받을 수 있도록 가르치다는 뜻

천지간에 만물의 영장이라는 사람은 어디까지나 만물의 영장인 만큼 영장으로서의 주어진 책임과 의무가 있다. 하늘과 땅을 비롯한 천지 안의 만물을 잘 다스려 나가야 할 책임과 의무가 있기 때문에 이를 자각해야 할 뿐 아니라, 미처 모르는 이들에게는 이를 잘 가르쳐 가야만 한다.

그렇기 때문에 '가르치다'는 말에는 두 가지 측면이 있다. 그 하나는 가르쳐야 할 '가르침 자체'에 대한 측면이 있고, 또 다른 하나는 그 가르침을 잘 받들어 갈 수 있도록 하는 '가르치는 행위'에 대한 측면이 있다.

이런 뜻에서 '敎'(가르칠 교)를 풀이하기를 "윗사람은 베풀고 아랫사람은 본받는 것이다."(敎, 上所施, 下所效也.)〈설문해자〉라 하고, '爻'(본받을 효)의 밑에 '子'(아들 자)를 붙이고, '攵'(칠 복; 攴과 같음)을 붙인 글자라고 하였다.

그렇다면 본받아야 할 '가르침'의 원본은 어떤 것인가? 만물에게 잡다하게 통용되는 이치를 공통지어 보면 만물의 원리는 곧 하늘이 돌아가는 줄기, 즉 '天理'(하늘의 이치)이니 하늘의 이치 그대로 만물이 하늘로부터 부여 받은 바로 그것을 일러 '性'(성품 성)이라 한다.

같은 열매라도 '호박'은 누렇기 마련이라면 '수박'은 대부분 푸르다는 그 까닭은 오직 하늘에서 내린 무늬(씨)가 바로 그렇기 때문이다. 그래서 하늘이 내린 것이 '씨'라면 이 '씨'를 땅이 앗아서 이뤄 내는 것이 곧 천지의 도리요, 이런 도리를 잘 이용하여 천지 안의 만물을 바람직하게 가꿔 나가야 할 책임을 자각하고 그 의무를 다하는 것이 사람의 도리인 것이다.

그중에서도 성품을 같이 타고난 사람과 사람 사이에는 그 어떤 사이보다도 서로 아끼고 위할 줄 알아야 한다는 뜻을 기본으로 삼고, 나아가 하늘과 내가 하나가 될 때까지 끊임없는 노력을 해 나가지 않으면 안 된다는 가르침을 '仁'(어질 인)이라 말한 것이다.

즉, 사람과 사람이 서로 아낄 줄 아는 인간의 자각을 '愛人'이라 하고 이런 훈련을 통해 모든 이치가 바로 하늘에서 쏟아져 나온 것이라는 점을 깊이 자각하여 하늘의 이치를 공경할 줄 아는 더 넓은 공부 길로 나가는 것을 '敬天'이라 말한 것이다.

사람이 사람을 아낄 줄 모르면 하늘을 섬길 줄도 모를 수밖에 없으니, 왜냐하면 이미 나에게도 하늘이 있고, 너에게도 하늘이 있다는 점을 까마득히 잊고 있기 때문에 나와 너가 결국 한 통속이라는 점을 의심할 여지없이 뚜렷하게 알아야 비로소 하늘도 섬길 수 있다는 말이다. 이런 뜻에서 이미 "어짊이란 사람이 사람을 아끼는 일이다."(仁, 愛人也.)〈논어〉라 하였고, 한편 "하늘과 땅 사이에서 만물의 영장으로 살아갈 수 있는 자격을 자각하는 일이 곧 어짊일 따름이다."라는 공광거(孔廣居)의 풀이는 참으로 밝은 해석이라 아니할 수 없다.

위로는 하늘 무서운 줄 알고, 아래로는 땅의 고마움을 알고, 그 가운데 사람을 비롯한 모든 만물이 다 아끼며 살아가지 않으면 안 된다는 점을 윗사람은 아랫사람들에게 열심히 가르치고, 아랫사람들은 그 가르침을 힘써 배워 나가야 한다는 두 측면을 나타낸 한 글자가 '敎'라는 글자다.

위에서 아래로 가르침이 내려지는 것을 일러 '가르칠 교'라 하고, 아래에서 위의 가르침을 그대로 본받는 것을 일러 '본받을 교'라 하여 두 가지로 읽어야 하는 글자가 곧 '교학상장'(敎學相長)의 '敎'다.

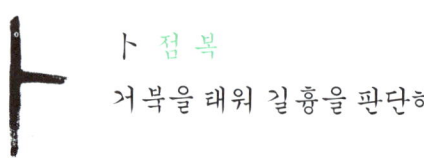

卜 점 복
거북을 태워 길흉을 판단하는 점

　예나 지금이나 인간은 누구나 다 불확실한 미래를 미리 알아볼 수 있는
가에 대한 점에 많은 관심을 가졌다. 예를 들면, 작게는 내일 날씨에 대한
점에서부터 크게는 전쟁의 승패에 대한 점을 미리 알고자 하는 방법으로
등장한 것이 바로 '점'이었다.

　점치는 데는 두 가지 방법이 있었다. 거북을 태운 결과 뼈에 갈라진 금
을 보고서 길흉을 가늠하는 '卜'(점 복)과 시초라는 점대를 써서 수를 얻고
그 수를 조합시켜 길흉을 가늠하는 '筮'(점 서)가 있다. 이런 뜻에서 일찍
이 "거북으로 치는 점은 모양을 얻어 보는 점이요, 시초로 치는 점은 수를
얻어 보는 점이다."(龜, 象也. 筮, 數也.)〈춘추좌전 희공 15년〉라 하였다.

　'수'를 얻어 길흉을 판단하는 시초점(蓍草占)은 시초를 통해 '六爻'(여섯
무늬라는 뜻)를 얻어 하나의 '卦'(걸칠 괘)를 짓고 그에 따른 풀이를 통해
길흉을 판단하는 점으로 '어떤 일을 이룰 수 있는지 없는지, 또는 어떻게
하면 잘 이룰 수 있는지'를 미리 알아보는 변화의 수를 얻는 점이었다.

　이에 반하여 '모양'을 얻어 길흉을 판단해 보려는 거북점(龜占)은 불에
탄 거북 뼈가 가로 세로로 어떻게 갈라져 있는가를 명확하게 살펴서 어떤
일 자체의 상태를 일단 점검하고 그에 따른 대책을 강구해 보려는 점으로
'징조의 포착'에 더 관심을 둔 점이었다.

　이런 까닭에 거북을 태울 때에 일어나는 일차적 현상을 그대로 본뜬 글

자가 곧 '卜'이다. '丨'은 불 위에 매달린 거북을 본뜬 것이요, 그 거북이 불에 태워지면 반드시 살이 찢어지면서 '푸우—'하고 소리를 내기 때문에 이를 '丶'로 본뜨고 전체 글자의 소리를 '푸우—'에서 얻어 '복'이라 한 것이다.

거북의 뼈가 가로 세로로 수많은 실금으로 갈라진 모양을 '兆'(징조 조)라 하였는데 이때에 나타나는 실금들은 한둘이 아니고 헤아리기 어려울 정도로 많은 금을 내놓는다는 뜻에서 인간이 뜻 둔 글자라는 '億'(억 억)보다 더 많은 수를 가리키는 '兆'(억조 조)로 쓰기도 한다.

애당초 점은 임금을 중심으로 한 지도자 집단들이 나라를 경영해 나가는 데 필요불가결한 일이었다. 특히 임금의 거취를 비롯한 제반 일에 대하여 점을 쳤기로 오늘날까지 '兆朕'이라는 말이 그대로 내려오고 있다. 여기서 말하는 '朕'(나 짐)은 천자나 임금이 자신을 낮춰 부르는 대명사다.

특히 점친 결과를 아무나 해독할 수 없었다. 그 조짐을 보고 길흉을 판단하는 사람은 예사로운 사람이 아니었다. 그 어떤 그 나름대로의 풀이하는 법이 있었을 것인데 이렇게 점친 결과의 길흉을 판단해 알려 주는 일을 '卜'에 '口'(입 구)를 붙여 '占'(점칠 점)이라 하였다.

인간에게 '죽음'이 가장 흉한 일이요, '태어남'이 가장 길한 일이며, 이 태어남과 죽음 사이에 같은 값이면 부드럽게 사는 것이 또한 길한 일이라, '점'은 곧 언제나 '壽'(목숨 수)와 '福'(복 복)을 가늠해 보는 일이다.

오늘날에는 백화점에 많은 이들이 모이듯 옛날에는 점치는 집에 많은 이들이 모였기로 '店'(상점 점)이라는 글자가 있고, 저녁때에 치는 점은 뜻밖의 일이라는 뜻에서 '外'(밖 외)가 있다.

점의 시작은 자연시대에는 '별'을 보고 길흉을 판단하는 '별점'이었다. 즉, 〈이아〉라는 책에 "星(성), 別也(별야)"(별이란 길흉을 구별하는 것이다)라는 풀이를 참작해 볼 때에 '별'을 '별'이라고 말하고 있는 까닭이 바로 여기에 있다는 점을 알아야 한다. 별 볼일이 있을 때에 별을 보았던 것이다.

用 쓸 용
점이 적중하면 그대로 시행해야 함

거북을 태워 길흉을 판단하거나, 시초를 써서 수를 얻어 내는 일은 쉬운 일이 아니다. 옛날에는 언제나 일이 시작되기 전에 미리 어떤 형태로든 간에 점을 쳐 일의 길흉을 판단하며, 일이 제대로 이뤄지기 위해서는 '흉함을 피하고 길함으로 나아갈 방도'(避凶趨吉)를 강구하였던 것이다.

일이란 반드시 내적인 어떤 것과 또 다른 외적인 어떤 것이 만나 이뤄진 것이기 때문에 이미 일이 지닌 속성은 안과 밖이라는 두 가지 속성이 있기 마련이다. 그렇기 때문에 그 두 다른 내외의 속성을 잘 살펴 일을 이뤄 갈 '수'를 얻는 방법으로 점대 50개를 써서 길흉을 가늠해 보는 점법이 곧 '육효점'(주역점)이다.

따라서 이미 일이 지니고 있는 내외의 속성을 하나의 괘로 보아 이를 원점으로 삼고, 그 밖에 흉함을 피하고 길함을 얻는 수를 구하려는 것이 역점(易占)의 기본 방향이다. 그렇기 때문에 "역은 다른 것이 아니다. 사물이 열림에 그에 따라 힘써야 할 것을 제시해 준 것이다."(易, 無他也. 示開物成務之道也.)〈주역 서〉라 말한 것이다.

그리고 모든 사물은 원천적으로 보면 음양의 조화로 이뤄진 것이기 때문에 이 음양의 변화를 두고 길흉을 가늠해야 하며, 길함을 찾고 흉함을 피하는 방법도 또한 '긴 것은 끊어 주고 짧은 것은 보태 주는 법'(切長補短)으로 나가야 한다는 것이다.

176

'길고 짧은 것'을 가늠하되 "정성껏 처음으로 점친 결과를 얻었거든 간절히 그대로 형통하기를 구할 것이지, 재삼 반복하여 점치는 일은 경솔한 일이니 이렇게는 하지 말아야 한다."(初筮告, 再三瀆, 瀆則不告.)〈주역 몽괘사〉라 하였다.

점을 절대 신성시하던 그 옛날에 있어서는 절대적인 말이었다. 일에 앞서서 그 성패를 두고 간절히 구해야 결과에 대한 의심이 바르게 풀릴 수 있고, 나아가 간절한 마음의 바탕이 일단 이뤄지고 그 위에 간절한 구함이 행해져야 옳은 해답이 주어질 수 있다는 뜻이다.

이런 점에서 말처럼 이루려는 간절함에는 두 측면이 있다. 첫째, 이루고자 하는 말 자체가 진실 되어야 하고, 둘째, 이루고자 하는 과정이 정성스럽지 않으면 안 된다. 그래서 '言'(말씀 언)에 '成'(이룰 성)을 붙인 '誠' 자에는 두 가지 깊은 뜻이 있다. 하나는 '진실로 성'이라 하고, 또 다른 하나는 '정성 성'이라고도 한다.

예나 지금이나 '말'은 쓸 만한 말을 해야 한다는 뜻에서 '말씀'이라 하였고, 그런 말씀을 제대로 실행에 옮기자면 한결같은 정성으로 직접 밟아가야 한다는 점은 새삼 강조할 필요조차 없는 '점'이다. 귀중한 일을 귀중한 가치로 이뤄 나가려면 그만큼 귀중한 시간을 쏟아 피나는 노력을 기울이지 않으면 안 된다.

간절히 구하던 일을 별다른 무리 없이 성취하려면 언제나 처음 먹었던 마음을 그대로 지켜 나가야 한다는 큰 메시지를 담은 글자가 곧 '卜'(점 복)에 '中'(가운데 중)을 붙여 만든 '用'(쓸 용) 자이다.

간절히 구한 것을 제대로 성취 못하는 까닭은 그 구함이 무가치한 것이기 때문일 수도 있겠으나, 그보다는 성취하려는 노력의 과정에서 중심을 잃었기 때문에 얻지 못하는 예가 태반이라는 점을 여실히 보여 주고 있는 글자다.

爻 엇갈릴 효
음양이 서로 엇갈려 있는 모양

〈주역〉의 본디 쓰임은 음양 두 가닥으로 얽힌 것을 찾아 길흉을 점쳐 보는 미래 예측에 관한 점의 방법으로부터 등장한 것이다. 그런 점 중에서 가장 큰 관심은 백성을 다 다스리는 지붕의 용마름과도 같은 최고의 지도 자, 즉 제왕이 되는 길을 제시한 것으로부터 비롯되고 있다.

모든 상황은 음양이 서로 엇갈리는 무늬로부터 길흉이 나눠질 수밖에 없는데 이처럼 음양으로 엇갈리는 무늬 자체를 그대로 본떠 만든 글자가 곧 '爻'(본받을 효)라는 글자다. 하늘처럼 높은 존재인 군주는 양과 양이 계속해 엇갈려 나오는 모양, 바로 그것일 수밖에 없다.

군주를 상징하는 '하늘'로 오르는 길을 제시한 것이 '乾'(하늘 건)의 여섯 가지 무늬, 즉 육효(六爻)인데 이를 집약해 풀이하면 맨 처음은 '잠룡'(潛 龍)이요, 다음은 '현룡'(見龍)이며, 셋째 단계는 용의 자질을 갖추는 부단 한 노력 그 자체며, 넷째 단계는 용이 날기 위한 도약이라 하였다.

아무리 용꿈을 지닌 장래의 제왕이라 할지라도 맨 꼭대기를 바라는 자 는 맨 처음부터 함부로 경거망동하지 말고, 밖을 관망하며 잠자코 자리 만을 노리라는 말이다. 아직 힘을 얻지 못한 처지에서 "넘치는 생각은 한 갓 정신만 상할 뿐이요, 헛된 행동은 도리어 재앙만 불러들일 따름이다." (濫想徒傷神, 妄動反致禍)라는 말이다.

그러나 마냥 잠자코 있을 수는 없다. 기회가 오면 이를 놓치지 말고 일어나 천지사방으로 자신을 알려야 할 것인데 다만 이때에 반드시 자신을 키워 낼 큰 스승을 만나야 한다. 천하를 두루 감싸고자 하는 제왕이 되려면 그만큼 큰 용량을 가진 큰 스승의 가르침 아래 큰 공부를 해내지 않으면 안 된다. 용은 물을 만나야 비로소 용이 되는 법, 일단 큰물을 얻은 용은 마음껏 크게 뛰어 자신의 용량을 힘껏 시험해 볼 것이다.

이런 공부를 마친 뒤에야 비로소 용트림 끝에 하늘에 오를 수 있으니, 물과 땅을 벗어나 하늘을 나는 용은 하늘을 날고 있는 만큼 반드시 제멋대로 날려 들지 말고 여태껏 다듬어 쌓은 자신의 역량을 다시 큰 스승의 가르침에 따라 자연스럽게 비상을 곱게 펼쳐 나아가야 한다.

이처럼 잠룡에서 비룡(飛龍)으로의 발전단계에 이르는 길흉의 무늬는 '潛龍', '萌生'(맹생), '努力'(노력), '跳躍'(도약)의 과정을 거치지 않으면 안 된다는 것이며, 비룡에서 물러난 '亢龍'(항룡)에 당해서는 일단 하늘을 벗어난 자리이기 때문에 剛柔兼濟(강유겸제)의 겸손함으로 돌아가야 '亢龍有悔'(항룡유회; 끝까지 오른 용은 뉘우침이 있음)라는 '끝남의 고독'을 당해 낼 수 있다는 것이다.

모든 사물은 태어날 때부터 각각 제 나름대로 무늬를 타고 태어났다. 하늘의 별들도 반짝거리는 무늬(결)로 깜박거린다. 공중에서 떠도는 바람결도 그대로 출렁거리는 물결이 된다. 빛을 지닌 별은 빛날 때에는 '짝—' 하고 크게 보이더니 순간 '반—'으로 작게 보인다. 물결도 '출—' 할 때는 높더니 '렁—' 할 때는 낮아 보인다. 반짝반짝이나 출렁출렁과 같은 형용사는 다 같이 가락을 지닌 말들이다.

이같이 눈 깜박일 사이에 때때로 달라지는 상황은 그저 하나가 하나로 곧게 진행된다 할지라도 '하나'의 진행에는 반드시 작용과 반작용이 엇갈려 있기 마련이다. 이처럼 작용(양)과 반작용(음)이 엇갈려 나오는 무늬(결) 모양을 '爻'라 말한 것이다.

目 눈 목
흰자와 검은 동자를 본뜬 모양

눈은 보는 것을 주관하는 감각기관으로 이를 '감찰관'(監察官)이라고도 한다. 사물을 있는 그대로 보기도 하고, 또는 겉만이 아니라 좀 더 자세히 살피기도 하는 것이 곧 '눈'이라는 말이다.

이 세상 모든 것을 두 종류로 나누자면 눈으로 보이는 것과, 눈으로는 볼 수 없는 것이 있다. 눈으로 보아야만 볼 수 있는 것은 모양과 색깔을 지닌 유형물이요, 눈을 통해도 도저히 볼 수 없는 것은 모양도 없고 색깔도 없는 무형물인 것이다.

산이니 바다니 꽃이니 나무니 하는 형색을 지닌 것들과 같은 물질명사는 단순히 눈으로 보아 그 존재를 알 수 있지만, 사랑이니 우정이니 진리니 하는 것들과 같이 추상성을 지닌 명사는 반드시 눈을 통해 확인할 수 있는 것만은 아니다. 오히려 눈으로 볼 수 없는 것을 보려고 하면 눈을 지그시 감아야 겨우 떠오른다.

속담에 "눈이 눈을 못 본다."고 하였다. 자신의 눈으로 자신의 눈을 도저히 볼 수 없듯이 자신의 결함을 자신이 발견하기는 어렵다는 말이다. 눈을 크게 뜨고 보아야 할 것이 있고, 눈을 지그시 줄이고 보아야 겨우 볼 수 있는 것이 있으며, 아예 눈을 감고 보아야 보일까 말까 하는 것들이 있다.

사람의 눈이라는 뜻을 지닌 '見'(볼 견)은 '본다'는 뜻과 더불어 보이는 것이 '나타나 있다'는 뜻도 있다. 전자는 내가 직접 눈을 뜨고 본다는 주관성을 지닌 말이라면, 후자는 보이는 것이 나타났기 때문에 볼 수밖에 없다는 말로, 보이는 객체에 중심을 둔 말이다.

눈에 손을 얹어 만든 '看'(볼 간)은 그저 보이니까 본다는 말이 아니라 보이는 어떤 사물의 겉에서 나오는 빛을 가리고, 그 사물 안에 갊아 있는 본질적 바탕을 자세히 살펴본다는 말이다.

속담에 '백문이 불여일견이라.'(百聞不如一見)는 말은 백 번 들어야 직접 보는 것만 못하다는 말이다. 눈은 흰자위와 검은 동자가 중복되어 있으면서도 하늘의 일월처럼 좌우 양쪽에 있으니 귀를 통해 듣는 것보다 직접 눈으로 봄이 더욱 중요하다는 말이다.

눈은 반드시 동물이나 사람의 머리에 달려 있는 것만은 아니다. 식물에도 눈은 있다. 즉, 식물의 눈은 '相'(서로 상)이라는 글자다. 이 글자는 두 갈래로 풀 수 있다. 첫째, 사람의 눈을 통해 보이는 나무라는 뜻으로 이는 나무가 곧 멀고 가까운 거리감을 가늠하는 표준이 된다는 말이다. 둘째, 나무의 눈이라는 풀이로 우선 종류에 따라 약간 다르기는 하나 감자 씨에 있어서의 싹은 곧 전후좌우 그리고 상하를 망라하여 여러 군데에 걸쳐 있기로 일단 '相'이요, 나무도 또한 그 줄기나 가지마다 다 싹이 터 나오는 눈이 서로 상대를 이루고 돋아나기 때문에 '相'이라는 말이다.

사람이 멀고 가까운 거리감을 쉽게 감지할 수 있는 대상물은 나무일 수밖에 없으므로 가로수를 심기 마련이요, 식물은 이미 땅속에서부터 제법 너른 뿌리를 뻗어야 할 뿐 아니라, 땅위로 줄기를 뻗고 가지를 뻗어 나갈 때에도 좌우상하가 다 균형을 이뤄야 하기 때문에 많은 싹들이 상대지어 있을 수밖에 없다.

이같이 전후좌우 상하를 가늠하는 기능을 지닌 동물이나 사람의 눈도 실은 두 개가 서로 바른 간격으로 상대 지어 있어야 원근고저를 제대로 가늠할 수 있는 것이다.

眉 눈썹 미
눈 위에 눈썹이 둘러진 모양

　눈(目) 위에 둘러쳐진 섭을 일러 '眉'(눈썹 미)라 한다. 눈썹은 이마와 눈 사이를 가르며 눈으로 들어가는 땀을 막아 주는 역할을 할 뿐 아니라 눈과 더불어 얼굴 전체의 생김을 좌우하기 때문에 개개인의 인상을 가늠하는 데에도 중요한 몫을 차지한다. 그래서 '이마'(題)와 '눈'(目)을 짝지어 '제목'이라 하고, "북한산과 한강은 서울의 眉目이다."라고 말하기도 한다.

　흔히 얼굴을 가늠하는 관상가들은 사물을 보고 판단하는 눈을 '감독관'(監督官)이라 하고, 눈 위에 붙은 눈썹을 '보수관'(保壽官)이라 하여 눈썹이 나고, 또 눈썹이 변하는 상태에 따라 그 사람의 수명을 가늠할 수 있다고 하였다. 감정의 높낮이가 많은 사람은 아무래도 오래 살 수 없고, 그 높낮이가 적은 사람은 천명을 다 누릴 수 있다고 여겼기 때문이다.

　그 한 예로 지나친 노여움을 지니면 눈이 커지는 반면 잘못을 진실로 뉘우치는 사람은 눈을 지그시 감기 마련이다. 눈썹은 바로 눈을 보호하는 둥근 뼈에 자리하고 있는데 이 뼈를 일러 눈을 감싸는(輔) 뼈(骨)라 하여 일명 '輔骨'(보골)이라 한다. 노여움이나 잘못이 많은 사람은 이 '輔骨' 위의 눈썹이 성할 수 없을 것이요, 성하지 못하면 눈썹이 자주 빠져 정상을 벗어날 것이다.

　수명의 장단은 뭐니 해도 감정의 여하에 있는 것이다. 오래도록 평상심을 여의지 않는 자는 오래 살 것이고, 감정의 높낮이가 많은 사람은 그만큼 수명이 짧을 것은 명확한 일이다. 그림 속에 나타난 신선의 눈썹은 굵고도 길고, 여느 사람도 굵은 눈썹이 쭉 뻗어 있으면 자랑삼아 아끼는 까닭도 바로 이 때문이다.

옛사람 다섯 형제 중 흰 눈썹이 쭉 뻗친 그중 한 사람을 두고 '白眉'라 하여 같은 무리 중에서도 뛰어난 자를 일러 '白眉'라 하였다. 예를 들면 우리의 고전문학 중 〈춘향전〉은 고전 중의 '白眉'라, 그 수명 또한 오랠 것은 스스로 밝다고 말할 수 있다.

따라서 전통적인 기법으로 장수를 상징하는 신선을 그릴 때에는 반드시 그 눈썹이 한 가닥이라도 파격적으로 뻗어나 있는 모양을 그려 내야 올바른 신선이라 여겼다. 신선은 대개 독신인 경우가 많다. 가족이 많은 이는 그만큼 스트레스가 많고, 스트레스가 많으면 장수할 조건에서 벗어나기 때문이라 여겼다.

도가적인 수련의 목표는 효도보다는 자신의 심신수련을 통해 되도록 풍진세상을 빨리 벗어나 하늘로 승천하는 진인이 되는 것이 최상의 목표다. 이런 목표 아래 어쩌면 방해가 되는 것은 자신을 끈끈한 인간관계로 묶고 있는 주위의 어쩔 수 없는 환경이다. 그중 차마 떼려 들어도 뗄 수 없는 환경이 가족이요, 나아가 부모형제라는 것이다. 그런데 그중에서도 부모는 그래도 나를 이해할 수 있는 어른이지만, 형제는 부모보다 더 큰 이해를 바랄 수 없는 존재다.

어쩌면 형제는 나와는 경쟁관계일 수도 있고, 혹은 쉽사리 도외시할 수도 없는 묘한 관계이다. 그래서 형제의 잘못에 대해서는 눈을 크게 뜨고 분노했다가도 지그시 감고 참아야 하는 경우가 많을 수 있다.

이런 면에서 눈썹이 상한 곳이 없고 가지런한 자는 장수할 하나의 기본적인 조건이 되기 때문에 일컬어 눈썹을 '보수관'이라 이른 것이며, '백미'야말로 가장 수명이 긴 경쟁력 있는 작품이라는 말이다.

 盾 방패 순
무기로부터 머리를 보호하는 방패

싸움이란 다른 것이 아니다. 상대를 제압하기 위해 '기'를 쓰고 싸우는 것이 곧 '싸움'이기 때문에 어떻게 하면 효과적으로 상대의 '기'를 꺾어 쓰러트릴 것인가 하는 것이 싸움을 승리로 이끌 수 있는 가장 중요한 문제인 것이다.

그런 방법 중 가장 효과적인 방법이 곧 상대방의 '기'를 꺾기에 가장 쉬운 방법으로써 상대를 에워싸는 일을 들 수 있다. 이런 뜻에서 '싸움'의 묘수는 바로 '쌈'이며, 이 '쌈'이야말로 상대의 기를 꺾어 버려 움츠리게 하는 데 가장 빠른 방법이다. 그렇기로 '싸움'이란 곧 '쌈'을 말한다.

이 '싸움'에서 가장 중요한 것은 내가 상대의 '기'를 꺾느냐 아니면 상대방이 나의 '기'를 꺾느냐 하는 것이 승패의 갈림을 가누는 기준이기 때문에 '기'(깃발)를 앞세우고 싸우는 것이 보통의 싸움인 것이다.

'기'가 꺾이어 깃발이 쓰러지면 질 수밖에 없는 것이오, 그렇지 않고 다행히 내가 상대방의 '기'를 꺾고 난 나머지 내 깃발이 날리면 이길 수밖에 없는 것이다. 그런 뜻에서 누구나 크고 작은 싸움, 눈에 보이거나 안 보이거나 모든 싸움에서 상대 앞에서 버젓이 깃발을 날리고자 하는 것이 인간의 바람이다.

어디까지나 '싸움'에는 나와 적이라는 상대가 있으며, 그렇기 때문에 또 한편으로는 공격과 방어라는 두 측면이 있을 수밖에 없는 것이다. 적극적인 공격만으로도 이길 수 없는 것이 싸움이요, 철저한 방어만으로도 이길 수 없는 것이 싸움인 것이다.

싸움에서 이길 수 있는 조건 중 하나는 공격에 뛰어난 성능을 지닌 무기도 있어야 하고, 한편 보다 효율적으로 공격을 막아 낼 수 있는 방어에 우수한 성능을 지닌 방패도 있어야 한다.

이런 면에서 상대를 찌를 수 있는 '戈'(창 과)에 이어 그보다 더 뛰어난 '矛'(세모진 창 모)가 등장하는 등 전쟁이 격화되면 될수록 무기들도 발달하게 되었는데 이런 공격적인 무기를 막아 낼 방어적인 무기로 등장된 것 중에 우수한 것의 하나가 바로 '盾'(방패 순)이었다.

그 어떤 무기가 공격해 올지라도 이를 막아 낼 두꺼운 패의 모양을 일단 그려 놓고, 그 패를 잡는 손을 붙인 뒤에 반드시 상대의 움직임을 뚫어지게 바라 볼 '눈'(目)까지를 덧붙여 '盾'이라 하였다.

더 나아가 방패를 쥐어 적을 막는 자는 반드시 사방을 두루 살펴야 한다는 뜻에서 '循'(돌 순)이라고도 하였고, 비록 상대에 몰려 달아날지라도 반드시 방패는 지니고 달아나야 한다는 뜻에서 '遁'(달아날 둔)이라 하였다.

흔히 '矛盾'이라는 말은 자가당착의 자기 논리의 늪에 빠져 헤어나지 못하는 이를 말한다. 그렇기로 자존자대도 말고 자포자기도 말아야 말은 길지 않은 법이다.

盾

自 스스로 자

숨 쉬는 코의 모양

현실적으로 '나'라는 것은 곧 '나의 몸'을 말하고, 내 몸에서 가장 중요한 부분은 '얼굴'이며, 이 얼굴에서 가장 중요한 부분은 입이나 눈이 아닌 '코'다. 그도 그럴 것이 얼굴의 가장 중심에 있기 때문에 중요하기도 하지만 눈은 안 보여도 살 수 있고, 입은 며칠 동안 안 먹어도 살 수 있으나 코는 잠시라도 숨을 쉬지 않으면 살아갈 수 없다.

얼굴의 가장 중심에 붙어 있으면서 그 생긴 모양은 우선 첫째 '오뚝'하고, 그 기능으로 보면 그 무엇보다도 '크다'고 여길 수밖에 없기 때문에 '오뚝하면서도 크다' 즉 '크고도 오뚝하다' 하여 이른바 '코'라 하였다.

따라서 결과적으로, 첫째, 내 몸의 대표가 될 수밖에 없는 것은 바로 '코'이기 때문에 '나'라는 뜻을 지녔으며, 둘째, 코가 하는 일로 숨 쉬는 일은 쉬려는 의지나 멈추려는 의지가 따로 있을 수 없고, 오직 의지와는 달리 여건이 허락되는 한, 스스로 그렇게 쉴 수밖에 없기 때문에 '스스로'라는 뜻으로 쓰이게 되었다.

그래서 "내 자신을 살피라."는 말도 '자아성찰'(自我省察)이라 하고 "내 스스로 말미암아 나가라."는 말도 '자유'(自由)라 하였으며, "나도 좋고 남도 좋게 살라."는 말도 '자리리타'(自利利他)라 하였다.

흔히 "밥값을 하고 살라."고 말하지만 밥값을 따지기 전에 숨 쉬는 값을 하고 살면 밥값도 그 속에 포함되는 것이며, 언필칭 '자유'를 부르짖지만 되도록 '나도 좋고 남도 좋게 살아가는 좋은 방법'을 찾아 나서면 자연히 자신의 자유도 그 속에서 얻어지는 것이다.

나도 숨 쉬고 살고 동시에 남도 숨 쉰다는 사실을 항상 잊지 말아야 할 것이며, 내가 이롭지 못하면 남도 또한 이롭지 못할 것이라는 점을 염두에 두고 살면 나도 남도 다 같이 재미있게 살아갈 수 있을 것이다.

그런데도 불구하고 남의 숨은 어찌 되었던 간에 나 혼자만 고르게 숨 쉬려 들고 남이야 숨이 가쁘든 말든 도외시하고 살아간다면 끝내 그런 사회는 오히려 나도 남도 다 한꺼번에 숨 막히는 사회가 되고야 만다. 그러니 문제는 굳이 남에게만 있는 것이 아니라 우선 '나'에게 있는 것이 아닌지 잘 살필 필요가 있다.

이런 점에서 공자가 "자기가 하고 싶지 않은 일을 남에게 베풀지 말라." (己所不欲 勿施於人)〈논어〉는 말씀은 제자 중궁에게 설파하신 '어짊'의 기본에 대한 말씀이며, "자기가 서고자 하면 먼저 남을 세우고 내가 통달코자 하면 먼저 남을 통달게 하라."(己欲立而立人 己欲達而達人)는 말씀은 제자 자공에게 '어짊'을 적극적으로 실천하라는 권장의 말씀이다.

동물이나 사람이나 목숨을 지닌 것들의 '코'는 다 같이 마치 밭의 두덩이 위에서 아래로 내려쳐져 있는 것처럼 위아래로 내려쳐져 있기 마련이기 때문에 막상 '코'라는 글자는 '自'(코의 모양)에 '卑'(낮을 비)를 붙여 '鼻'(코 비)라 하였다.

그런 뜻에서 "눈은 가로로 코는 세로로 되었음"(眼橫鼻直)이라는 말은 인간은 물론 동물까지도 생명을 지닌 것들의 모습은 이처럼 공통성을 지니듯 모든 생명들은 잘 알고 보면 평등하다는 점을 강조한 말이다.

그러하니 곧 스스로인 '나'도 참다운 '나' 스스로가 되려면 우선 먼저 모든 생명은 기본적으로 다 같이 평등한 것이라는 깨달음이 선행되어야 한다. 참다운 자유는 평등에 대한 절실한 자각으로부터 이뤄지는 법이다.

鼻 코 비

코뼈가 있어 오뚝하고도 긴 코의 모양

　코는 하늘의 맑은 기를 몸 안으로 빨아들이기도 하고, 가슴속에 담긴 탁한 기를 뱉어 내는 환풍(換風)의 역할을 한다. 동시에 냄새를 맡아 사물의 신선(新鮮) 여부를 감지하는 기관으로 일명 '심변관'(審辨官)이라 한다.

　인간을 비롯한 모든 생명체들이 삶을 이어 가는 가장 큰 두 줄기가 있으니, 코로 끊임없이 숨을 쉬어 가야 한다는 것과 입으로 하나같이 먹이를 섭취해 가야 한다는 것이다. 그래서 코와 입의 두 모양을 위아래로 맞붙여 '台'(클 태)를 '크다'는 뜻으로 썼으니 뭐가 크고 뭐가 크니 해도 '목숨'이 가장 크다는 말이다.

　똑같은 구멍새로 목구멍과 숨구멍이 있지만 숨구멍은 쉬는 일 없이 스스로 숨을 들이고 내어 하늘과의 교류를 이루고, 목구멍은 끼니마다 땅에서 거두어들인 음식물을 먹어 몸을 지탱하기로 목은 땅과의 끊임없는 교섭이 이뤄져야 한다.

　이런 맥락에서 열자(列子)도 일찍이 "숨은 하늘의 몫이요, 먹이는 땅의 몫이라."(息, 天之分也; 食, 地之分也.) 하였다. 애당초 어미의 몸속에서 몸으로 생겨날 때부터 목숨을 타고 태어났기로 '목숨의 비롯'을 '始'(비로소 시)라 하였고, 목숨이 비로소 잉태되는 부위를 '胎'(아이집 태)라 하였다. 즉, 어미도 천지(天地)의 덕으로 목숨을 유지해 가고, 새끼도 천지의 덕을 고스란히 받아 생겨났으며, 또 하나의 생명체가 나름대로의 삶을 가꿔 가려면 천지의 덕을 한시라도 저버릴 수는 없다.

삶에서 옮겨지는 죽음도 마찬가지다. 흔히 목과 숨이 끊어질 지경을 일러 '殆'(위태로울 태)라 하였고, 막상 죽음에 앞서 여태껏 하늘 덕분에 축적된 '기'(氣)는 혼(魂; 영혼 혼)이 되어 하늘로 오르고, 땅 덕분에 쌓아 온 몸집은 백(魄; 넋 백)이 되어 땅에 묻히고야 만다.

코는 중간에 코뼈가 있어서 오똑하고도 길며, 가장 중요한 숨을 관장하기로 얼굴 중에서도 가장 중심에 자리하여 '鼻'(코 비)는 코의 모양인 '自'에 '줄지어 있음'을 붙였다. 한편, 작용은 크고 생김은 오똑하니 크고도 오똑한 이 물건을 두고 '크오=코'라 이른 것이다.

〈석실비록(石室秘錄)〉은 코와 오장이 안과 밖에서 상응하는 관계가 있음을 설명하고 있다. "두 눈 사이의 명당은 심에 속하고, 명당 아래 콧대 중간은 간에 속하고, 간의 양 편은 담에 속한다. 코끝은 비장에 속하고, 콧방울은 위장에 속하고, 광대 뼈 위쪽은 신장에 속하고, 그 밑쪽은 대장에 속한다. 간이나 담 위의 아래쪽 코의 양편은 소장에 속하고, 코의 오똑한 중간을 '산근'(山根)이라 하는데 산근은 폐에 속하고, ……코밑 바로의 인중은 방광과 상응한다."

〈소문(素問)〉이라는 의학서에 따르면 "코는 밖으로 드러난 폐의 구멍이라"는 것이다. 코가 납작하면 '기'가 적을 수밖에 없고 콧대가 높으면 의기양양할 수밖에 없다는 말이다.

즉, 코는 얼굴의 중심에 자리하여 오장의 정기가 모이는 곳이고, 코뼈는 심폐와 상응되고, 그 주위는 육부를 나타내며, 코의 하부는 생식과 상응된다는 말이다. 그렇기로 귀 좋은 이는 선천적인 부자일 따름이나 코 좋은 부자는 후천을 이루는 부자일 수밖에 없다는 것이 일반적인 정설이다.

얼굴의 중심에 붙어 크고도 오똑한 값어치 있는 오관 중의 하나가 다름 아닌 크오=코라는 점은 매우 흥미로운 말이다.

習 익힐 습
끊임없이 날갯짓을 하여 익히다는 뜻

인간이 삶을 살아가는 동안 익혀 나가는 것은 한둘이 아니다. 맨 먼저 코를 통해 호흡을 익혀 가야 하고, 입을 통해 먹이를 씹어 삼키는 일을 익혀 나가야 한다. 그래서 입으로는 목구멍을 막힘없이 채워 나가야 하고 코로는 숨을 고르게 쉴 수 있도록 익혀 나가야 이른바 온전한 목숨을 유지해 나갈 수 있다.

그뿐만이 아니다. 눈으로는 오색을 분별할 줄 알고, 귀로는 각가지 소리를 들어 좋고 나쁜 것을 분별할 줄 아는 이른바 분별력을 익혀 나가야 한다. 이처럼 이목구비가 제대로 제 구실을 할 수 있고, 또 제대로 익혀 나가야 인간은 비로소 인간 구실을 할 수 있다.

물론 대부분 인간들은 본능적으로 익혀 갈 수 있는 체계가 선천적으로 다 갖추어져 있다고는 하나 그래도 먹고, 숨 쉬고, 보고, 듣는 것이 인간에게 주어진 환경에 따라 다소 익혀지는 속도도 다를 수 있고, 또한 익혀지는 양이나 질도 다를 수 있다.

즉, 보다 많은 것을 보아야 많이 익힐 수 있고, 보다 다양한 것 중에서 입맛에 맞는 것을 골라 먹어야 먹는 일 자체도 질 좋은 것들을 택하여 먹을 수 있는 것이다. 그렇기로 "사람을 낳으면 서울로 보내고, 말을 낳으면 제주도로 보내라."는 말이 나올 법하다.

생래적인 구조로 보면 본능적으로 익혀 나가는 것이 분명하기는 하나

이는 본능에 기반을 둔 것들에 대해서는 한계가 주어질 수밖에 없는 것이나 그런 본능적인 기능을 벗어난 익힘의 미학은 아무래도 '배움'이라는 일이 선행되지 않으면 안 된다.

즉, 먼저 '배움'을 통해 얻어지는 '본'이 있어야 그 '본'을 그대로 본받아 익혀 나가는 것이 익힘의 정석이기 때문에 언필칭 학습을 통한 인격의 도야나 학습을 통한 지식의 증진을 도모할 수 있다는 것이 부정할 수 없는 인간세계의 확고한 정설이다.

이런 뜻에서 공자께서도 말씀하시기를, "배우고 때때로 익혀 나가면 또한 기쁘지 아니한가?"(學而時習之, 不亦悅乎?)〈논어 제1장〉라고 넌지시 배우고 때때로 익힘을 통해 제 스스로가 마음의 양식을 쌓아 가는 기쁨을 누리어 나갈 것을 은근히 권하였다.

인간이 이 세상을 살아가는 동안 물질적인 축적을 통해 얻는 성취감도 있겠고, 또는 이 사회 속에서 어떤 공헌이나 봉사를 통해 얻는 부듯함도 있을 수 있겠다.

그러나 제 스스로 만끽할 수 있는 기쁨 중의 하나로 배우고 익히는 일을 통한 기쁨을 들어 말하는 것 자체가 그중에서도 학습을 통해 얻는 기쁨이야말로 그 어떤 것을 통해 얻는 기쁨보다도 더 큰 기쁨을 얻을 수 있다는 것이니 그 까닭은 물질적 성취감에 길을 들이다 보면 탐욕을 증장시킬 수 있고, 이름을 드러내어 얻어지는 성취감은 "말 타면 경마 잡히고 싶다"는 식으로 만족을 향한 끝없는 불만의 시작일 수 있기 때문이다.

그래서 주자와 같은 큰 선비도 일시적인 부귀영화를 크게 여기지 않고 오직 "깨달음을 통한 마음속의 참다운 유일한 자부심"(心獨喜自負)를 가장 귀중한 가치로 여겼던 것이다. 이름으로 얻어지는 기쁨은 자칫 교만으로 이어질 수 있고, 물질 취득에서 얻어지는 기쁨은 자칫 만족을 모르는 불행으로 치닫는 시작이 될 수 있다.

羽 날개 우
새의 터럭으로 날개를 말함

　새는 마음대로 공중을 난다. 그들이 마음대로 나는 까닭은 우선 날개가
있기 때문이며, 또 하늘이 무한히 비어 있기 때문이다. 이는 마치 물고기
가 물속에서 마음대로 헤엄치는 것과 조금도 다를 바가 없다. 물고기는 배
속에 공기를 저장하는 '부레'가 있고 지느러미를 갖췄기 때문에 자유롭게
헤엄칠 수 있다.

　어느 것이나 바탕이 제대로 마련되어 있어야 날기도 하고, 또는 뛰기도
할 수 있는 법이다. 그래서 옛말에 "물고기는 물이 거침없이 넓다는 것으
로 인하여 온 힘으로 뛰고, 새들은 하늘이 비었다는 것을 믿고 마음대로
난다."(魚因水濶全心躍, 鳥恃天空任意飛)고 일렀다.

　뛰는 놈 위에 나는 놈이 있다고 부러워하며 뛰는 놈과 나는 놈을 바라
던 인간들이 제 스스로 머리를 써서 뛰는 것과 나는 것을 발명해 내어 오
늘날에는 저들을 군이 부러워할 것 없이 마음대로 날기도 하고 뛰기도 한
다. 그러나 이런 발명품은 내 몸 자체에 구비되어 있는 본래의 성능이 아
니라, 저들을 부러워하다가 만든 내 몸 밖의 기계들이기 때문에 역시 언제
나 불안을 면할 수 없다. 그래서 비행기를 만들고도 '낙하산'을 만들 수밖
에 없었고, 산더미처럼 큰 배를 만들고서도 '구명조끼'를 만들 수밖에 없
었던 것이다.

　사실 이런 면에서 자세히 살펴보면 인간에 의한 발명이나 발견은 결코

완벽한 것일 수 없다. 오직 완벽을 향한 인간의 겸허한 노력이 있을 뿐, 완벽을 자부한다면 이는 '오만'이며, 대단한 '착각'일 따름이다.

뛰는 놈에게는 날개가 없으나, 날개 달린 놈에게는 제 몸을 제대로 보호할 뿔이 없는 것이 어쩌면 공평한 자연의 섭리일 것이다. 인간에게는 뿔도 날개도 없다. 다만 날거나 뛰는 놈들을 지배할 수 있는 머리가 있을 따름이다.

새를 본떠 비행기를 만들 수밖에 없었으니 사실 새의 날개나 비행기의 날개는 다 같이 한낱 날개일 뿐이다. 그런데 이 두 종류 날개 중에서 날개의 원조는 물론 새의 날개다. 그렇기로 번득이는 새의 두 날개 모양을 그대로 본떠 '羽'(날개 우)라 하였다.

날개를 번득인다는 말은 '隹'(새 추)를 붙여 '翟'(번득일 적)이라 하였고, 게다가 반드시 새가 날개를 번득일 때는 제 몸을 씻은 뒤에 하는 짓이라, 'ㆍ'를 덧붙여 '濯'(씻을 탁)이라 하였고, 날기 전에는 뛰다 날기 때문에 발로 뛰다가 날개를 번득이며 날다는 뜻으로 '躍'(뛸 약)이라 하였다.

뛰지도 못하면 날 수도 없는 법이다. 그렇기로 하늘에 관한 일을 말한 '乾'(하늘 건) 괘에서도 날기 전의 단계를 "혹 뛰어 보라"(或躍)고 하였고, 나는 일을 "나는 용이 하늘에 있다."(飛龍在天)고 하였다. 그러나 다만 뛰어서 날 수 있는 그 전 단계는 "종일토록 애타는 노력"(終日乾乾)이어야 한다고 했다.

짐승은 낳자마자 잠시 비척거리다가 뛸 수 있지만 새는 알에서 나오자마자 금방 나는 새는 없다. 일단 어느 정도 날개가 이뤄진 뒤에 점차 나는 연습을 차근차근 하다가 어느 날 비로소 자유롭게 날 수 있는 것이다. 이런 뜻에서 '習'(익힐 습)은 본디 '羽' 밑에 '自'(스스로 자)를 붙인 글자였는데 뒤에 '自'가 '白'으로 바뀌어 오늘날에는 '習'이라 쓰고 있는 것이다. 그러나 '自'와 '白'은 본디 같다.

佳 새 추
꼬리가 짧은 작은 새

공중을 마음대로 나는 새도 두 종류가 있다. 하나는 작은 새로 그 행동 영역이 짧고도 작을 수밖에 없는 새들이요, 또 다른 하나는 봉황을 비롯한 큰 새로 그 활동 범위가 넓고도 클 수밖에 없는 새들인 것이다. 그래서 큰 새는 그 모양을 다 갖춘 꼴로 '鳥'(새 조)라 하였고, 참새처럼 작은 새들은 그 형상을 대충 본떠서 '隹'(새 추)라 하였다.

같은 기러기의 예를 들어 보자. 저 멀리 하늘에 계신 옥황상제의 소리를 인간에게 전하는 '雁'(작은 기러기 안)은 주로 냇물이 흐르는 언덕에서 놀기로 '厂'(언덕 한)에 'イ'(사람 인)을 붙여 '남녀의 인연'을 사당에 고하는 '전안례'(奠雁禮)에 쓰인다.

큰 강에서 고니들과 자리를 같이하며 먹이를 먹어도 큰 물고기를 먹는 '鴻'(큰 기러기 홍)은 '江'(큰물 강)에 붙여 내 집안을 찾는 같은 손님일지라도 '큰 손님', 즉 'VIP'를 일러 '鴻賓'(홍빈)이라 하였다.

매나 독수리 같은 맹금류(鳥)들은 저보다 약한 작은 새(隹)들을 먹이로 삼는다. 이때 잡혀 먹히는 새들은 끝내 죽음에 앞서서 반드시 두 발을 앞으로 내밀면서 저항하기 때문에 '推'(밀 추)라 하였다.

새들이 걸어 나가는 것을 자세히 살펴보면 결코 뒷걸음질 치는 법은 없다. 오직 앞을 향해 나아갈 따름이다. 이런 뜻에서 '辶'(갈 착)에 '隹'를 붙여 '進'(나아갈 진)이라 하였다. 그렇기로 '推進'이라는 단어의 깊은 속뜻은 장애를 손써 물리치며 오직 목표를 향해 앞으로 나아감을 말한다.

비록 작은 새매라 할지라도 저보다 큰 꿩을 잡아먹는 일은 참으로 신비로운 일이다. 처음 먹이를 발견했을 때에 그 작은 매는 두 날개를 활짝 펴 상대를 일단 제압하며 땅 위를 잽싸게 난다. 그래서 '두 날개를 펴고 날다'는 글자에 '田'(밭 전)을 붙이면 '奮'(떨칠 분)이 되고 다시 '寸'(마디 촌)을 붙이면 '奪'(빼앗을 탈)이 된 것이다.

힘이 좋고 자신이 있는 것들은 단독생활을 해도 충분하지만 힘없는 것들은 모여 살기 마련이며, 짝지어 살기 마련이다. 그래서 새 한 마리를 잡았을 때에는 단지 한 마리일 뿐이라는 점을 강조하여 '隻'(외 척)이라 하였지만, 두 마리를 잡았을 경우에는 '雙'(쌍 쌍)이라 하였으니 여기서 말하는 '둘'이란 암수 한 쌍을 뜻하는 말이다.

쌍을 이룬 새들은 서로가 서로를 챙기며 외로움을 달랜다. 암컷이 수컷을 부르면 수컷은 어김없이 대답하고, 또 수컷이 암컷을 부르면 반드시 암컷 또한 대답한다. 그래서 이들의 대답을 단순히 대답이라 말하지 않고 '서로가 대답하다'는 뜻에서 '和答'이라 한다.

이런 뜻에서 '隹'에 '口'를 붙여 '唯'(대답할 유)라 하였고, 이들의 대답은 그저 단순한 대답이 아니라 '和答'이기 때문에 부름에 오직 대답이 있을 뿐이라는 점에서 '唯'는 한편 '오직'이라는 뜻으로도 많이 쓴다.

부름이 있을 때마다 오직 대답이 있는 것이 작은 새들이 서로를 아끼며 살아가는 삶의 좋은 방법이다. 그런데 사람들은 하나가 물으면 다른 하나가 오직 대답을 잘하는지 않는지 잘 살필 일이다. 행여 무리한 물음을 던졌기에 대답하지 않든지, 대답할 필요조차 없는 말을 던졌기에 대답하지 않든지, 일단 대답이 없으면 대답을 듣고 싶은 자는 언제나 '답답'할 뿐이다. 비록 대답할 가치가 없더라도 일단 '예−' 하고 대답하는 것이 '禮'(예도 예)가 아닌가 싶다.

농부와 새와의 관계는 유별난 관계가 있다. 곡식을 축내는 참새도 있고, 과일을 쪼아 농부에게 해를 끼치는 까치도 있다. 집안 처마 끝에 집을 짓고 사람에게 의지해 살면서 해충을 잡아먹는 제비는 아주 고마운 새에 속한다.

그러나 별다른 이익도 없고 해도 없으면서 오랫동안 물가나 논두렁에 서서 좌우로 눈을 부지런히 돌려 가며 먹이를 찾는 '황새'는 농사에 큰 해도 없고 이익도 없는 새라 할지라도 농부들과 가장 친근한 새라 말하지 않을 수 없다.

농로 한 길가에 버티고 서서 마치 길을 가로막고 있듯이 큰 키를 자랑하며, 제법 날씬한 몸매를 드러내고 무심히 서 있는 새를 일러 '鷺'(해오라기 로)라 하는데 이와는 또 달리 고상한 기품은 없지만 그래도 소박한 농부와 격을 같이 하는 '황새'는 우리네 정서에 녹아 든 새다. 그도 그럴 것이 우선 '흰 해오라기'(白鷺)라 하면 귀족적 취향을 띤 새로 불철주야 농사짓는 일에 바쁜 농부와는 거리가 먼 것 같은 감이 있다. 그러나 '황새'라 하면 우선 물코 위에 앉아 긴 목을 수그리고 눈을 좌우로 부지런히 움직이며 먹이를 찾는 모습이 꼭 농부의 부지런한 일과와도 흡사하기 때문에 더욱 정답게 여겨진다.

이처럼 좌우로 눈을 부지런히 움직이면서 날랜 물고기를 들여다보는 새를 일러 '雚'(황새 관)이라 하였는데 이런 경우 두 '口'는 좌우로 번득이는 눈을 나타낸 것이요, 그 위에 그어진 두 획은 머리 위에 돋아 있는 벼슬을 나타낸 것이다.

이 황새가 앉아 있는 중요한 포인트는 저들의 먹잇감들이 많이 모이는 물코이기 때문에 '灌'(물댈 관)은 도랑물이 논으로 흘러드는 '물코'를 뜻하는 글자이며, 그곳에서 언제나 날랜 물고기를 뚫어지게 본다는 뜻에서 '觀'(볼 관)은 그저 보이니까 본다는 말이 아니라 날랜 물고기를 뚫어지게 노려본다는 말이다.

따라서 '觀'이라는 글자는 '見'(볼 견)과는 전혀 차원이 다른 글자다. 우선 '見'은 사물이 보이니까 본다는 식으로 내가 사물을 '본다'는 측면과 사물이 나타나 있으니까 볼 수밖에 없다는 식으로 '나타나다'는 뜻을 지닌 측면이 있다.

그렇지만 '觀'은 빠르게 움직이는 날랜 물고기를 일심정력을 다해 노려보다가 재빨리 낚아채지 않으면 오히려 황새 자신이 먹이를 놓치고야 만다는 절박한 생존의 문제가 주어진 것이기 때문에 심혈을 기울여 노려볼 수밖에 없다.

이런 뜻에서 '觀'이란 '察'(볼 찰)과도 거의 맥락을 같이하는 글자다. 즉, '察'이란 조상을 모신 사당 안의 제사상 차림이 제대로 잘 되었는가를 꼼꼼히 살핀다는 뜻이다. 만약 조금치라도 그 차림이 소홀하면 곧바로 화를 받기 마련이기 때문이다.

황새가 당장 살아가기 위해 일심정력을 다해 먹이를 노린다는 '觀'이나 사람이 장래의 화복이 달려 있는 제사상 차림을 꼼꼼히 살핀다는 '察'은 본질적인 면에서 서로 일맥상통하는 뜻이 있다.

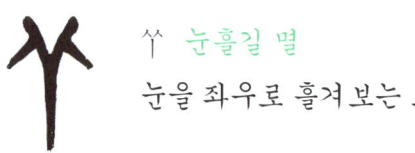

↑ 눈흘길 멸
눈을 좌우로 흘겨보는 모양

　사람이 사람을 대할 때나 사물을 대할 때에 바르게 본다는 말은 우선 몸을 바르게 하고 정면으로 눈을 똑바로 하여 눈여겨본다는 말이다. 그렇지 않고 몸도 바르게 갖지 않고 정면으로 정색하지 않은 채 눈을 좌우로 돌리며 본다는 것은 상대를 무시하는 태도라 여겨 왔다.

　그래서 일단 아무런 관심을 두지 않고 상대를 바라보거나 정면정색을 하지 않은 채 상대방을 주의 깊게 보지 않는 것을 일러 ‘無視(주시하지 않는다)한다고 말하였다.

　또 한편 이처럼 상대를 무시하는 것은 눈동자가 상대의 눈동자를 피해 가며 속으로야 어찌 되었던 겉으로는 눈을 굴려 흰자위로만 보는 둥 마는 둥 하는 태도로 보기 때문에 이를 일러 ‘白眼視(흰자위로만 주시해 본다는 뜻)한다고 하였다.

　그렇다면 왜 사람은 상대를 멸시하거나 백안시하는 것인가? 일단 멸시해도 아무렇지도 않다는 경솔한 생각에서 멸시하는 수도 있고, 또 한편으로는 백안시할 필요를 느낄 때에 그렇게 보는 경우도 있을 것이다.

　눈이란 곧 마음의 창문으로 눈을 통해 서로의 마음을 읽어 낼 수 있다. 자신의 눈이나 얼굴의 표정과 같은 것들은 감쪽같이 숨겨 두고 다만 상대의 감정 상태만을 훔쳐보아야 할 필요를 느끼고 있을 경우에 그렇게 보는 경우가 상대를 백안시하거나 멸시하기 마련이지만 이 같은 태도는 결코 바람직한 몸가짐이라 말할 수 없다.

눈을 좌우로 돌리면서 상대를 흘겨보는 모양을 오늘날에는 '蔑'(업신여길 멸)이라 하는데 애당초에는 '蔑'에서 '戍'을 제외한 글자로 '目不正也'(눈을 똑바로 하지 않음)라는 뜻으로 썼다가 뒤에 '戍'(돌 술)을 덧붙여 눈동자를 돌려 흘겨본다는 말이라 하였다.

아무튼 상대를 앞에 두고도 업신여긴다는 말은 과거 신분사회에 있어서는 흔히 용납될 수 있었던 일이라 말할 수 있지만 이미 그 당시에도 "왕후장상이 어찌 종자가 따로 있으랴?"라는 인간 본연의 자각이 이미 싹튼 이후로부터 사실 멸시나 백안시는 근본적으로 있을 수 없는 일이라 말할 수밖에 없다.

상대를 깔본다는 뜻은 어디까지나 내려트려 본다는 뜻이며, 더 심한 표현으로는 없는 듯 본다는 뜻이기 때문에 '蔑'이 지니는 소리 역시도 '滅'(없앨 멸)이라는 글자와 서로 통한다. '滅' 자 또한 불은 물을 없애고, 물은 불을 없앤다는 뜻이다.

물은 불을 없애고, 불은 물을 없앨 뿐이듯, 하나가 다른 하나를 멸시하다 보면, 그 멸시를 당하는 이는 멸시하는 이를 또한 멸시하기 마련이라는 참다운 뜻이 이 "'蔑'은 '滅'이다."는 말 속에서도 찾을 수 있다.

진실과 진실의 교류는 정면정색으로 서로 소통하는 눈동자의 마주침에 있다. 그렇기로 옛 여인이 정든 님을 멀리 떠나보낼 때에 읊은 시 가운데 "눈물 머금은 눈이 눈물 머금은 눈을 바라보고, 애끊는 이가 애끊는 이를 마주했네."(含淚眼看含淚眼, 斷腸人對斷腸人)라는 애절한 구절은 가장 간단하면서도 서로의 심중을 잘 드러낸 말이다.

羊 양 양
뿔과 머리 몸통과 네 다리의 모양

가축은 그 종류에 따라 키우는 목적이 각각 다르다. 개는 집을 지키고 짐승을 사냥하는 데 유용하고, 소는 밭을 갈고 짐을 운반하고, 돼지는 다만 제사의 제물로 바쳐진다. 그중에서 털을 깎이고 맛좋은 고기를 제공하는 것으로 양을 빼놓을 수 없다.

양의 특징은 여러 가지로 살필 수 있다. 그 모양을 살피면 몸집에 비하여 뿔이 장하고, 초식동물로 비교적 통통하며, 다른 짐승들과는 달리 눈 뜨는 것이 독특하여 얼른 느끼기에 옆을 크게 의식하지 않는 듯하다. 그런데 더욱 그처럼 도도하게 느끼는 까닭은 아마 긴 수염이 있어 위엄차게 보이기 때문인지도 모른다.

아무튼 통통한 몸(大)을 지닌 양을 두고 아름할 만한 가치가 충분하다는 뜻에서 '美'(아름다울 미)라 하였고, 턱 밑에 위엄찬 긴 수염을 단 채 고집스럽게 보이는 눈을 지녔기로 양이 좌우(艹)를 두리번거리며 눈(目)을 돌리는 모양(戌; 돌 술)을 두고 '蔑'(업신여길 멸)이라 하였다.

그 어떤 고기보다도 가장 맛좋은 고기를 양이라 여겼기 때문에 양고기만 보면 배가 부르거나 고프거나 먹고자 한다는 뜻에서 '羨'(부러워할 선)은 양에 '침 흘리다'는 뜻을 덧붙인 것이며, 조상에게 맛좋은 양고기를 바치면 상서로운 일이 생긴다는 뜻에서 '祥'(상서로울 상)이라 하였다.

같은 짐승도 두 종류로 나눌 수 있다. 개나 호랑이 같은 동물은 단독으로 살아가는 것이 상례지만, 양들은 무리 지어 살아간다. 단순히 무리만 지어 살아가는 것이 아니라, 사자처럼 반드시 우두머리를 중심으로 무리 지어 질서정연하게 살아간다.

그래서 아무리 많은 양떼라 할지라도 날이 저물면 그 양떼를 몰아대는 양치기의 지시대로 순순히 우리(口) 속에 든다는 뜻에서 '善'(착할 선)이라 하였다. '우리'를 뜻하는 '口' 위의 글자는 본디 '羊'자를 세 번이나 겹친 글자였는데 지금은 '羊'에 '艹'(이십 십)을 붙인 것이다. 이런 뜻에서 '착하다'는 말은 본디 '着하다'는 뜻이라, 즉, 조상의 뜻에 잘 따라 주다는 말이다.

누구나 다 후손을 둔 조상들은 후손에 대한 간절한 바람이 있기 마련이다. 그 바람에 따르고 못 따르는 것은 후손의 타고난 선천적 자질과 후천적인 노력 여하에 달려 있는 것이다. 어떤 이들은 조상의 뜻에 부응치 못하면 으레 조상 탓으로 돌리고, 다행히 조상의 바람에 착하고 보면 그것은 조상의 은덕이 아니라 자신의 노력이나 능력이 뛰어났기 때문이라고 제 스스로가 자신만을 부추겨 세우는 자도 있다.

이 세상 어느 누구도 부모보다 위에 있는 이는 없는 법이다. 부모의 은혜를 다 보답했다고 큰소리칠 자는 이 세상에 하나도 없다. 부모나 조상은 나에게 삶의 깊은 뜻을 남겨 주셨을 뿐 아니라, 성취하거나 못하거나, 하고 못하는 나까지도 물려주신 더 큰 은혜가 있다는 점을 잊어서는 안 된다.

만물의 부모는 천지요, 나의 부모는 그 큰 천지 속에서도 또한 나의 부모이며 조상이다. 그러니 되든 안 되든 간에 '조상 탓'은 불효 중의 불효요, 불선 중의 가장 큰 불선인 것이다.

한나라 명장 마원(馬援)은 말하기를 "종신토록 선을 행했을지라도 선은 오히려 부족하고, 하룻날 악을 행했을지라도 악은 스스로 남음이 있다."
(終身行善, 善猶不足. 一日行惡, 惡自有餘)〈명심보감〉라고 하였다.

瞿 놀랄 구

새가 눈을 두리번거리는 모양

새는 공중을 난다. 그렇기 때문에 제 몸무게를 최소한 가볍게 타고나지 않으면 안 된다. 그래서 뼈가 굵을 수도 없다. 물에서 노는 물고기들은 비늘이 몸을 싸고, 몸속에 부레가 있어서 물 위로 뜰 수 있어야 한다. 그러나 새는 비늘 대신 가벼운 깃털이 몸을 감싸고, 알을 낳은 뒤 이를 공중이 아닌 땅에서 품어 새끼를 길러야 한다.

위로 오른 새들이나 물속을 헤엄치며 노는 물고기들은 각각 타고난 제 모양대로 살아가게 되어 있다. 생명체가 노는 활동 범위는 다 각각 다를망정 삶 자체는 속일 수 없이 타고난 그대로 살아가야 한다. 그래서 옛 글에도 이르기를 "솔개는 하늘에서 날고, 고기는 못에서 뛰논다."(鳶飛戾天, _{연비여천} 魚躍于淵)<중용>라 하였다.

유형한 색이 무형한 공의 위아래로 담겨 살아가는 모습에서도 우리는 "색이 곧 공이요, 공이 곧 색이라."(色卽是空, 空卽是色)는 실다운 자연의 한 현상을 그대로 볼 수 있는 것이다.

만약 솔개라는 하나의 색상들이나 물고기라는 하나의 모양들이 저 너른 공간이 없다면 뛰놀고 날 수 있겠는가를 곰곰이 생각해 보면 참으로 자연은 신비롭기 그지없다.

그러나 미끼에 눈이 먼 물고기는 낚시에 입이 찢어진 상처가 아물기도 전에 다시 미끼를 물어 끝내 자신을 망치기로 속말에 "그물로는 온 방죽

고기를 다 잡을 수 없지만 낚시로는 다 잡을 수 있다."라고 하였다.

새들만 해도 그렇다. 얄밉도록 약삭빨라 전혀 남한테 당할 수가 없을 듯도 한데 그 무엇이 두려워 좌우를 두리번거리며 끊임없이 가슴을 조이며 사는 것일까? 오직 마음을 단단히 묶어 흩트리지 않고, 좌우를 두리번거리며 살피며, 닥칠 만한 일을 미리 겁내어 조심하며, 두려움으로 공경하는 마음을 놓지 않는 태도는 조상을 섬기는 후손의 일이라 하였다.

봄이 되어 얼음이 풀리면 맨 먼저 수달도 바위 위에 물고기를 잡아 진설하고 운다고 하며, 까마귀도 커서는 도리어 늙은 어버이에게 먹이를 물어다가 바칠 줄 아는 물건이라 하여 그를 일명 '효조'(孝鳥)라 하였다.

이와는 반대로 부엉이나 올빼미 같은 놈들은 밤낮으로 새끼를 길렀으나 어미가 늙으면 구박이 자심한 물건이라 하여 그를 보면 보는 대로 잡아 나무 위에 걸쳐 놓는 습속이 있었기로 불효의 응징을 마땅히 받아야 할 새라는 뜻에서 '梟'(부엉이 효)라 하였다.

떼 지어 살아도 마구잡이로 살아가지 않고 질서정연하게 잘 살아가는 새는 바로 기러기 떼이다. 오를 때에도 질서정연하고, 들판에 내릴 때에도 질서정연하며, 떼들이 모이를 찾아 먹을 때에는 반드시 좌우에 망보는 새가 두리번거리며 떼들의 안전을 보장해 준다. 그러다가 경계해야 할 상황이 벌어지면 '끼룩―끼룩' 소리를 질러 떼들이 다시 날도록 신호한다. 그들이 날 때에는 반드시 앞장선 길잡이가 입에 긴 풀잎을 물고 행여나 그물이 있을세라 경계를 늦추지 아니하며 권속들을 빠짐없이 먼 곳까지 인솔한다. '率'(거느릴 솔)은 이를 나타낸 글자다.

그렇기 때문에 여러 형제들이 다 모여 쓰는 방에는 간혹 기러기 그림을 붙여 두어 은근히 형제간의 우애를 그림을 통해 가르치기도 하였던 것이다.

鳥 새 조
꼬리가 긴 큰 새

새를 크게 두 종류로 나누면 꼬리가 짧은 새로서 '隹'가 있고, 꼬리가 긴 큰 새를 말하는 '鳥'(새 조)가 있다. 그런데 이 큰 새는 부리와 머리와 몸통, 그리고 발자국을 그대로 본뜬 글자다.

그런데 크고 작은 모든 새들은 분명 땅을 의지해 살아가기는 하지만 대부분 낮 동안에는 하늘을 누비며 날아다닌다. 그래서 마치 풀 돋은 그 자리 위에 해가 떠서 '旱'(아침 조)가 되듯 일찍 일어나 날기 때문에 그 소릿값 자체도 '조'라 하였다.

작은 새들이 짝지어 울면 서로가 화답한다는 뜻으로 '唯'(대답할 유)라고도 하고, 또 오직 대답하기 때문에 '오직'이라는 뜻으로도 쓰인다. 그러나 큰 새들이 소리하면 '鳴'(울 명)이라 하여 '울다'는 뜻으로 썼는데 이는 개가 소리하면 '吠'(짖을 폐)라 하여 '짖다'는 뜻으로 사용하고 있음과 좋은 대조를 이룬다.

대부분 새들의 이름을 정확히 알기는 어렵다. 그렇기로 상당수 새들의 이름은 그 소리를 붙여 부를 수밖에 없다. 예를 들면 '꾀꼴꾀꼴−' 하며 울기 때문에 '꾀꼬리'라 하였고, '뜸북뜸북−' 하고 소리하기 때문에 '뜸부기' '뜸북새'라 하였다.

'구구구−' 하는 새는 '鳩'(비둘기 구), 제 주인이 아니면 반드시 '아아아−' 소리치며 끈질기게 달려드는 새는 '鵝'(거위 아), 입을 크게 벌려 어금니까지 드러나도록 '깍깍깍–' 짖어 대는 새는 '鴉'(까치 아)라 하였다.

'오리'는 제 먹이를 부지런히 찾아 온 종일 물 위에 떠서 '자아자아–' 하기로 '鴨'(오리 압)이요, '갈매기'는 무리를 지어 '꾸악꾸악–' 소리치며 바다를 누비기로 '鷗'(갈매기 구)라 하며, '고니'는 '꾸억꾸억–' 뭔가를 찾는 듯 소리치기 때문에 '鵠'(고니 곡)이라 한다.

소리만으로 새 이름을 붙인 것은 아니다. 소리와는 달리 그 고유한 성질을 본뜨기도 하였으니 그 좋은 예를 들면 사람과 가장 익숙한 '닭'을 들수 있다.

닭은 한 무더기 모이를 수북이 주어도 반드시 차곡차곡 먹지 않고 반드시 발로 '닭닭닭–' 흩어 놓고 하나하나 쪼아 먹는다. 그래서 '크다'(大), '작다'(幺)에 '발톱'(爪)을 붙여 '鷄'(닭 계)라 하였고 '닭'이라는 우리말 역시도 으레 '닭닭닭–' 헤친다는 뜻을 그대로 사용하고 있는 것이다.

새 중에서 제일 큰 새는 역시 큰 바람을 일으키는 '鳳'(봉황 봉)이기 때문에 '바람'(風)을 붙였고, 세상이 어지러우면 어지러울수록 봉황이 나타나기를 간절히 바랐던 것이 아닌가. 천년을 굶주려도 그 굶주림을 참아 내면 참아 내었지 결코 좁쌀 따위는 안중에도 없는 게 바로 봉황이다.

그래서 장자는 봉황을 두고 이르기를 "벽오동이 아니면 앉지 않고, 요천의 맑은 물이 아니면 마시지 않고, 죽실이 아니면 먹지도 않는다."(非梧桐不棲, 非澆川不飮, 非竹實不食)라 하였다.

봉황은 새 중의 왕으로 위대하기도 하지만 그 봉황을 어김없이 잘 받쳐 주는 오동도 참으로 고상한 나무다. 이런 뜻에서 "매화는 일생 동안 차가운 속에서 꽃을 피우니 그 향기를 함부로 내지 않고, 오동은 천년을 늙어도 언제나 가락을 갖고 있는 법이다."(梅一生寒不賣香, 桐千年老恒藏曲)라 하였다. 오직 봉황을 맞으려면 벽오동을 심어야 하듯 의식이 높아져야 새 바람이 이르리라.

 烏 까마귀 오
온통 검어 눈도 보이지 않는 새

　본디 '새'란 말은 아무리 빽빽한 숲일지라도 사이와 사이의 틈새를 잘 빠져 난다는 뜻에서 '새'라 하였다. 그런데 같은 새라 할지라도 그 타고난 특성들이 각각 다르다.

　예를 들면 논두렁의 황새는 날랜 물고기를 좌우로 살피면서 먹이를 쪼아 먹기 때문에 좌우로 번득이는 눈깔과 머리의 볏을 그대로 본떠 '觀'은 본디 황새에서 얻어진 글자다. 그런데 뚫어지게 노려본다는 뜻에서 '보다'는 뜻으로 쓰이게 되었다.

　그리고 으레 제 스스로 먹이를 잡아먹기보다는 남이 잡아먹다가 버린 것이나, 아니면 아껴 둔 것을 슬쩍슬쩍 눈치를 보며 파먹는 습성이 있는 '저구새' 같은 무리도 또한 좌우를 살피며 남은 먹이를 곰파먹는 습성이 있기 때문에 '舊'도 본디는 '저구새'라는 말인데 지금은 이를 오랜 것을 나타내는 '옛 구'로 사용하게 된 것이다.

　까마귀도 약간은 부패한 것을 즐겨 찾아 먹는 습성이 있다. 그리고 눈마저도 보이지 않을 정도로 전체가 검기에 새에서 눈을 생략한 모양을 '烏'(까마귀 오)라 하였고, 한편 '검다'는 뜻으로도 쓰게 되었다. 일반적으로 '鳴'(울 명)은 새가 운다는 뜻으로 '울다'는 말이 되지만, 까마귀가 운다는 뜻으로 '嗚'(슬플 오)는 까마귀 떼가 몰려와 짖어 대면 반드시 사람이 죽는 일이 생긴다는 뜻에서 '슬프다'는 말로 쓰이게 된 것이다.

'핑계 없는 무덤은 없다'는 속담처럼 누구나 다 죽을 수밖에 없고 죽음에는 으레 죽음에 앞선 그 원인이 있기 마련이므로 어찌 죽었는가 하는 의문이 뒤따르는 법이다. 그래서 '烏'는 한편 '어찌'라는 말로도 쓰이고 또는 '없다'는 말로도 쓰이게 되었다.

어차피 "공에서 태어난 몸이라 결국에는 공으로 돌아간다."(空手來空手去)는 말을 바꿔 '烏有'로 돌아간다고 말할 때의 '烏'는 곧 '無'라는 뜻이며, '烏石'이라 말할 때의 '烏'는 '검다'는 뜻이다. 그래서 "태초에 어둠이 있었다."는 말 자체도 아무리 밝은 해가 만물을 비춰 낳고 기른다 할지라도 저 태양의 중심에는 어둠이 있다는 말로 풀이하는 이도 있다.

즉, '無'(烏; 어둠)에서 밝음이 나와 모든 생명들이 살아가는 과정 자체는 모양과 빛깔을 갖춘 형형색색의 '有'(존재)이기는 하나 그런 형형색색은 결코 한정된 것이라 끝내 죽음으로 치달아 '烏有'로 돌아가고야 만다. 검은 것에서 밝음으로 나왔다가 다시 검은 것으로 돌아가는 것이다.

그렇기 때문에 노자도 "진흙을 빚어 그릇을 만듦에 빈 공간을 내어야 비로소 그릇의 효용이 있게 되는 것이며, 집을 지음에 창과 문을 뚫고 벽을 쌓아 빈 공간을 두어야 집으로서의 효용이 갖춰지게 되는 것이다."(埏埴以爲器, 當其無, 有器之用. 鑿戶牖以爲室, 當其無, 有室之用)〈도덕경 11장〉이라 하여 유가 큰 것이 아니라, 유를 담는 無가 훨씬 크다고 無를 강조한 것이다.

구만리 창공을 날며 바람을 내는 봉황새는 생명의 자유를 상징하는 새 중의 왕이라 하나, 그보다 더 높은 새는 저 태양 속에 갈아 있는 검은 까마귀이다. 그런 점에서 까마귀는 흉조가 아니라 오히려 길조이며, 죽음은 두려운 것이 아니라 오히려 마땅히 돌아가 편안함이라고도 하였다.

까마귀는 온 빛이 검은 새이나 늙은 어미에게 먹이를 물어다 주는 '反哺之孝'(반포지효)를 행하는 효조라는 점은 보여 주는 바가 크다.

畢 가래삽 변

쓰레기를 담아 버리는 삽의 모양

인간이 깨끗한 삶의 공간을 유지하기 위해 반드시 갖춰야 할 기본적인 도구로 빗자루와 털이개, 그리고 걸레와 쓰레기를 담아 버리는 가래삽이 있어야 한다. 그중에서 바닥을 쓰는 빗자루와 천정의 먼지를 떨어 버리는 털이개는 제일 먼저 쓰는 도구다.

일상적인 청소는 바닥을 쓸고 닦는 것으로 그치지만 모처럼의 대청소는 우선 천정에 달라붙은 거미줄이나 먼지를 말끔히 털어 바닥에 떨어트린 뒤, 이런 쓰레기들을 가래삽으로 담아서 버리고 물걸레로 바닥을 꼼꼼히 닦아야 한다.

상하로 붙어 있던 먼지를 털어 내는 일도 중요하지만 바닥을 꼼꼼히 걸레질을 할 때에는 반드시 먼저 물걸레로 단단히 끈질기게 달라붙은 고착된 먼지를 닦아 낸 뒤에 다시금 마른 걸레로 빛을 내지 않으면 안 된다. 물걸레로 닦아 낸 그 자리에 남아 있을 수밖에 없는 물기를 닦아 내지 않으면 쉽게 새로운 먼지가 엉겨 붙기 마련이기 때문이다.

이런 까닭에 흔히 쓰는 글자로 '修'(닦을 수)를 살피면, 털고 쓸어 내야 한다는 과정의 '攵'(칠 복; 攴)과 물걸레로 닦아 낸다는 뜻을 지닌 '水'(물 수)와 그리고 마른걸레로 빛내야 한다는 '彡'(빛낼 삼)을 합성시킨 것이다.

우리네 마음도 이와 다를 바 없다. 마음을 닦으려면 이미 마음속에 알게 모르게 살며시 나앉은 먼지의 욕심을 일단 털어 버리고, 제 집인 양 어느덧 단단히 자리한 굳은 때를 물걸레로 벗긴 뒤, 다시 먼지가 안착할 수 없도록 마른걸레로 빛내야 한다.

만약 그렇지 않고 먼지만 털고 만다거나 물로 씻기만 하고 마른걸레질을 하지 않는다면 밖에서 날아드는 먼지들이 제자리를 만난 듯 안착하여 또 다시 더러운 때를 만들고야 말기 때문에 반드시 마른걸레질은 소홀히 해서는 안 되는 일이다.

먼지가 안착하여 굳어진 것을 한편 '垢'(때 구)라고도 한다. 이때의 때는 시간을 말하는 '때'와 소릿값이 같다. 아마도 때를 두고 끼는 것이 때이기 때문이라는 말일 것이다. 그래서 '垢'는 물건의 본질이 아닌 '土'(먼지)가 '后'(뒤 후)에 붙은 것이라는 말이다.

먼지는 시시때때로 끼는 것이기 때문에 시시때때로 부지런히 닦아 내지 않으면 안 되며, 때를 피하는 방법은 먼지를 멀리하든가 아니면 물기를 잘 닦아 내든가를 해야 함에 있다. 흙을 실어 오는 바람을 피하거나 자체에서 분비되는 땀을 부지런히 닦아 내어야 한다. 먼지와 땀의 야합이 바로 때이기 때문이다. 그래서 먼지를 피하고 물기를 닦아야 한다.

만약 먼지를 그대로 놓아 둔다거나 시시각각으로 땀을 닦아 내지 않는다면 자신도 모르는 사이에 두꺼운 두겁을 지어 신선한 공기를 받아들일 때를 놓쳐 때 속에서 안주하여 어리석음을 스스로 만들 따름이다.

그렇기로 아무리 애써서 이룬 것이라도 버릴 수 있음을 '抛'(버릴 포)라 하고, 죽은 자식을 미련 없이 버려야 함을 '棄'(버릴 기)라 하였다. 즉, 애써서 만든 것을 미련 없이 버리라는 말은 의가 아닌 탐욕을 아낌없이 버리라는 말이요, 죽은 자식이어든 미련을 두지 말고 버리라는 말은 더 이상 어쩔 수 없는 일은 과감히 '淸算'(청산)하라는 말이다.

冓 얽을 구

재목으로 상하를 얽은 모양

하늘은 만물을 온통 덮어 주고 땅은 만물을 온통 실어 주고 있는데 그 많은 만물 중에서 오직 사람만이 가장 신령스런 존재로 가장 귀하다 하였다. 그런데 이런 말은 사람이 사람을 두고 한 말로 사람 중심의 생각이기 때문에 그렇지 않을 수도 있다는 점을 한번쯤은 곰곰이 살펴볼 말이기도 하다.

그러나 아무리 살펴도 사람은 만물의 영장, 바로 그것이라는 말은 고칠 나위 없는 옳은 말인 듯싶다. 왜냐하면, 첫째, 생각이 다른 그 어떠한 동물보다도 뛰어나기 때문이요, 둘째, 다 같이 손발을 지녔으나 사람은 손으로는 길이를 헤아릴 줄 알고, 발로는 거리를 가늠할 줄 안다는 이 두 가지 까닭만으로도 사람은 만물의 영장이 될 수밖에 없으리라.

제 몸을 갈무리하는 집을 짓는 일을 두고 생각해 보자. 육각형 집을 짓고 제 먹이를 부지런히 갈무리하는 벌은 동물 중 일급 건축사요, 높이 서 있는 나무 위에 잔가지를 꺾어다가 동네 안을 다 내려다보면서 낯모른 이를 보면 까악까악— 하며 짖어 대는 까치는 이급 건축가라 이를 수 있다.

그러나 저 같은 것들은 높다란 다락이나 고층 빌딩은커녕 이층집마저도 짓지 못하니 이런 경우로만 들어도 만물의 영장이 될 수는 없는 것이다. 그렇다면 사람은 어떤가? 재목을 얽어 가며 발판을 짓고 그 위를 오르고 내리며 백 층도 넘는 웅장거대한 집을 짓고 올랐다 내렸다를 반복하며 넓게 살아간다.

이처럼 재목을 얽어 발판을 짓고, 이를 발판 삼아 높다랗고도 큰 집을 짓는 공정의 하나로 얽는 일을 두고 그 모양을 본떠 '冓'(얽을 구)라 하였던 것을 구체적으로 '木'을 덧붙여 지금은 '構'(얽을 구)라 하였으니 그 정확한 뜻은 지면(一)을 중심으로 위로 쌓아 가며 얽기도 하고 아래로 흙이 무너지지 않도록 얽기도 한다는 것을 나타낸 글자다.

따라서 모든 얽어 가는 일은 다 '구'를 기본 꼴로 하였으니 돈을 들여 물건을 사다가 돈을 받고 물건을 팔기 위해 우선 사들이는 일을 일컬어 '購'(사들일 구)라 하였고, 흙이 무너지지 않도록 도랑을 파서 물이 흘러 빠지도록 만든 도랑을 일컬어 '溝'(봇도랑 구)라 하였다.

그뿐만이 아니다. 남녀가 서로 눈이 맞거나 궁합이 맞거나 간에 서로 교제하거나 결혼하는 일을 '媾'(화친할 구)라 하여 '婚媾'라는 문자도 있기는 하나 주로 '婚'(혼인할 혼)은 정식으로 두 집안이 사돈관계를 맺는 일반적인 결혼을 말하나, '媾'는 상식에서는 좀 먼 남녀의 교합으로 겹사돈, 또는 부정한 남녀의 행각을 뜻하는 말이기도 하다.

아무튼 상하를 막론하고 단단히 얽어 가는 일을 두고 '冓'라 하였으니 특히 말이나 글을 잊어버리지 않도록 하기 위해 달달달ㅡ 얽어서 외는 일을 '講'(욀 강)이라 하였다. 이와 같은 방법을 옛날에는 학습활동의 주요 방법으로 여겼고, 나아가 인재 등용의 방법으로 시행했던 과거에서도 소위 '背講'이라 하여 책을 등지고 외는 일을 시험하였다.

물론 달달달ㅡ 외는 방법도 중요한 학습방법의 하나다. 그러나 달달달ㅡ은 달달달ㅡ에 그치고 응용력을 잃을 수 있다. 그렇기로 공자도 이르기를 "배우고 생각지 않으면 제 줄기가 없고, 생각만 하고 배우지 않으면 위태롭다"(學而不思則罔, 思而不學則殆)라 하였다.

幺 작을 요

갓 태어난 아이 모양

천지간의 모든 생명체들은 자연스럽게 종족보전의 법대로 생명체마다 나름대로의 방법대로 새끼를 친다. 사람이나 털 달린 짐승들은 태를 빌어 낳고, 날개 달린 새들이나 비늘 덮인 고기들은 알 속에서 깨어나고, 대부분 벌레 또한 수많은 알 속에서 깨어난다.

모든 생명체들은 어떠한 형식이든 간에 음양의 조화를 통해 이뤄지는 것이기 때문에 본디 '몸'이라는 말도 '음양의 모임'을 뜻한 말이며, '새끼'라는 말 역시 '음양의 사이에 끼었다가 나온 것'이라는 속 깊은 뜻이 있다.

하나의 생명체가 맨 처음으로 태어난 모양은 여러 형태가 있다. 그렇지만 새끼들의 공통된 모양은 머리와 몸통, 두 부분으로 집약시켜 낼 수밖에 없는데 '幺'(어릴 요)는 바로 갓 태어난 새끼의 모양 바로 그것을 본뜬 글자였다.

이런 맥락에서 '幼'(어릴 유)는 아직 힘이 없는 아주 어린 아이를 뜻한다. 그래서 흔히 사용하는 '幼兒'라는 말은 '힘도 없고 머리마저 아직 여물지 아니한 어린아이'를 뜻하여, 먼저 태어나 머리가 이미 여문 아이를 뜻하는 '兄'(맏 형)과는 구별되는 말이다.

유아가 더 자라서 제 스스로 돌아다니기는 하나 다만 마을을 벗어나지 못하고 '서성이는 아이'는 '童'(아이 동)이라 한다. 즉, '幼'와 '兒'는 자라서 '兄'도 되고 '童'도 된다. 그렇기 때문에 '幼'는 비록 작은 것이기는 하나 장차 클 것이며, 아무리 큰 것도 거슬러 올라가 보면 결국 작은 것이 커진 것이라는 말은 틀림없는 논리다.

이런 의미에서 "아름드리 큰 나무도 아주 작은 털끝 같은 씨앗에서부터 비롯되는 것이고, 천리를 향한 여행도 한 걸음 발밑으로부터 비롯되는 것이다."(合抱之木, 始於毫末. 千里之行, 始於足下)는 말은 뜻하는 바가 매우 큰 말씀이다.

산이 깊으면 골도 그윽한 법이기로 '心山幽谷'(심산유곡)이라 말하는데 이런 경우에 산봉우리와 산봉우리 사이에 골이 작다는 뜻에서 '幺'를 쓴 것이 아니라, 너무나 멀기 때문에 가물가물하게 여겨진다는 뜻에서 오히려 '크다'(깊다)는 뜻으로 쓴 것이다.

언제나 새끼는 새끼에서 그치는 것이 아니라, 새끼가 크면 큰 것이 되는 이치는 굳이 바위가 부서져 돌이 되고, 돌이 부서져서 모래가 되고 모래가 망가져 흙이 된 것만이 아니라, 흙이 뭉치면 모래나 돌만이 아니라, 바위도 되고 산도 된다는 이치와 전혀 다를 바가 없다.

이런 의미에서 새끼를 잘 기르는 일은 아주 중요한 일이다. "어미의 배 속에 든 태아를 가르치는 태교는 태어난 뒤 스승을 모시고 십 년 공부하는 것보다 더 큰 것이다."라는 사주당 이씨의 태교론은 아무리 강조해도 지나친 말이 아니다. "숨은 것보다 더 나타난 것은 없고, 작은 것보다 더 드러난 것은 없다."(莫見乎隱 莫顯乎微)〈중용〉는 진리를 벗어날 수는 없기 때문이다.

결과를 두고 뉘우치기보다는 원인을 잘 살펴야 한다는 점을 강조하고 있는 것이 예로부터 내려온 동양인들의 공통된 기본적 생각이니, 공자도 이르기를 "군자는 근본에 힘써야 하나니 근본이 잘 서면 길이 열린다."(君子務本, 本立道生)라 하였다. 나무도 애당초 좋은 종자를 골라 바르게 심어 거름을 잘 주어야 알찬 열매를 얻는 법이다.

專 실패 전
실을 감는 실패의 모양

긴 실을 감아 쓰는 데 필요한 도구는 '실패'다. '실패'는 실을 감을 때에도 돌려야 되고 풀어 쓸 때에도 돌려야 한다. 그래서 '실패'의 모양에 '손'을 붙인 '專'은 곧 '돌리다'는 동사로 쓰이게 되었다.

잊지 않고 사람의 입에서 입으로나, 아니면 글로 전해져 내려오는 것을 '傳'(전할 전)이라 하고, 수레가 굴러 가는 것을 '轉'(구를 전)이라 하여 지구가 스스로 굴러 가는 것을 '自轉'이라 하고, 지구가 해를 중심으로 굴러 가는 것을 일러 '公轉'이라 한다.

어떤 한 분야에 발을 들여놓는 것을 '入門'이라 함에 비하여, 한번 입문한 이상 다른 길을 걷지 않고 고스란히 그 방면을 향해 나아가는 일을 '專門'이라 하며, 그 결과 그 방면에 남다른 것을 얻었다면 '전문성'을 갖췄다 하고, 그런 이를 두고 그 방면의 '專門家'라 말한다.

실이 그것을 감는 패를 벗어나지 않고 감겨 가야 하듯 어떤 일정한 범위를 벗어나지 않고 굴러 간다는 뜻이 곧 '專'이라, '塼'(벽돌 전)이라는 글자 또한 흙으로 구워 낸 건축 재료로 동서남북 사방의 '벽'을 쌓는 데 없어서는 안 될 '돌'이라는 뜻이다. 흙보다는 돌이 단단하다. 그러나 흙을 일정한 모양으로 만들어 불에 구워 놓는 벽돌도 돌보다는 못하지만 단순히 흙을 뭉쳐 쌓은 것보다는 훨씬 단단하다.

이곳저곳 굴러 돌아다니는 소문도 두 가지다. 그중 밑바탕이 없이 굴러

216

다니는 소문은 일시적으로는 심한 자극을 내포하고 있기 때문에 전파력은 빠를 수 있지만 금방 사라져 버리고야 만다. 이른바 '뜬소문'이다. 그러나 진실에 바탕을 둔 참다운 소문은 그 생명력이 끈질긴 법이다.

우선 성춘향과 이 도령에 관한 소문이 그렇고, 눈먼 아비를 위해 인당수에 몸을 던진 심청에 관한 소문이 그렇다. 사실 춘향전이 실제로 역사에 있었던 일인가 아닌가는 크게 중요한 일이 아니며, 심청이가 몸을 던진 인당수가 정말 있는 것인지 아닌 것인지는 큰 관심사가 아닐 수 있다. 그 같은 스토리들을 사실판단의 대상으로 접근해 생각하기보다는 가치판단의 문제로 접근해 보아야 하기 때문이다.

봄이 되면 아무리 봄을 시샘하는 바람이 거셀지라도 오히려 제 속에 지닌 향기를 더욱더 발하며 끝내 바람을 이기는 법이다. 그래서 가장 연약하기 그지없어 보이는 봄의 풀이 그 모진 시샘의 바람 앞에서도 향기를 더욱더 발하였기로 춘향은 역시 '봄의 향기'에 관한 소문이 입에서 입으로 전해져 오다가 글로 꾸며져 오늘날까지 우리의 대표적 고전이 된 것이다.

심청의 이야기는 어떤가? 어린 청이는 청이대로 아비를 위해 남경 상인에 팔려 가 인당수 깊은 물속에 제물이 되었다. 아비는 아비대로 맹인 신세로 잃은, 생전에도 보지 못한 딸을 그리며 나날을 보내었다. 그러나 정성이 지극하면 하늘도 움직인다는 말처럼 다시 태어난 청이는 맹인잔치를 통해 아비의 눈을 뜨게 하는 기적을 얻어 냈다.

그래서 이름하여 '春香'(춘향)이요, 수중의 연꽃으로 다시 태어난 어린 딸 '沈淸'(일단 맑은 물에 빠진 처녀)일 수밖에 없다. 그러나 봄풀을 괴롭히던 이는 도를 배웠다는 '學道'(변학도)요, 불쌍한 맹인을 따돌리고 달아난 어미는 역시 '뺑덕어멈'일 뿐이다.

선과 악이 뒤섞여 사는 세상에서 권선징악은 그 가르침대로 잘 되어 갔으면 하는 착한 이들의 바람인 것이다.

玄 검을 현
들어갈수록 가물가물하다는 뜻

　사람은 눈으로 모든 것을 살피고, 귀로 모든 소리를 듣는다. 그런데 살피는 것의 한계는 눈에 걸맞는 모양과 색깔이며, 듣는 것의 한계는 오직 귀에 걸맞는 소리일 뿐이다. 너무나 큰 것도 볼 수 없고, 너무나 큰 소리도 들을 수 없다.

　뿐만 아니라 너무나 작은 것도 볼 수 없고, 너무나 작은 소리도 들을 수 없다. 감각기관이 들을 수 있고 볼 수 있는 것은 그 기관이 지니는 한계 안에서 들을 수도 있고, 볼 수도 있는 것이 분명하다 말할 수 있다.

　그래서 어떤 모양에 대하여 거리상 너무 먼 것의 한계를 일러 '太'(클 태)라 하고 어떤 색깔에 대하여 너무나 먼 관계로 잘 구분될 수 없는 것을 일러 '玄'(가물 현)이라 한다. 이 두 글자를 합쳐 '太玄'이라 하면 눈의 한계 밖을 벗어난 인간 인식의 밖을 뜻한다.

　우주만유의 형형색색이 어디에서 왔느냐는 점을 곰곰이 생각해 볼 때에 최종적으로 거슬러 올라간 그 끝은 인식의 한계를 벗어난 너무도 멀고도 아득한 것이기 때문에 모양으로 치면 '太'라 말할 수 있고, 색깔로 말하자면 '玄'이라 말할 수밖에 없다.

　중국의 어떤 화가가 말 백 마리를 그린 그림을 전시장에 걸어 놓고 많은 관람객들의 평을 얻고자 하였는데, 그중 가장 두려운 일은 자신의 스승인 화백 제백석의 평가였다. 그런데 그 스승이 와서 작품을 관람하고 나서는 아무런 평도 없이 다만 방명록에 점 하나를 찍고 갔다. 이 한 점의 뜻을 곰곰이 생각해 본 화가는 한참 뒤에서야 무릎을 치며 그러면 그렇지 하고 스승이 점 하나만 친 뜻을 알아차렸다 한다.

그가 그린 백마도 안에는 흰 말도 있고, 검정 말도 있고, 큰 말도 있고 새끼 말도 있고, 뛰는 말도 있고, 다만 서 있는 말도 있었다. 그러나 이런 각양각색의 말들이 어디에서 왔는가를 알려면 그 말들을 발길로 세게 차서 돌려보내 본다면 각자가 온 자리로 달아날 것이다.

그렇다면 그 수많은 말들이 내 눈에서 멀리 사라져 버릴 때의 최후의 모양이나 색깔은 어떨 것인가를 잘 생각해 보면 그저 가물가물하다가 사라져 버릴 것이다. 그렇기 때문에 되돌려 생각해 보면 가 버리는 자리가 곧 왔던 자리라, 급기야 형형색색의 근본 자리는 '玄'이다.

'玄'이란 들어갈수록 작아진다는 뜻에서 '入'(들 입)에 '幺'(작을 요)를 상하로 붙인 글자다. 여기에서 '幺'는 '絲'(실 사)가 매듭을 지어 놓은 기다란 실인데 반하여 매듭을 지을 수 없는 작은 실이라는 뜻에서 '작다'는 뜻이다.

아득히 멀어서 가물가물한 그 색상은 흰색이 아니라 눈의 초점을 몽땅 모아 바라보아도 아득히 먼데서 겨우 얻어지는 색이기 때문에 자연히 검은색 정도로 느껴질 수밖에 없다. 그래서 가물가물하다는 말은 속이 너무나 깊어 감감하다는 뜻과 통해 '검을 현'이라고도 한다.

우주만유의 크고 작은 형형색색들은 하나같이 저 먼 곳에서 왔다가 저 먼 곳으로 되돌아간다고 여겼기 때문에 이를 강조하여 "玄^현之^지又^우玄^현"이라고 노자는 말하였고, 일찍부터 "하늘은 가물가물하고 땅은 누렇다."(天^천地^지玄^현 黃^황)〈천자문〉고 일렀던 것이다.

산이 깊으면 자연히 골짜기도 깊기에 '深山幽谷'(심산유곡)이다. 여기에서 '幽'(그윽할 유) 또한 골짜기를 파고 들어가면 들어갈수록 깊다는 뜻이며, 한편 그 골짜기가 가물가물하여 쉽게 보이지 않는다는 말이다.

 予 나여
위아래가 서로 맞물려 가는 모양

본디 사람들의 인식이 성장하는 과정은 맨 처음에는 나 밖의 사물에 관한 관심으로부터 시작되기 마련이다. 어두운 모태 속에서 감고 있던 눈이 비로소 떠지게 되면 내가 나를 먼저 바라보기보다는 사물을 먼저 바라보기 때문이다.

'이것과 저것'을 번갈아 바라보며 높은 것과 낮은 것을 알게 되고, 무거운 것과 가벼운 것을 알게 되면서부터 맑고 흐린 것을 구별할 줄 알고, 급기야는 이 세상에는 애당초부터 귀하게 태어난 것과 천하게 태어난 것이 있다는 사실을 알게 된다.

즉, 내 눈이 밖으로 향해 있던 외형에 대한 인식이 점차 사물과 나와의 관계에 대한 관심으로 생각의 초점이 옮겨지게 된다. 그러다가 마침내는 나에 대한 깊은 자각이 싹트게 되면 자신의 존재에 대한 깊은 성찰 속에 빠지게 된다.

이처럼 밖으로만 향해 있던 눈이 점차 안을 향해 옮겨지는 과정에서 사물과 사물 사이의 인과관계가 다만 그것과 그것과의 관계에만 그치는 문제가 아니라, 실은 나와 너 사이의 인과관계에도 적용될 뿐 아니라, 나 자신이 살아가는 삶의 행로에도 어김없이 적용될 수밖에 없는 굴레일 수밖에 없다는 것을 깨닫게 된다.

그렇게 했기 때문에 그렇게 될 수밖에 없는 어쩔 수 없는 '수'에 대한 자각이 마음속 깊이 자리 잡게 되고, 애당초 그렇게 태어났기 때문에 그런 조건 속에서 그렇게 자라가는 것이지 더 이상 커질 리도 없고, 더 이하로 오그라질 리도 없는 '리'를 깨닫게 된다.

첫봄을 알리는 매화는 아무리 차가운 속에서도 향기를 잃지 않는 봄의 군자로 피어나지만 연달아 피는 진달래나 개나리는 아무리 곱고 화려하게 피어날지라도 결코 매화처럼 군자의 무리 속에 들 수는 없는 법이요, 애당초 진달래나 개나리인 바에야 그것들이 끝내 매화가 될 리는 없다.

가는 실로 짜면 고운 비단이 되지만 굵은 실로 아무렇게나 짜면 한낱 베가 될 수밖에 없다. 고운 비단은 실부터 고와야 되고, 그저 허튼 물건들을 마구잡이로 담는 가마니는 굳이 비단처럼 고울 필요는 없는 법이다.

이처럼 애당초 자아낸 실이 고와야 고운 비단이 되듯, 베틀에 매는 '생사'(生絲)가 곱고 그 고운 실들이 '날'과 '씨'가 되어 곱게 엮여야 고운 비단이 된다. 고운 비단을 얻기 위한 제일의 조건은 본디 실을 말하는 '素'(바탕 소: 生絲라는 뜻)에서 비롯된다.

평소의 바탕이 모자란데 그가 하는 일이 넉넉할 수 없고, 바탕이 곱지 않은데 그 결과가 고울 수는 없는 법이며, 고운 바탕 실로 짜놓은 베가 곱지 않다면 그 까닭은 아무래도 베틀에 앉아 정성을 다하지 않았기 때문일 뿐이다. 고운 실로 정성을 다해 짠 베는 곱지 않을 '리'가 없다.

상하로 매인 씨줄에 좌우로 들고나는 날줄이 서로 엉켜 고운 비단이 짜지는 것처럼 하나의 일이 다 마무리되어 이미 끝난 듯싶으나 그 끝의 어느 한 부분이 새로운 일의 중요한 부분이 되어 또 다른 일로 얽어져 나가는 것이다.

그래서 '앞뒤가 서로 맞물려 어김없이 그대로 나가는 모양', 그것을 '予'(나 여)라 하였으니 이 얼마나 '나'를 잘 나타낸 말인가. 그러니 평소 내 '바탕 되는 실'(素)을 곱게 마련해 갈 줄 알아야 한다.

 放 내칠 방

사방으로 쳐 내침을 뜻함

본디 해와 달은 동쪽에서 떴다가 서쪽으로 기울기 마련이기 때문에 동과 서의 구별은 일월이 운행하는 길로 가늠하였던 것이다. 그리고 북극성과 남극성이 각각 하늘의 정북과 정남에 움직이지 않는 별로 자리하여 뭇 별들을 거느리고 있어 이 두 별을 보고 남북을 가늠하였다.

그런 뜻에서 "해와 달은 꽉 차고 기울며, 북극성과 남극성은 각각 북반부와 남반부에 자리하여 뭇 별들을 벌려 놓았다."(日月盈昃, 辰宿列張) 〈천자문〉고 하였다. 즉, 일월의 왕래로 동서를 가늠하고, 북극성과 남극성을 기점으로 하여 남북을 가늠하는 것이 가장 똑바른 방위의 구분법인 것이다.

참으로 신비로운 일이다. 하늘은 온통 허공으로 언뜻 보면 텅 빈 듯싶지만 꼭 그렇지만은 않고 그 빈 속에서 해와 달을 왕래시키고, 별들을 베풀어 놓아 땅에서 자리 잡고 사는 인간들에게 동서남북을 구분 지을 수 있도록 하였다.

만약 하늘이 없고, 해와 달이 없고, 빛나는 별들이 없었다면 동인지 서인지 남인지 북인지도 구분할 줄 모르고 살아갈 터인데 다행히 저 하늘에 일월성신이 밤낮으로 번갈아 가면서 빛나고 있기로 밝음과 어둠이 반복되는 이 너른 세상 속에서 비록 인간 개체는 생사를 반복하나 인간세계는 그 생명을 끊임없이 이어 가고 있는 것이다.

지상의 인간들은 삶을 꾸려 나가기 위해 해를 닮은 힘센 견우는 쟁기로 밭을 갈아 농사를 짓고, 달을 닮은 고운 아낙들은 직녀가 되어 베를 짜면서 해와 달이 서로 돕고 의지하는 중에 자신들을 닮은 자녀를 낳아 자자손손 대를 이어 오늘까지 나름의 역사를 만들어 왔다.

애당초 사냥하던 인간들이 사냥활동을 씻고 농사를 짓기 시작했을 때로부터 쟁기로 사방을 갈아 곡식을 심었을 터이니 짐승을 따라잡아 사냥하던 기술이 밭을 갈아 곡식을 심는 농사 기술로 바뀌고, 아예 짐승을 잡던 일이 기르는 일로 바뀌어졌다.

이때 비로소 등장된 도구가 곧 밭을 갈아 젖히는 쟁기인데 그 쟁기의 모양을 본뜬 글이 곧 '方'(본디는 쟁기 방)이며, 이 글 속에는 사방을 말하는 '모서리'(方)라는 뜻도 있다. 그리고 밤이면 일단 우리 속에 가두어 두었던 짐승들을 곡식을 심은 밭이 아닌 사방 풀밭으로 내치는 일을 '放'(내칠 방)이라 하여 짐승을 내쳐 기르는 일을 '放牧한다'라고 하였다.

허공에서 일어 오는 바람도 내칠 때가 있고, 부드러운 때가 있다. 산이나 들이나 똑같이 부는 봄바람은 '산들바람'이요, 연약한 코스모스를 살살 흔들어 대는 가을바람은 '하늘하늘 불어 댄다'고 말한다. 이처럼 보이지 않는 바람은 보이는 분명 눈앞에 나타난 물건들을 흔들어 놓기 마련이다.

거센 바닷바람은 물을 크게 방류시켜 흰 거품을 일으키고야 마는 법이다. 그래서 'ㅑ'(물 수)가 '放'(내칠 방)하면 급기야 물결은 끝내 바위에 부딪쳐 '白'(흰 거품)을 내는 것을 일러 '激'(부딪칠 격)이라 말한 것이다. 마찬가지로 인간도 어떤 느낌이 거세게 밀려오면 '感激'(감격)한 나머지 끝내 눈물이 '주루룩—' 흐르는 법이다.

해는 항상 뜬다. 그러나 달은 매일 뜨지 않는다. 그래서 해맞이도 하지만 어두운 밤을 밝혀 주는 밝은 달을 감격스럽게 맞이하기 마련이기 때문에 달맞이 자체를 '邀月'(맞이할 요)이라 함도 멋진 말이다.

受 떨어질 표
위에서 내리고 아래에서 받는 모양

　사물이 이동하는 모양을 나타내면, 첫째, 앞에서 뒤로 또는 뒤에서 앞으로, 둘째, 왼쪽에서 오른쪽으로 또는 오른쪽에서 왼쪽으로, 셋째, 위에서 아래로 또는 아래에서 위로 움직이는 여러 가지 표현들이 있을 수 있다.

　그런데 이 가운데 위에서 아래로 움직이는 것을 '내리다'라고 말하고, 위에서 내리는 것을 아래에서 '받다'라고 말한다. 그리고 내리고 받는 움직임을 통틀어 일컬어 위에서 아래로 내리는 손의 모양인 '爪'(손톱 조)와 '又'(손 우)를 상하로 붙여 '표'라고 읽는다.

　따라서 위에서 아래로 내려 준다는 말은 '受'(받을 수)라 하는데 여기에서 "冖"(덮어 가릴 멱)은 이미 위에 덮어져 있던 것을 아래로 내린다는 뜻이다. 그리고 또 나아가 내려진 것을 받아 다시 받은 만큼 줄 수밖에 없는 것이 옳은 도리이기 때문에 '受'에 '扌'(손 수; 手와 같음)를 붙여 '授'(줄 수)라 하였다.

　그렇다면 왜 '受'를 두고 하필 '받는다'는 말로 쓰고, 받은 것을 다시 되돌려 '준다'는 말로 '授'라 하였는가? 즉, 주거나 받는 것은 매 한가지일 뿐인데 '준다'는 말을 앞세우고 '받는다'는 말은 준다는 말에 다시 손을 붙여 '받은 것을 되돌려 준다'는 말로 만들었단 말인가?

　이런 점에서 우리는 한자가 지니는 깊은 철학적인 의미를 반추해 볼 수 있다. 여기에는 위에서 아래로 내려 주는 자체는 가장 큰 하늘로서 이 하늘 밑에 있는 모든 사물들은 하늘이 내려 준 것을 고스란히 '받아' 살아가기 마련이라는 뜻이 깊숙이 내포되어 있다.

그리고 애당초 사물 전체를 다 덮어 가려 버린 하늘의 위에서 내려 준 것을 받은 그만큼 고스란히 이 땅에 되돌려 주어야 한다는 것이 곧 하늘로부터 내려 받은 이른바 '天命'을 그대로 실현해야 할 '使命'이라는 말이다.

즉, 이미 태어날 때로부터 받은 것은 '天命'인데 이 '天命'을 스스로 깨달아 고스란히 이 땅 위에 실현시켜야 할 '使命'은 곧 천명을 받은 나의 몫이라는 말이다. 그런데 만약 태어날 때부터 받은 천명대로 이 땅에 베풀어야 할 사명을 다하지 않는다면 주고받은 것이 결과적으로 얽혀져 '亂'(어지러울 란)이 되고야 만다.

이런 뜻에서 '亂'은 '受'의 중간이 상하로 얽혀져 있는 모양에 다시 마치 풀어 주는 실과 감아야 할 실이 바르지 못하고 굽어진 모양을 나타낸 '乙'(굽을 을)을 붙여 '어지럽다'는 뜻으로 썼으며, 한편 어지럽기 때문에 이를 다스리지 않으면 안 된다는 말로 '다스리다'는 뜻도 있다.

이로 보면 '受授'와 '亂' 사이에는 기막히게 깊은 뜻이 있다. 즉, 일찍이 하늘로부터 부여 받은 '천명'을 제대로 자각하여 이를 고스란히 '사명'으로 여겨 실현해야 할 역사적 책임이 우리의 두 어깨에 짊어져 있다는 사실은 분명하다는 말이다.

그런데 만약 내린 천명과 받은 사명 사이가 얽힌 채 굽어져 있다면 이 것도 곧 어지러운 일이요, 사실 다스린다는 뜻은 얽혀 굽어진 것을 똑바로 편다는 뜻이라, '亂'이 어지럽다는 뜻인 동시에 다스린다는 뜻을 지닌 것은 어지러움의 양면을 다 들어 말한 것이니 참으로 옳다.

叙 남을 찬
손써서 뼈를 발라낸 모양

살만 남겨 두고 뼈를 발라내었다는 뜻을 '歺'(뼈 발라낼 알)이라 한다. 본디 뼈는 살 속에 박혀 살을 거느리고 있는데 살만 놓아두고 뼈를 밖으로 내었음을 'ㅅ'을 거꾸로 쓴 것으로 나타내었다. 그런 결과 부드러운 살만이 남기 때문에 '알'이라 하였다.

대부분 물건들은 다 형태를 지니고 있고, 그 형태를 유지할 수 있는 까닭은 단단한 것(뼈)과 부드러운 것(살)으로 구성되어 있기 마련이다. 그런데 그중 단단한 것을 손써서 제거해 버린다면 부드러운 것만이 남으며, 그렇게 한다면 일단 제 모양을 잃고야 만다.

그렇기 때문에 '歺'에 '又'(또 우; 본디는 손이라는 뜻)를 붙이면 어떤 모양이 일그러진 나머지를 뜻하는 글자가 되어 '남을 찬'이라는 뜻이 될 수밖에 없다.

예를 들면 벼에서 껄끄러운 껍질을 벗겨 내고 부드럽게 먹을 수 있는 쌀만 남겨 두면 '粲'(빛날 찬)이 된다. 껍질을 뒤집어쓰고 있는 벼보다는 껍질을 벗겨 낸 쌀이 벼보다 훨씬 빛난다는 뜻이다. 따라서 '粲'에 '火'(불화)를 붙이면 불이 훤히 빛난다는 뜻이며, 'ㆍ'를 붙이면 햇빛을 받은 물이 찬란하게 비친다는 뜻으로 이 또한 '빛난다'는 뜻이기는 하나 똑같이 빛난다는 뜻일지라도 '燦'은 불빛이 빛난다는 말이라면, '澯'은 물결이 빛난다는 뜻이다.

226

그렇기 때문에 불처럼 빛난다는 뜻을 지닌 단어로는 '燦爛(찬란)이라 써야만 하고, 물결처럼 빛난다는 뜻을 지닌 단어로 쓸 때에는 '粲爛(찬란)이라 쓰는 것이 옳다.

또 '粲'에 '玉'을 붙이면 옥빛이 유난히 빛남을 뜻하는 글자요, 다시 '食'(밥 식) 위에 '粲'에서 '米'(쌀 미)를 뺀 글자를 붙이면 생선이나 고기에서 못 먹을 가시나 뼈를 뺀 것을 밥 위에 얹어 먹는 '餐'(반찬 찬)이 될 수밖에 없다.

마찬가지로 물고기를 뜻하는 '魚'를 붙여 두면 반짝반짝 빛나는 물고기라는 뜻으로 '鯊'(피라미 찬)이 된다. 서양 속담에 "반짝이는 것이라고 다 황금은 아니다."라는 말이 있기는 하지만, 뒤집어 말하면 황금처럼 귀중한 것은 반드시 반짝이지 않으면 안 된다.

그렇다면 흔히 입버릇처럼 말하는 찬란한 민족문화를 이루기 위해서는 어떻게 해야 할 것인가? 민족이란 피와 얼을 같이 한 공동체이기 때문에 그 공동체를 이루고 있는 개개인 각자가 빛나지 않으면 빛나지 않은 그 만큼 빛날 수는 없다.

이런 면에서 공동체를 이루고 있는 개개인의 속 깊은 자각은 절실한 일이며, 각자의 자각은 바로 민족공동체에 대한 애정 어린 관심에 바탕하여, 과정적인 면에서 저마다 타고난 재질과 기능을 최대한 발휘하여 나가지 않으면 안 된다. 민족문화가 찬란히 빛나려면 민족공동체를 이루고 있는 각자가 자손 대대를 이어 가며 열과 성을 지니며 끊임없이 타야 한다. 타지 않으면 빛날 수 없고, 모아지지 않으면 큰 불이 빛날 수 없기 때문이다.

이런 뜻에서 장자는 말하기를, "어둠을 밝히는 빛나는 횃불은 뭉쳐 크면 클수록 더욱 빛나고, 그 불이 끊임없이 빛나려면 반드시 타야 할 나무에 끊임없이 불이 붙어 타야만 한다."고 하였다.

歺 뼈 발라낼 알
뼈와 살에서 뼈를 발라낸 모양

　동물이나 사람이나 몸의 구조는 크게 뼈를 근간으로 살이 덮여 있다. 그런데 특히 동물성 먹이를 재료로 사용하여 요리함에 있어서는 우선 먼저 뼈와 살을 발라낸 다음, 뼈는 한쪽으로 던져 두고, 살을 조리하여 먹는 것이 일반적인 예이다.

　그런데 '冎'(뼈 골) 그 자체는 이미 살과 분리되어 있는 것이 아니라, 살로 덮여 있기 때문에 '冎'자를 잘 살펴보면 먼저 뼈의 모양을 먼저 그려 놓고, 다음으로 덮여 있다는 뜻에서 "冖"(덮을 멱)을 쓴 그 아래에 '宍'(고기 육)을 받쳐 쓴 것이다.

　그렇기 때문에 '冎'에서 덮여 있는 부분을 놓아두고 뼈를 그려 놓은 부분만을 제거해 버리는 일이 곧 '뼈를 발라내는 일'이다. 그런데 살을 두고 뼈를 발라낸다는 것은 살 속에 든 뼈를 드러낸다는 뜻에서 '入'(들 입)자를 거꾸로 쓴 것이다.

　이렇게 딱딱한 뼈다귀를 살 속에서 빼내 놓고 보면 먹기 좋은 살만 남을 수밖에 없는데 이런 살은 물렁한 알과 같기 때문에 곧 뼈 발라낸 살을 얻기 위한 작업까지도 '알'이라는 소릿값을 그대로 붙일 수밖에 없는 것이다.

　사실 동물성 식품의 재료만이 아니라, 식물성 식품 또한 뼈와 살이 같이 붙어 있는 수가 허다하다. 예를 들면 딱딱하기 그지없는 나무에서 얻어진 부드러운 잎을 살이라 치면 나뭇가지는 곧 뼈일 따름인 것이다.

마찬가지로 먹음직스러운 생선을 요리한다거나 조리를 마친 생선 요리를 먹을 때에는 조심스럽게 손을 써서 딱딱한 가시를 제거한 뒤에 부드러운 살을 골라 밥 위에 얹어 반찬으로 먹기 때문에 '餐'(반찬 찬)이라 하였다.

뿐만 아니라 우리가 주식으로 매일 먹는 쌀도 실은 껍질을 잘 벗겨 낸 도정의 과정을 거쳐 얻어진 쌀로 밥을 지을 수 있는 것이기 때문에 깨끗하게 정제된 쌀을 일컬어 '粲'(정미된 쌀 찬)이라 하였다.

나아가 이렇게 깨끗이 정제된 좋은 쌀은 유난히 빛나는 것이기 때문에 '粲'에 '火'(불 화)를 붙이면 불빛이 아주 빛난다는 뜻에서 '燦'(빛날 찬)이라 하고, '玉'(구슬 옥)을 붙이면 '璨'(빛나는 구슬 찬)이라는 뜻이 될 수밖에 없는 것이다.

다만 뼈가 발라지고 살에 변화가 주어져 흐물흐물해졌다가 죽는 것이 곧 모든 생명체가 죽음으로 돌아가는 실상이기 때문에 뼈가 발라진다는 뜻으로 '歹'(또는 歺; 뼈 발라낼 알)에 뼈가 바스러지는 사이에 살도 흐물흐물하여 변화된다는 뜻을 지닌 '化'(될 화)의 한쪽을 빌려다 붙여 '死'(죽을 사)라 하였던 것이다.

나무로 말하자면 뿌리에서부터 시작한 줄기나 수많은 가지들이 숨을 거두게 되면 자연히 거기에 의지해 매달려 살았던 부드러운 잎들이나 아름다운 꽃들은 별다른 수 없이 죽음의 나락으로 곤두박질칠 따름이다.

이처럼 뼈대는 전체 생명을 아우르는 줄기이기에 뼈대를 잃으면 안 되는 것이다. 그래서 이 중요한 뼈대를 지키기 위해서는 약간의 찰과상쯤은 천연덕스럽게 견뎌 내야 하며, 나아가 살가죽에 덧붙여지는 웬만한 고통은 달게 받아 넘겨 버릴 수 있어야 한다.

死 죽을 사
뼈가 발라지고 살이 줄어 버린 상태

　본디 '몸'이란 '모임'의 준말이다. 그 몸이 태어나게 된 직접적인 원인을 고려하여 만들어진 글자가 곧 '身'(몸 신)인데 이 모양은 몸속에 든 몸까지를 중복시켜 이뤄진 글자다. 몸은 반드시 몸속에 들었다가 몸으로 태어날 수밖에 없다는 '몸'에 대한 시간성을 똑바로 보고 만든 글자다.

　그에 비하여 같은 '몸'을 나타내는 글자인 '體'(몸 체)는 몸의 구조를 고려하여 만든 글자로 몸은 곧 단단한 뼈(骨)를 부드러운 풍성한 살이 감싸고 있음을 뜻한 글자다. 어떤 몸이든 몸은 뼈와 살이 그 주된 요소라는 점을 극명하게 밝혀 '몸'에 대한 공간성(구조성)을 잘 드러낸 글자다.

　그렇기 때문에 몸이 몸답게 잘 유지되려면 어차피 몸을 이룬 음양의 두 요소가 서로 조화를 잘 이뤄야 할 것인데 여기서 말하는 음양 두 구조는 곧 부정모혈(父精母血; 아비와 어미의 정기)로 상징되는 '기능'과 '바탕' 두 측면을 말한다. 음양이 잘 고르게 맞으면 건강한 상태이나 막상 음양이 조화를 잃은 나머지 계속해서 부조화 상태로 치닫게 되면 이것이 곧 '병'(病)이며, 병의 끝은 곧 '死'(죽을 사)일 뿐이라는 것이 종래로 믿어져 내려온 우리의 생명관이다.

　그렇다면 '병들다'는 뜻과 '죽는다'는 뜻은 어떻게 나타냈는가? 침상(爿) 위에 사람(人)이 드러누운 모양을 붙여 '疒'(병들 녁)이라 하였고, 몸속에 든 뼈가 발라지다는 '歺'(뼈 발라낼 알)에 풍성했던 살이 잔뜩 말라 변화

(化)가 되었음을 맞붙여 '死'(죽을 사)라 하였다.

따라서 화살에 맞아 병든 것을 '疾'(병들 질)과 오장육부의 기능이 낮아져 나온 병을 '病'(병들 병)이라 하니 전자는 외상을 말하고 후자는 주로 내상을 말하였다. 그리고 질병으로 인한 죽음을 "다한 것이다. 정기가 다한 것이다."^{시 야 정 기 궁 야}(澌也. 精氣窮也)〈설문해자〉라 했다. 이때 '精'(맑을 정)은 음으로서의 '魄'(넋 백)이라면, '氣'(기운 기)는 양으로서의 '魂'(영혼 혼)이다. 몸은 모임이요 죽음은 흩어짐 바로 그것일 뿐이다.

예로부터 몸을 이루고 있는 음양의 요소를 더 세분해 나누면 뼈나 살과 같이 죽으면 흙으로 돌아가는 것을 '地'(땅 지)라 하고, 피나 정액이나 담이나 진액과 같이 죽으면 물로 돌아가는 것을 '水'(물 수)라 하여 이 두 가지를 일러 음이라 하였다.

그리고 호흡을 통해 유지되는 체온과 같은 것이 죽으면 불로 돌아가는 것을 '火'(불 화)라 하고, 바람처럼 거침없이 공간을 자유자재로 넘나드는 정신활동은 마치 바람과 같다는 뜻에서 '風'(바람 풍)이라 하여 이 두 가지를 또한 양이라 하였다.

이처럼 몸을 이루고 있는 네 가지 요소를 이른바 '四大'(사대)라 하여 이 네 가지 큰 것들이 몸을 이루고 있는 요소라고 규정하였다. 그중 음적인 요소인 '地'나 '水'는 약간 모자란 듯해도 곧바로 죽음으로 치닫지는 않지만 양적인 요소인 '火'와 '風'은 음이 깨지면 곧바로 달아나 버리는 것이다.

그렇기는 하나 이 네 가지 요소가 다 중요한 것이기 때문에 죽음을 다시 정의해 보면 "근골기육은 흙에 속하고, 정혈진액은 물에 속하며, 호흡온난은 불에 속하고, 영명활동은 풍에 속한다. 그러므로 바람이 그치면 기가 끊기고 불이 없어지면 몸이 차가워지고, 물이 마르면 피가 말라 버리고, 흙이 흩어지면 몸이 찢어져 버린다."라 하였다. 즉, 사대의 모임이 삶이라면 사대의 흩어짐이 죽음이라 하였다.

冎 살 발라낼 과
뼈에서 살을 발라낸 모양

骨(뼈 골)에서 살(肉)을 발라낸 그 자리가 비어 있음(口)을 그대로 본떠 '冎'(살 발라낼 과)라 한다. 예로부터 사냥에서 얻어진 고기를 그 신선도에 따라 다음과 같이 세 종류로 나눈다. 첫째, 머리나 심장을 관통하여 곧바로 죽은 것을 제일 상급으로 손꼽는다. 둘째, 가슴을 빗맞거나 배를 관통하여 신음하다 죽은 것을 다음 중급으로 친다. 셋째, 다리를 다쳐 오랜 신음 끝에 죽어 가까스로 찾아낸 것을 가장 하급으로 친다.

이처럼 사냥한 고기를 세 종류로 분류하는 까닭은 신선도에 따른 분류이기도 하지만 짐승이 죽을 때에는 반드시 독을 품어 내기 때문에 독 품을 틈새도 없이 죽은 고기일수록 좋다고 여겼기 때문이다. 그래서 상급은 조상에게 바치는 제물로 쓰고, 중급은 남에게 선물을 하였고, 하급은 자신들이 소비하는 것이 상례였다.

그 까닭 또한 말할 것도 없이 조상 섬기는 일을 제일로 꼽고, 내가 먹기보다는 좋은 뜻으로 남에게 바칠 때에는 적어도 하급은 벗어나야 한다는 점에서 '선물하다'는 뜻을 '肉'(고기 육)에 '善'(착할 선)을 붙여 쓴 것이다. 같은 좋은 고기일지라도 더욱 좋은 것을 조상께 바치고, 그다음 것을 남에게 주었던 아름다운 전통이다.

〈명심보감〉에 "착한 일을 하는 자는 하늘이 복으로 갚고, 악한 일을 하는 자는 하늘이 화로 갚는다."(爲善者, 天報之以福, 爲不善者, 天報之以

禍)라고 하였다. 여기에서 말하는 '禍'(재앙 화)는 곧 신(示는 神의 본디 글자)에게 살은 다 발라내고 뼈만 앙상한 것을 아무런 정성 없이 바치면 하늘이 재앙을 내린다는 말이다.

따라서 뼈만 바치는 무성의가 곧 악한 일이며, 선악을 가늠하는 가장 높은 자가 '하늘'이라는 말이다. 여기에서 말하는 '하늘'을 가까이 당겨 놓고 보면 '사람이 이에 하늘'(人乃天)인 것이다.

뼈에 살을 발라낸 앙상한 뼈는 하나같이 반듯하게 생긴 것이 없다. 약간 반듯하고도 넓적한 것은 소의 방둥이 뼈이거나 거북의 배때기 뼈일 뿐이다. 때문에 옛날 문자를 새길 수 있는 거의 유일한 재료는 '龜甲獸骨'(구갑수골)이었다. 그래서 붙어진 용어가 갑골문자라는 말이다.

그렇기 때문에 '살 발라낼 과'는 울퉁불퉁하다는 뜻이 집중적으로 들어 있는 글자다. 그 좋은 예로 '鍋'(냄비 과)는 밑이나 둘레가 반듯할 수 없는 취사도구를 말하고, '渦'(소용돌이 와)는 물이 반듯하게 흐르다가 어느 지점에 이르러서는 빙빙 맴돌며 소용돌이치는 현상을 말한다.

또 '過'는 울퉁불퉁한 곳을 지난다는 뜻이다. 그렇다 보면 자칫 허물이 벗겨질 가능성이 많기 때문에 '허물'을 뜻하는 글자도 되고, 또 나아가 반듯한 곳을 지난다는 일은 누구나 쉬운 일이라 여겨지나 다만 울퉁불퉁한 곳을 지날 수 있어야 통과한다는 뜻이 주어질 수 있기로 어려움을 벗어난다는 뜻이 주어질 수밖에 없다.

한편 "입은 비뚤어져 있을지라도 말은 바로 하라"는 말처럼 입이 비뚤어지는 증세를 일러 '구와'(口喎)라 하고, 대부분의 새들이 옴팍한 구멍을 뚫고 살아가는 새집을 일러 '窩'(새집 와)라 하는 데 반하여 높은 가지에 매달린 열매 위의 곳에 둥지를 짓고 살아가는 새집을 '巢'(새집 소)라 한다.

이처럼 부드러운 살을 발라낸 딱딱한 뼈들은 거의 다 울퉁불퉁하다는 뜻으로 쓰인다.

骨 뼈 골
뼈에 살이 붙은 모양

뼈를 나타내는 '骨'은 골수가 들어 있는 뼈는 반드시 살로 덮여 있어 뼈가 그야말로 몸의 뼈대를 이루고 있음을 나타낸 글자다. 그래서 '體'(몸체)라는 글자가 보여 주듯 우리의 몸은 뼈를 중심으로 풍성한 살이 감싸고 있음이라는 말이다. 이런 면에서 사람은 뼈가 발달한 골상(骨相)과 뼈보다는 살이 풍부한 육상(肉相)으로 나눠 볼 수 있다. 살이 풍부한 것보다는 뼈가 튼튼한 편이 훨씬 좋기 때문에 육상보다는 골상을 더욱 건강한 상으로 여긴다.

새봄이 되어 나무에 수액이 한참 오를 때쯤 너나없이 산으로 찾아가 고로쇠나무 물을 마신다. 본디 고로쇠나무란 골리수(骨利水)나무라는 말로 그 나무속에서 채취한 액이 뼈 속의 액인 골수를 이롭게 하여 뼈를 튼튼하게 해 준다는 점에서 즐겨 마시는 것이다. 혀가 촉촉하면 살맛이 난다는 뜻에서 '活'(살 활)이라 하였듯이 아무리 단단한 뼈일지라도 촉촉한 골수가 분비되어야 부드럽게 잘 살아갈 수 있다는 점에서 '滑'(부드러울 활)이라 하였다.

뼈의 양과 살의 음이 합쳐 몸(모임)이 되었다고 하지만 이는 몸이 차지하고 있는 공간적인 질적 측면만을 두고 말한 것이다. 좀 더 구체적으로 몸의 기능적 측면을 두고 보면 다음과 같이 지(地) 수(水) 화(火) 풍(風) 네 가지로 나눠 볼 수 있다. 근골과 기육은 땅에 속하고, 정혈과 진액은 물에 속하고, 호흡과 체온은 불에 속하고, 영명한 활동은 바람에 속한다.

옛 선인들도 말하기를 "바람이 그치면 기운이 끊기고, 불이 꺼지면 몸이 차가워지고, 물이 마르면 피가 말라 버리고, 흙이 흩어지면 몸이 찢어진다."(風止則氣絶, 火滅則身冷, 水渴則血枯, 土散則身裂)〈동의보감〉라 하였다. 덧붙여 말하기를 "땅이 성하면 뼈가 금과 같고, 물이 성하면 정이 옥과 같고, 불이 성하면 기운이 구름과 같고, 바람이 성하면 지혜가 신과 같다."고 하였다. 그렇기로 뼈가 금과 같이 빛나야 온 몸이 건강하고 몸이 건강해야 삶이 부드럽다.

자연에서의 산도 두 종류가 있다. 하나는 뼈가 드러난 '골산'(骨山)이요, 또 다른 하나는 흙이 많이 붙어 있는 이른바 '육산'(肉山)이 그것이다. 그러나 아무래도 '골산'은 물이 맑고 경치는 좋으나 생물들이 의지해 살아가기는 어렵다. '육산'은 일단 나무들이 무성하여 숲을 이루기 마련이며, 나아가 동물이나 사람이 의지하며 살아가기 편하다.

사람의 몸매도 마찬가지다. 뼈가 강한 체질이 있는가 하면, 뼈는 약하나 살이 풍부한 체형이 있다. 대부분 뼈가 강한 이들을 강골이라 하고, 그 반대로 뼈가 약한 이들을 약골이라 한다. 몸을 이루고 있는 중심체는 아무래도 뼈가 중요하기 때문이다.

우리가 일상으로 쓰는 말도 마찬가지다. 어떤 이는 말 가운데 뼈가 들어 있는 이른바 '언중유골'(言中有骨) 식의 말을 자주 구사하는가 하면, 어떤 사람들은 뼈는 찾으려야 찾을 수 없고 다만 부드러운 살만을 골라 상대방이 듣기 좋게 '살살'거리며 말하는 습관을 지니고 있다.

다 같이 장단이 있기 마련이다. 뼈대 있는 말을 자주 쓰는 이는 자칫 사람들이 잘 따르지 않는 단점이 있는 반면에 아무래도 말이 적다. 언제나 부드러운 말을 살살거리는 태도로 구사하는 이는 상대방이 우선 듣기는 좋으나 뒤돌아 보면 말은 많으나 골자가 없을 경우가 허다하다.

 肉 고기 육
살이 막으로 분리된 모양

몸에서의 '살'은 가죽과 뼈 사이에 들어 몸을 지탱시키는 몸의 중요한 요소로 뼈를 양이라 치면 살은 음이다. 따라서 음양의 모임을 '몸'이라 할 때 자연으로 비유하자면 단단한 뼈는 곧 산과 같고 부드러운 살은 물과 같은 것이다. 그렇기로 우리의 몸을 그림으로 비유하면 산과 물이 알맞게 조화를 이룬 산수화(山水畵)와도 같은 것이다.

옛말에 "호랑이를 그림에 겉으로 드러난 가죽은 그릴 수 있으나 속에 든 뼈를 그릴 수 없다."(畵虎畵皮難畵骨)라 하였으나 참으로 호랑이답게 그리려면 가죽 속에 감아 있는 그 뼈를 잘 알아야 바람을 따라 움직이는 호랑이의 기상을 제대로 그릴 수 있는 것이다. 살은 그저 가죽 속에 든 것이 아니라, 뼈에 착 달라붙은 것이 바로 '살'이기 때문이다.

뼈에도 마디가 뚜렷하듯 살도 그저 살이 아니라 나름대로 뼈를 감싸고도 남을 만한 까닭이 있다. 즉, 살은 반드시 한 덩어리 한 덩어리가 꺼풀로 싸여 옆옆이 뼈를 감싸고 있다. 그래서 살에는 순 살과, 살과는 전혀 다른, '肉'(고기 육)이 아닌 '膜'(꺼풀 막)이 있다. 이처럼 꺼풀에 싸인 살덩어리의 모양을 그대로 본뜬 모양이 곧 '肉'이다.

사람은 두 가지 체질이 있다. 골격이 뚜렷이 드러나 대개의 경우 깡마른 것처럼 보이는 골체(骨體)가 있고, 비록 뼈는 약하나 살이 풍성하여 그럴싸하게 보이는 육체(肉體)가 있다. 둘 다 바람직한 체질은 아니다.

전자는 금강산을 대하는 것 같아 '빼어나기는 하나 장엄하다 이를 수는 없다'(秀而不壯) 하겠으나, 후자는 지리산을 보는 것 같아 '비록 장엄하기는 하나 빼어나지 못하다'(壯而不秀)고 이를 수 있다. 흔히 말하는 '통뼈'에 살이 뚜렷할 때 비로소 '빼어나고도 장엄한'(秀而且壯) 몸매라 말할 수 있다.

뼈 속에 골수가 있듯이 살가죽 속에 살이 있다. 그런데 막상 뼈를 유지시키는 근본은 골수요, 피부를 윤택하게 하는 것은 살을 두고 흐르는 피요 오장일 따름이다. 그럼에도 불구하고 얼굴에 난 검버섯은 병원을 찾아 지울 줄 알지만 막상 약해진 내부의 장부를 손써서 고칠 줄은 모른다.

내 몸을 고기로만 채워 가며 살아가려는 태도는 좋은 태도가 아니다. 고기를 고기로 채울 수 있는 부분이 있기는 하지만 반드시 고기로 다 채울 수는 없는 노릇이다. 내 몸 안에 기생하며 내 몸과 서로 돕고 살아가는 수많은 좋은 균들은 식물성 섬유질을 더 좋아하기 때문에 이들로 하여금 내 몸을 튼튼하게 가꾸기 위해서 채소나 과일 등을 먹어야 한다.

잘 만들어진 배는 적이 무차별 가해 오는 함포사격을 제대로 방어하기 위해서 간간이 틈을 막아 만들어진다고 한다. 이와 마찬가지로 우리 몸도 뼈를 에워싸고 있는 살들은 어느 살이나 막론하고 한 덩어리로 이뤄진 게 아니고 부분적으로 살이 아닌 '膜'(꺼풀 막)으로 구분지어 있다.

이 '膜'은 워낙 단단한 것으로 살이 아니다. 어디까지나 살을 보호하려는 임무를 띠고 살의 중간마다 살덩어리를 구분 짓는 경계와도 같은 것들이다. 그렇기에 아무리 간장 속에 넣고 많은 시간을 두고 끓인다 할지라도 쉽사리 익지도 않을 뿐더러 또한 씹어 삼킬 수조차 없는 것이다.

그래서 살이 아니라는 뜻에서 '肉'에 '莫'(아닐 막)을 덧붙여 '膜'이라 이른 것이다. 특히 눈도 중요한 기관이라 눈동자 또한 막으로 둘러싸여 있는 것이다.

筋 힘줄 근
살 속에 들어 힘을 엮어 내는 줄기

　단단한 뼈에 부드러운 살이 붙어 몸을 이뤘기 때문에 '體'(몸 체)라 하였다. 그런데 부드러운 살을 다시 흩어질 수 없도록 엮어 주는 줄기를 '筋'(힘줄 근)이라 한다. 부드러운 살을 그물처럼 엮어 놓은 힘줄은, 마치 대나무가 곧게 지탱하고 있는 까닭은 대나무 대부분이 힘줄로 엮어져 있기 때문이라는 점을 비슷하게 여겨 '筋'을 '竹'(대 죽) 밑에 '肉'(고기 육)과 '力'(힘 력)을 덧붙여 만든 글자다.

　온 몸을 하나의 그물로 비유해 보면 뼈는 몸의 골자(骨子)로, 이른바 '큰 벼릿줄'(綱)에 해당하며, 크고 작은 힘줄들은 온 몸의 각 부분을 촘촘히 엮어 낸 '작은 벼릿줄'(紀)과도 같다. 뼈가 단단하고 힘줄이 성해야 튼튼한 몸을 지탱할 수 있는 이치는 마치 어떤 조직이 튼튼하게 유지되어야 할 가장 중요한 조건은 기강이 확실히 서야 된다는 이치와 다를 바 없다.

　속담에 "공든 탑이 무너지랴?"라고 하였다. '功'이란 다름 아니다. 곧 힘을 쏟아부은 만큼 나타나는 것이 바로 '功'이기 때문에 '力'(힘 력)에 어떤 만큼을 헤아린 것(工)을 붙여 만든 글자가 '功'이다. 그렇다면 무너지지 않는 공든 탑을 이루는 그 힘의 원천은 어디에서 비롯되는 것인가?

　그 일차적인 힘은 물론 자신의 내부에서 우러나오는 안속의 힘 즉 '內功'의 힘이요, 이 안속의 힘이 거의 어떤 일을 성취할 수 있는 듯 커야 이차적인 남의 힘까지를 보태어 비로소 일을 제대로 성취해 낼 수 있는 것이다. 그래서 옛말에 "하늘은 스스로 돕는 자를 돕는다."라 하였다.

천만 코로 이루어진 그물이어야 나는 새를 잡든 헤엄치는 물고기를 잡을 수 있다. 마찬가지로 몸의 뼈를 감싸고 있는 부드러운 살은 많은 힘줄들이 부추기고 있어야 제 모양 제 기능을 발휘할 수 있다. 피를 공급 받지 못하는 살은 있을 수도 없고, 골수의 도움 없이 성한 뼈도 있을 수 없다.

흔히 '힘'의 상징은 팔뚝을 위로 당기면 불록해지는 바로 그 모양을 본뜬 것이지만 힘을 온 몸(살)에 배달 및 공급하는 체계는 마치 뼈 속에 골수가 흐르며 뼈를 윤택하게 하는 체계와 전혀 다를 바 없다.

따라서 흔히 '筋骨'(근골)이라는 말을 쓴다. 그런데 이 말은 온 몸의 주체는 뼈요, 뼈를 둘러싸고 있는 조직망은 힘줄이기 때문에 이 둘을 합성시켜 쓴 말이다. 뼈가 온 몸의 형체를 유지하는 중심체라면 힘줄은 다만 살을 그대로 유지시키는 그물의 작은 줄들과 같다.

즉, 단단하기 그지없는 뼈를 큰 뼈라 한다면, 부드러운 살에 흐르는 힘줄은 질긴 작은 뼈라 일러도 큰 무리는 없다. 그렇기는 하나 힘줄은 어디까지나 뼈 밖의 살과 더불어 있는 것이라 부드러운 살과도 다르고, 또한 딱딱한 뼈와도 다르다.

그러나 뼈에도 마디가 있고, 마디와 마디 사이에 '연골'이 들어 있는 것처럼 살에도 덩어리와 덩어리 사이에 막으로 경계 지어져 있다. 그래서 이런 막으로 된 경계를 '分肉之間'(분육지간)이라 하는데 힘줄은 교묘하게도 이 경계들을 막힘없이 통과하면서 '氣血'(기혈)을 운반한다고 한다.

따라서 '氣'와 '血'이 각각 음양을 이루며 온 몸을 돌아 생명이 유지되는데 아주 큰 역할을 담당하는 그중의 하나는 바로 이 힘줄인 것이요, 또 '精'을 유통시키는 역할을 담당하고 있는 것은 바로 뼈 속의 골수다.

그래서 몸의 세 가지 보배인 '精氣神'(정기신)과 뼈와 살, 그리고 힘줄은 매우 밀접한 관계가 있는 것이다.

刀 칼 도
칼날과 칼등을 그린 모양

칼은 물건을 베는 도구임과 동시에 생명을 치는 무기로 신석기 시대로부터 이미 돌로 만들어져 있었던 것이다. 이때의 돌칼은 대개의 경우 날과 등으로 구분되어 있는 외날의 칼도 있고, 또 두 날로 된 양날의 칼도 있었다.

외날로 된 칼은 '刀'(칼 도)라 하여 생활도구로 사용되는 것이고, 양날로 된 칼은 '劍'(칼 검; 劍과도 같음)이라 하는데, '劍'이란 '누구나 다 지니는 호신용 칼'로 '刀'에 '僉'(여러 첨)을 붙인 무기를 말한다.

〈상서 고명〉에 이르기를 "주나라 무왕이 폭군 주를 베어 백성을 위로하고 폭군을 응징했던 칼로 '붉은 칼'(赤刀)이 있었다."라고 한 기록을 참작해 보면 이때에 이미 금속을 다루는 주물 기술로 정교한 칼을 만들었다는 사실을 짐작할 수 있으며, 한편 이 금속으로 된 칼을 써서 문자를 기록했다는 점도 미루어 알 수 있다.

이후 생활도구로서의 칼은 옷을 마름질할 때에도 썼기로 '衣'(옷 의)에 칼을 붙여 '初'(처음 초)는 본디 옷의 시작을 뜻하는 '마름질'을 말한 글자이며, '巠'(줄기 경)에 칼을 붙인 '剄'(목 벨 경)은 사형을 뜻하는 글자로 형벌의 도구로 칼이 사용되었음을 말해 주는 글자다.

이름난 명검 중에 가장 뛰어난 칼은 "칼은 '거궐'을 가장 알아준다."(劍號巨闕)〈천자문〉이라 하였다. 이때에 '거궐'이란 임금이 머물러 계시는 궁궐의 대문을 지키는 큰 칼을 말하며, '闕'(궁궐 궐)이란 '欠'(모자랄 흠)에 '逆'(거스를 역)을 붙여 신분이 걸맞지 않은 이들의 출입을 막는 궁궐의 대문이라는 뜻이다.

칼은 정의를 실현하는 도구다. 가를 만한 곳을 찾아 가르되 가르는 것도 마구잡이로 가르지 말고, 일정한 원칙을 세워 두고 그 원칙에 따라 옳고 그른 것을 가르고 이롭고 해로운 것을 보다 정확히 갈라야 한다. 그래서 '원칙'이니 '법칙'이니 하는 말에도 '칼'이 붙어 있다.

중국 대륙을 아홉으로 나누어 '구주'(九州)로 나누고, 조선 팔도를 여덟으로 나눈 그 까닭도 지세가 나눠지는 언덕을 가늠하여 '아홉'으로 나눴고, 서울에서 지방으로 이르는 길을 중심으로 '여덟'으로 나눴기 때문에 원칙에 걸맞는 나눔이다.

왜냐하면 본디 '則'(법칙 칙)이라는 글자도 나름의 쓸모 있는 값어치대로 칼로 나눈다는 뜻이기 때문에 지세를 가늠한다거나 길을 가늠하여 나눈다는 말은 그야말로 '原'(언덕 원)의 값어치대로 나눴다는 점에서 '原則'(원칙)에는 딱 맞은 일이다.

옳고 그름도 가늠해 나눠야 할 틈새가 있고, 이롭고 해로운 것도 정확히 보고 정확히 나눠야 할 분기점이 있는 것이다. 이런 원칙을 저버리고 아무렇게나 나누되 특히 제 중심으로 그 어떤 값어치를 나누다 보면 원칙을 잃은 나머지 모든 일은 엉키고, 망하고, 더 이상 나갈 수 없고, 펑- 뚫려 '엉망진창'이 되고야 만다.

칼은 정의로운 것이다. 칼로써 나눌 것을 잘 나눴고, 칼로써 기록할 만한 것을 새겨 왔고, 칼로써 죽일 놈은 목 베어 처단하였고, 칼로써 마름질하여 옷을 만들어 입었고, 칼로써 큰 것을 잘라 서로 나누어 먹고 살아왔으니 이 '칼'이야말로 사용만 잘하고 보면 참으로 쓸 만한 도구임과 동시에 유용한 무기가 아니겠는가 싶다.

刃 칼날 인
칼에서의 날을 나타낸 모양

칼에는 등과 날이 있다. 칼의 효능은 등에 있는 것이 아니라, 날을 세워 날을 쓰는 데 있으며, 날을 세워 쓰자면 자주 숫돌에 갈아야 한다. 이때 칼을 갈아 날을 세우는 데 쓰는 돌은 퍼석한 암 돌이 아니라 단단한 돌이어야 하기 때문에 이를 '숫돌'(礪 숫돌 려; 사납고도 거친 돌)이라 한다.

일반적으로 주로 칼날을 쓰기 위해 외날로 이뤄진 칼을 '刀'(칼 도)라 한다면, 호신용이거나 창이나 총 끝에 매달아 사용하는 양날로 된 병기용 칼을 '劍'(칼 검)이라 한다. 이런 점으로 미뤄 볼 때에 '劍'은 '僉'(여러 첨)과 통하며, 또한 '儉'(임금 검)과도 상통하여 임금이 지니는 칼이 곧 '劍'이라는 뜻으로도 풀이할 수 있다.

'劍'은 적을 치는 병기로도 썼고, 또한 형벌을 가하는 형구로도 썼을 뿐 아니라, 창에 많은 날이 세워진 칼을 달아 어떤 권위를 상징하는 의장용으로도 사용되었기 때문이다. 그 좋은 예가 곧 가야국에서 만들어져 일본으로까지 전파된 '七支刀'라 하겠다.

'王'(임금 왕)이란 하늘, 땅, 사람을 잘 다스리는 어른이라는 뜻이며, '儉'(임금 검)은 많은 백성들을 거느리는 어른이라는 뜻이다. '임금'은 '숲속의 맹금'(林禽)이라 하여 사냥시대로부터 씨족이나 부족을 이끄는 어른으로 그 상징을 하늘까지 나는 사나운 새로 삼았기 때문에 붙여진 말이다.

그래서 우주 먼 옛날에는 하늘을 다스리는 천황(天皇)과 땅을 다스리는 지황(地皇)과 그리고 사람을 다스리는 인황(人皇)이 나왔으며, 이런 임금을 받드는 신하들은 오직 '작은 새'들이기 때문에 임금의 곁에서 그를 받드는 이들을 '벼슬'이라 하였다.

애당초 벼슬은 '새의 벼슬'로 그 등급을 상징하였기 때문에 이런 사실을 밝혀 "새의 벼슬로 관리를 상징하였고, 모든 사람들을 다스리는 큰 임금이 나타나게 되었다."(鳥官人皇)〈천자문〉라 하였다.

'劍'을 지닌 임금은 남의 목숨을 한칼에 다스려 버릴 절대 권력자이기 때문에 언제나 그 칼날을 조심스럽게 다뤄야 한다. 그렇다면 어떻게 다뤄야 옳게 다룰 수 있다고 말할 것인가? 이에 대한 답은 뻔하다. 참다운 마음으로 칼날을 잘 지켜야 한다는 뜻이 곧 '忍'(참을 인)자인 것이다.

아무리 자신이 고통스럽다 여겨질지라도 어떻게 하는 것이 과연 참다운 일인가를 항상 잊지 않고 '참다움을 끊임없이 찾는 일'이 곧 '참는다'는 말이다. 그래서 옛말에도 "일시의 분함을 참으면 백 일의 근심도 면할 수 있다."(忍一時之忿, 免百日之憂)고 하였다.

먼 길을 떠나기 전에 자장이 한 말씀을 부탁하자 공자는 "참아 나가는 것이 곧 덕이 되느니라."(忍之爲德)고 하였다. 밖으로의 표현이나 외형적인 위엄만을 중시한 자장에게는 참으로 급소를 찌른 말이었다.

아무리 어려운 입장에 처해 있을지라도 과연 어떻게 하는 것이 '참'을 지키는 길인가를 끊임없이 찾아 참을 찾는 일을 '참다' 또는 '참는다'라 한다면 이 말은 어쩌면 용서는 남을 위해 베푸는 것이 아니라, 실은 자신을 위해 베푸는 일이라는 말과 전혀 다를 바 없다.

참을 잃지 않는 자는 남을 포용할 수 있고, 포용하는 능력이 점점 늘어나는 것이 바로 '덕'을 쌓는 일이며, 덕을 쌓아야 남들도 나를 믿고, 나 자신도 누구에게나 떳떳할 수 있다. 참는 일은 곧 칼날을 바로 지키는 마음이다.

 丰刀 새길 갈

칼로써 크게 새겨 둔다는 뜻

　　인간이 사회를 꾸리고 더불어 살아감에 있어서 중요한 일 중에 하나는 더불어 해야 할 일에 앞서서 서로 약속을 맺고, 일단 맺은 약속은 그 내용대로 잘 지키는 것이 천만 옳은 일이다.

　　말로만의 약속으로는 서로 믿기 어려운 구석이 없지 않다. 그래서 손가락을 걸어 단단히 약속하기도 하고, 재삼 약속을 확인해 가는 방법을 달리하면서 그 이행 여부를 점검하기에 마음 졸이며 노심초사하기도 하였다.

　　소리나 몸짓으로나 말만으로 약속을 하는 것보다 더 든든한 것은 글로 쓰는 것이며, 글로 쓰는 것보다는 칼로 새기는 약속이 보다 믿음직한 약속이 될 수밖에 없다고 여겼다. 막상 겉에 써 두는 것보다는 속에 새겨 두는 것이 훨씬 어렵기도 할 뿐 아니라, 보다 듬직하게 여길 수 있기 때문이다.

　　이런 뜻에서 크다는 뜻을 지닌 '丰'(클 봉 또는 예쁠 봉)에 '刀'(칼 도)를 붙인 글에 나아가 '칼로 어떤 약속을 크게 잘 새겨 두다'는 뜻으로 '栔'(맺을 계)라는 글자를 만들어 내기에 이르렀다. 물론 이때의 새김은 죽간이나 목간, 또는 돌이나 쇠에 칼로 파는 형식이었던 것이다.

　　태산의 한 줄기로 뻗어 내린 운운산이나 정정산의 중턱에서 대중을 모아 놓고 천자 자리를 두고 선양하는 거룩한 행사를 거행했을 때에도 으레 신구 간에 지켜야 할 약속을 바위에 새겼던 '태산각석'(泰山刻石)이 역사상 귀중한 자료라는 점은 누구나가 다 인정할 수밖에 없는 일이다.

이로부터 나이가 같은 또래들이 우정을 맺고 이를 굳게 지켜 가며 평화롭게 살자고 약속을 맺을 때에는 우정으로만 그칠 것이 아니라 형제애로 승화시키자는 의미에 서로가 재물을 내놓고 새김을 두었기 때문에 이를 일러 '동경계'(同庚契)라 하였다.

여기에서 쓴 '동경'(同庚)이라는 용어는 '동갑'(同甲)이라는 말과 전혀 다를 바 없는 용어다. 단지 육갑이 같다는 말을 동갑이라고 하지만 한편 동경이라고 부른 까닭은 '갑'에서 '무'까지는 움터서 무성해지는 때를 말하나 '경'에 이르러서는 줄어드는 상태에 이르기 때문에 상부상조해야 할 귀중함을 서로 느낀다는 깊은 뜻이 숨어 있다.

계약은 크고 작은 종류가 많다. 작기로는 개인 대 개인 간의 약속에서부터 크게는 나라와 나라 사이의 약속도 있다. 그러나 약속은 맺기 이전에 신중을 기해야 할 것이며, 일단 맺은 약속은 천재지변을 제외한 그 어떤 상황에서도 지켜야 함은 물론이다.

그러나 대부분의 경우에 생각을 신중하게 안 하고 문득 나온 약속은 거의 다 지키는 경우가 드물기 때문에 '言'(말씀 언)에 '乍'(문득 사)를 붙여 '詐'(속일 사)가 되어 '欺'(속일 기)와 같이 '약속을 헌신짝처럼 던져 버린다'는 뜻을 지닌 글자들이다.

그래서 사기(詐欺)란 두 측면이 있다는 사실을 감지할 수 있다. 그 하나는 문득 깊은 생각 없이 던진 약속은 십중팔구 지킬 수 없다는 뜻이며, 또 다른 하나는 약속에 대한 파기는 곧 자신의 이기심만 앞세우기 때문이라는 점이다.

'欺'란 이것과 저것을 성취했든 못했든 간에 이것과 저것을 그대로 놓아 둔 채, 스스로 부족하다 여겨 그것까지를 취하려 드는 불량한 태도에서 비롯된 것이기 때문에 결과는 뻔히 속임으로 치달을 수밖에 없다는 말이다. '欠'(모자랄 흠)은 부족증이기 때문이다.

未 쟁기 뢰
손으로 밭을 갈아 젖히는 쟁기

하늘에서 내린 종자를 땅(밭)에 뿌리고, 심고, 가꾸고, 거두어 내는 생산 활동을 일컬어 농업이라 한다. 물론 씨는 하늘에서 내려진 종자를 말하는데 이 종자만으로는 확대 재생산을 해낼 수 없고, 씨를 심을 땅이 있어야 한다. 그리고 그것을 심고 가꾸는 사람의 노력이 있어야만 농사는 가능한 것이니 이 하늘과 땅과 게다가 사람의 노동이라는 세 박자가 제대로 맞아떨어져야 농사는 가능한 것이다.

이런 뜻에서도 "도는 하나를 낳고, 하나는 둘을 낳고, 둘은 셋을 낳는데, 이 셋이 만물을 낳게 되었다."(道生一, 一生二, 二生三, 三生萬物)〈노자 제42장〉는 말은 의미심장한 말이다. 어느 측면에서 보면 도가 낳은 '하나'는 종자요, 둘은 '밭'이요, 셋은 사람이라 여겨도 되기 때문이다.

수박은 수박대로 줄무늬가 그려져 있고, 호박은 호박대로 모양은 수박과 비슷하나 줄무늬는 없다. 그래서 그런 무늬는 곧 이미 종자 속에 은밀히 박혀 있던 것이라, 솔개가 하늘을 날고 물고기는 물에서 뛰는 일과 같아 천명일 수밖에 없다고 보았다.

즉, 하늘은 이미 많은 무늬를 지니고 있기로 이를 '천문'(天文)이라 여긴 것이며, 다만 이런 무늬를 씨가 땅에 심어질 때에 어떤 토양에 심어져 있느냐에 따라 그 모양만 다를 뿐이지 본질은 같기 때문에 이를 일러 '산지'(産地) 따라 크기가 다르다고 말하는 것이다.

하늘은 모든 것을 쥐고 있는 '하나'이지만 땅은 높고 낮은 구분이 있다. 그래서 하늘은 한 획으로 상징되고 있지만, 땅은 갈래진 두 획으로 나타낸 것이다. 이를 문자로 나타내면 땅은 곧 높고 낮은 곳으로 구분되는 모양 그 자체로 '厂'(언덕 한)이라 한다. 따라서 하늘에서 내린 무늬가 땅의 언덕에 떨어지면 그 낳는 모양이 각각 형편에 따라 다르다는 의미에서 '産'(낳을 산)이라 하였다.

똑같은 종자를 심더라도 땅의 형편에 따라 확대 재생산되는 산물의 품질이나 수량도 다르고, 크고 작은 모양이나 색깔이 다르고 맛도 서로 다르다. 이런 뜻에서 "만물의 비롯되는 바탕은 하늘이나, 만물을 실제 내놓는 바탕은 땅이다."(乾元, 萬物資始. 坤元, 萬物資生)〈주역〉라고 하였다.

농사는 일조량이 적당하고 비바람이 적당해야 함도 풍년의 큰 조건이지만 해마다 3월이면 밭갈이를 잘하여 부지런히 심고 가꾸는 농부의 노력도 중요하다. 따라서 "3월(辰)에 풍년을 기약하며 시작되는 일"이라는 뜻에서 '農'(농사 농)이라 하였다.

먹이를 생산해 내는 농사야말로 가장 큰 일이라는 점을 부정할 자는 없다. 그런데도 불구하고 3월에 밭 갈지 아니하고 게으름을 피우면 수염을 깎아 버리는 형벌을 주었기로 '辱'(욕보일 욕)이라 하였고, 상하로 난 수염이 깎일 때에는 참을 수밖에 없다는 뜻에서 '耐'(참을 내)라고 하였다.

농사는 뭐니 뭐니 해도 밭갈이로부터 시작되니 만약 "봄에 밭 갈지 아니하면 가을에 거둘 것이 없음을 후회한다."(春不耕作秋後悔)라고 주자(朱子)도 욕됨이 없기를 힘써 강조하였다.

밭갈이는 잡초가 나오기 전에 이를 없애는 일이며, 또한 곡식의 종자가 제대로 묻혀 바르게 자라도록 하는 일이다. 그래서 이런 일을 해내는 도구를 '耒'(쟁기 뢰)라 하였으니 그 뜻은 나무로 땅을 좌우로 가르는 일(挈; 새길 계)을 하는 도구라는 뜻이다.

角 뿔 각
짐승의 머리에 굳은살로 돋아난 모양

짐승의 머리에 굳은살로 돋아난 모양을 본뜬 글자가 '角'(뿔 각)이다. 뿔은 뼈가 아니라 굳은살로 짐승의 머리 양쪽 좌우에 각각 하나씩 돋아난 것이다. 뼈가 아닌 살이기 때문에 '肉'(고기 육)에 돋아 자라나는 현상을 덧붙여 만든 글자가 곧 '角'이다. 상형은 상형이지만 상형 위에 다시 상형을 덧붙인 글자이기 때문에 이를 '증체상형'(增體象形)이라 한다.

머리 양쪽에 뿔이 난 것은 네발짐승의 특징으로 적을 감지할 수 있는 눈 위에 뿔이 있어야 하고, 그 뿔은 단지 좌우 양쪽에 돋아 있어야 하기 때문이다. 그리고 뿔을 받치고 있는 밑바탕이 크고 넓어야 뿔도 튼튼하고 뾰족하게 자라 제대로 방어할 수 있다. 그래서 '뾰족하다'는 뜻을 나타내는 '尖'(뾰족할 첨)도 '大'를 밑받침으로 두고 그 위에 '小'를 올려놓은 것이다. 즉, 뾰족하게 높이 쌓으려면 우선 넓게 자리 잡고 그 위에 차근차근 쌓아 올려야 된다는 말이다.

공자는 "옛것을 익히고 새로운 것을 알아야 가히 스승이 될 만하다"(溫故而知新, 可以爲師矣)라 했다. 여태껏 지내 온 역사를 알고 그 내력을 잘 알아야 그 위에 새로운 것을 밝혀낼 수 있다는 말이며, 그래야만이 남을 가르칠 수 있는 스승으로서의 자격이 주어질 수 있다는 무서운 말이다. 흔히 말하는 첨단산업이니 첨단과학이니 또는 첨단이론이니 하는 첨단의 모든 것들은 반드시 이미 이루어져 있었던 기성에 대한 적확한 이해의 토대를 거치지 않고 이루어질 수 없다는 사실은 불을 보듯 명확한 일이다.

속담에 "쇠뿔도 각각이요, 염불도 각각이라."는 말이 있다. 쇠뿔이 좌우로 각각 하나씩 두 개가 돋은 까닭은 다름이 아니라, 왼쪽에서 일어난 일은 왼쪽 뿔로 처리하고 오른쪽에서 일어난 일은 오른쪽 뿔로 처리하기 위한 것이다. 다만 무소의 뿔이 하나로 곧게 돋아난 것은 우왕좌왕 가지 말고 뿔을 보고 그대로 반듯하게 가라는 것이다.

이처럼 주인이 "좌라—" 하면 왼쪽으로 나아가되 만약 진행하려는 데 방해가 되는 것이 있으면 왼쪽 뿔로 들이받고, 주인이 "우여—" 하면 오른쪽으로 나아가되 만약 진행하려는 데 방해가 되는 것이 있으면 오른쪽 뿔로 들이받고 나아가야 한다.

소를 길들이는 말로는 나아가라는 뜻으로는 "이리—"라 하고, 뒷걸음치라는 뜻으로는 "물러—" 하고, 가다가 멈추라는 뜻으로는 "와—" 하는 구호가 있다. 그런데 다만 구호만 외치는 것이 아니라, 고삐를 당기고 그래도 잘 알아듣지 못하면 채찍을 가한다.

그러나 구호나 고삐나 채찍은 주인이 소를 향해 내리는 하나의 명령이라면, 좌우로 난 뿔은 소가 좌우를 향해 움직이는 데 있어서 가늠하는 바로미터임과 동시에 또한 좌우를 향해 나가는 데 방해되는 것을 물리치는 일종의 무기인 것이다.

새에게는 날개를 주었고, 짐승에게는 털을 주었고, 물고기들에게는 비늘을 주었고, 거북이나 뱀들에게는 허물을 뒤집어씌워 주었다. 그러나 사람에게만은 아무것도 주지 않은 듯하나 이들을 다 다스릴 수 있는 가장 귀중한 머리를 주었다.

그래서 아무리 단단한 쇠뿔이라 할지라도 "쇠뿔은 단김에 뺄 수 있다."는 지혜를 지닌 것이다. 이런 뜻을 나타낸 글자가 곧 '解'(풀 해)다. 뿔은 단단한 뼈가 아니라, 이미 굳은살이라는 걸 사람은 알았기 때문이다.

竹 대 죽
곧은 줄기에 좌우로 난 잎의 모양

나무도 아닌 것이 풀도 아닌 것이 곧기는 아주 곧아 군자의 절개를 고스란히 지키고 있는 식물은 오직 '대나무'일 뿐이다. 말이야 대나무이지만 실은 풀과 같은 생리를 지닌 이 물건은 아무래도 나무라기보다는 풀로 구분된다.

그런데도 워낙 그 쓸모가 많고, 곧은 모양과 벽옥처럼 푸르른 색이 다른 것들과는 달리 그 특색이 뛰어나 문인들이 즐겨 읊고, 즐겨 그리는 호재(好材)가 된 까닭은 다른 데 있는 것이 아니다. 오직 사군자(四君子) 중에서도 차가운 겨울을 참고 견디어 내는 인고(忍苦)의 상징으로 받들어지는 데 아무 손색이 없기 때문이다.

군자는 본디 임금을 잘 받들어 섬기는 임금에 대한 효자라는 말로 다시 말하면 충효를 겸하여 갖춘 사람, 즉, 도덕적 성취를 이룬 자로서 수신(修身), 제가(齊家), 치국(治國)은 물론 나아가 평천하(平天下)에 성심을 다할 수 있는 자격을 갖춘 자라는 깊은 뜻을 지닌다.

따라서 이런 이는, 첫째, 임금께 성심을 다하여 섬길 수 있어야 하기 때문에 자신을 온전히 비워야 하며, 둘째, 그 섬김이 한결같아 전후의 모습이 서로 다르지 않아야 한다. 이런 두 가지 점에서만 볼지라도 대나무로 상징될 수밖에 없다.

대나무 자신의 속은 그 어떤 식물과는 달리 텅 비어 있을 뿐 아니라, 자라는 동안에 반드시 마디를 지으면서 자라되 상하 마디가 서로 동일하다는 점이 우선 두드러진 특징이다. 그래서 '同'(같을 동)이라는 글자는 대나무에서의 한 마디를 본뜬 모양으로 첫째로는 '비다'는 뜻이 있어, '洞'(빌통, 또는 마을 동)이라 쓸 때에는 물이 흐르는 빈 골짜기라는 뜻이며, 둘째로는 상하가 다 '한가지로 같다'는 뜻이기도 하다.

따라서 자신은 대부분 텅 비어 나아가되 상하가 서로 같도록 처세를 일관되게 하며 어디까지나 임금을 성심으로 섬기는 데 온 열성을 다하는 충효겸전(忠孝兼全)의 군자는 식물로 말하면 곧은 대나무가 될 수밖에 없다.

이런 뜻에서 일찍이 세종조의 명상 황희(黃喜) 정승이 후배인 김남택(金南澤)에게 준 글 중에 이르기를 "군자는 하늘의 뜻을 그대로 본받고, 철인은 일의 기틀을 잘 살피는 것이라네. 이는 마치 때 맞춰 오는 비가 만물을 스스로 빛나게 함과 같네."(君子體天意, 哲人察事機, 有如時雨化, 萬物自生輝)〈방촌집〉라는 말씀은 군자의 뜻을 잘 밝혀 낸 명시라 이를 수 있다.

이미 차가운 겨울에 땅속에서 고개를 내밀기 시작하여 봄이 되자마자 '죽죽죽—' 자라기 때문에 '笋'(죽순 순)에서 '旬'(열흘 순)만 제하고 나면 '竹'으로 그 본 모습을 드러내는 이 물건에게 붙여진 별명은 '동생초'(冬生艸)요, 한편 벽옥처럼 그 색깔이 고결하기 그지없고, 잎 또한 빳빳한 붓끝처럼 쭉쭉 뻗어 내려져 있으며 모진 바람 앞에서도 다만 정중히 절을 올리는 듯 비낄 뿐이지 결코 부러지지 않기 때문에 일명 '벽랑간'(碧琅玕)이라 하였다.

이 같은 품위로 인해 능히 겨울을 대표하는 사군자의 하나로 받들어졌고, 속담에 "작아도 대나무요, 커도 소나무다." 하여 언필칭 한결같은 절개를 말할 때에 송죽(松竹)으로 아울러 칭송되었으며, 나아가 매화를 더하여 '세한삼우'(歲寒三友)로 널리 아껴질 수밖에 없었던 것이다. 비면서도 마디가 있어야 참으로 곧은 법이다.

箕 키 기

알곡과 검부러기를 나누는 도구

농사를 지어 수확을 이룬 뒤에 알곡과 검부러기나 쭉정이를 구분하여 알곡은 방아를 찧어 식량으로 삼고, 알곡 이외의 것들은 다 버려야 한다. 그래서 종래로 이런 때에 쓰이는 도구는 대나무 조각으로 엮어 만든 '키'로 두 손으로 이를 잡고 까불어 대어야만 하는 것이다.

그래서 키의 모양인 '其'(키 기; 지금은 그 기라 함)에 '竹'(대나무 죽)을 붙여 비로소 '箕'(키 기)라는 글자를 만들었고, 본디 '키'의 모양을 본뜬 '其'는 알곡인 이것과 그래도 먹을 수 있는 쭉정이인 저것들은 취하고, 아무래도 몹쓸 검부러기인 그것을 골라내는 도구라는 뜻에서 '그것'을 지칭하는 글자로 쓰이게 되었다.

본디 '키'라는 도구의 이름을 본뜬 물질명사가 이것이나 저것이나 그것이라는 지시대명사로 쓰이게 된 이런 경우를 두고 보면 대부분의 형용사나 부사, 내지는 동사나 대명사들이 본디 명사에서 갈래져 나왔다는 점을 알 수 있다.

아무튼 이것과 저것은 취하고 그것을 골라내는 도구를 빌어 '그것'이라는 뜻으로 삼고, '이것'이라는 뜻은 마치 새들이 둥지 안에 그대로 머물며 새끼를 부화해 낸다는 바로 '이 자리'라는 뜻에서 '止'(그칠 지)에 부화를 뜻하는 '化'(될 화)의 한쪽을 떼어 붙여 '此'(이 차)라 하였다.

나아가 저것이라는 글자는 일단 사냥을 통해 고기를 얻고 나면 가죽은 벗겨 저쪽으로 던져 두고 고기를 취해 먹기 때문에 '皮'(가죽 피)에 저쪽으로 보낸다는 뜻에서 '行'(다닐 행)의 한쪽을 붙여 '彼'(저 피)라 하였다.

말하자면 꿩도 먹고 알도 먹을 수 있는 것은 '이것'이라 치면, 고기는 취하고 가죽은 던져 두는 것을 '저것'이라 하고, 알곡과 쭉정이는 취하고 검부러기를 버리는 것을 '그것'이라 하였다.

이것도 저것도 아닌 어정쩡한 상태를 일러 어중간(於中間)하다고 하는 것처럼, 이것도 저것도 아닌 상태에서 이것도 취할 수 없고, 저것도 취할 수 없는 체념해야 할 경우를 일러 어차피(於此彼)라 말하는 것이다.

사실 이것과 저것을 확실히 구분해야 할 경우 이것과 저것을 명확하게 구분하는 일은 쉽지 않다. 또 설사 이것과 저것과 나머지 그것까지를 다 확실히 구분지어 한계를 두지 않고 넘나들며 이것과 저것을 꿰뚫어 알기는 더욱 어렵다. 대부분 이것과 저것 사이에서 그 두 가지 중 과연 무엇을 선택해야 할 것인가 갈등하다가 자신에게 걸맞는 선택을 주저한 채 방황만 계속할 경우가 허다하다. 그러나 큰 공부를 한 사람은 이것과 저것 둘 중에서 갈등하지 말고 이것과 저것을 넘어선 그것이 있음을 알아서 공부의 폭을 훨씬 키워 갈등도 멈추고 방황도 청산해야만 한다.

하나의 사물을 두고 정확한 관찰을 해야 한다고 가정해 보자. 우선 이것이라는 것에 대한 이름을 먼저 정확히 알아야 하고, 그다음으로는 이것은 저것에서 비롯될 수밖에 없었던 소종래(所從來)를 알아야 할 것이다.

이처럼 지금의 본질적인 이름과 과거의 역사적인 소종래를 알고 나서야 미래에 어떻게 써야 할 것인가 하는 정확한 가치가 내려져야 하는 것이다. 그래서 이것(文)과 저것(史)과 그것(哲)까지를 꿰뚫어 아는 이를 비로소 일러 '사계(斯界)의 권위자'라 말하는 것이다.

즉, 똑같은 이것이라는 말도 '此'(이 차)는 저것도 아니요, 그것도 아닌 바로 이것임에 비하여 '斯'(이 사)는 이것에 저것을 보태고, 나아가 그것까지를 덧붙인 더 큰 이것이라는 말이다.

丌 도마 기
음식이나 책을 놓는 책상이나 밥상

　귀중한 것을 놓음에 있어서는 반드시 받쳐 놓는 법이다. 몸을 살찌게 하는 음식은 그냥 바닥에 놓을 것이 아니라, 밥상에 받쳐 놓고 먹는 법이요, 정신을 살찌게 하는 서책은 누구나 다 책상에 놓고 보아야 한다. 이렇게 귀중한 것들은 다 상 위에 올려놓고 사용하는 것이다.

　그런데 막상 올려놓고 먹을 밥이 없으면 굶기 마련이기 때문에 밥상에 있어야 할 밥이 없는 상태, 즉 상의 밖에 밥이 있음을 나타낸 것을 '飢'(주릴 기)라 하였다. 그러나 유독 먹는 밥만이 아니라, 읽어 정신의 양식을 삼는 책이 책상 위에 없어도 또한 마찬가지다.

　넓어서 몸 전체를 유지해야 할 배가 넓지 못하고 줄어들어서야 몸을 제대로 유지할 수 없기 때문에 '주린다'는 말은 만약 배 안으로 들어 채워져야 할 음식이 채워지지 않는다면 자연히 배는 줄어들 수밖에 없다는 뜻에서 '굶어 주린다'는 말을 '주리다'고 말하는 것이다.

　예로부터 우리가 먹어 온 음식의 재료는 곡식이 주식이 되고 채소가 부식이 되고, 과일은 간식으로 즐겼다. 그런데 이런 먹이들은 하나같이 다 농사를 통해 얻어지는 것들이라, 농사의 흉풍에 따라 배불리 먹을 수도 있었고, 또한 주릴 수도 있었다.

　풍년의 조건은 토질의 여하에 있는 것만이 아니라, 하늘의 작용 여하에 있는 것이기 때문에 닷새 만에 바람 한 번 쳐 주고, 열흘 만에 비가 한 번쯤 내려 주는 이른바 '五風十雨'가 풍년 들기에 가장 좋은 것이라 하였다.

바람 불고 비오는 날 이외의 날에는 곡식을 익히는 햇볕이 쨍쨍 내려 쪼여 일조량이 풍부해야 곡식도, 채소도, 과일도 제대로 익어 갈 수 있다. 그래서 한편 하늘 위에 햇볕이 밝아야 큰 소유가 된다 하여 〈주역〉에서는 64괘 중 '火天大有'라 하였다.

한 그루의 나무도 밝은 햇볕을 잎이 잘 빨아들이고, 성장에 필요한 물기를 뿌리가 제대로 빨아들여, 이 두 가지 조건이 상하로 맞아떨어져야 나온 부분과 묻힌 부분이 잘 자랄 수 있는 법이다. 일조량이 부족하다거나 수분이 모자라면 어떠할 것인가? 상하가 다 무성할 수는 없다.

하나의 작은 생명체도 이러하거늘 하물며 사람이야 어떻겠는가. 뿌리에서 공급되어야 할 경제적 기반이 전혀 없고, 잎을 통해 얻어져야 할 인간적인 사랑이 너무나 소홀하다면 정상적인 인격을 갖춰 살아갈 수 없다.

그래서 뿌리박고 있는 자리도 자리지만 만물의 위를 온통 뒤덮고 있는 하늘이 잘 돌봐야 한다. 따라서 같은 흉년을 두고도 곡식이 잘못된 해를 일컬어 '饑'(주릴 기)라 하고, 채소가 흉작인 해를 두고 '饉'(주릴 근)이라 하며, 과일이 제대로 성숙되지 않은 해를 두고 '荒'(주릴 황)이라 하였다.

뿐만이 아니다. 동양 삼국의 평화를 주장하며 이런 평화를 해친 이등박문을 인류의 공적이라 지목하고, 만주 하얼빈역에서 그를 저격하여 나라가 위태로우면 목숨을 다 바쳐 이를 지킨다는 대의를 온 몸으로 실천하신 안중근 의사는 "하루라도 책을 읽지 않으면 입 가운데 가시가 돋는다." (一日不讀書, 口中生荊棘)라고 하였다.

우리가 매일 먹는 밥이 결코 흔한 것은 아니다. 밥도 또한 하늘과 땅, 그리고 인간의 노력에 의해 얻어진 것이니 반드시 밥을 먹은 자는 밥값을 해야만 한다. 밥만 먹어 몸만 돌보는 것보다는 항상 정신의 양식을 접하여 정신도 키워야 한다.

工

工 만들 공

길이를 잰다는 뜻

무엇을 만들 때에는 아무렇게나 만들 수 없다. 쓸 만하게 만들려 들면 반드시 쓰임에 걸맞게 만들어야 한다. 그러기 위해서는 만들기에 앞서서 쓰임새를 생각하지 않을 수 없고, 그 쓰임새에 알맞은 길이를 잰 뒤에 그것에 걸맞게 마름질을 하여 만들어 가야 한다.

가령 한 채의 집을 짓는다고 가정하자. 그렇다면 제일 먼저 갖추어야 할 조건은 집이 들어앉을 만한 터전을 마련하는 것이다. 그러고 나서 그 터전을 잘 닦되 우북하게 웃자란 초목을 제거하고 기둥이 들어설 자리에 주춧돌을 놓아야 한다.

그래서 집을 지을 그 터를 잡는 일을 두고 '其'(그 기)에 '土'(흙 토)를 붙여 '基'(터 기)라 하고, 집의 크기를 구상하여 그 터를 닦고, 주춧돌을 놓는 일을 두고 '楚'(가시밭 초)에 '石'(돌 석)을 붙여 '礎'(주춧돌 초)라 말한 것이다.

터도 없이 집을 지으려 든다거나 설사 터가 있다 할지라도 그 터를 단단히 다지거나 닦지도 않고 집을 지으려 드는 것은 부질없는 일이다. 그래서 모래 위에 집짓기를 경계한 것이며, 아무런 기초도 없이 나선다는 것은 애당초 실패를 스스로 걸머진 것이나 다름없는 일이라 하였다.

몇 칸을 짓고 몇 층으로 올릴 것인가? 이에 대한 전반적인 구상은 사실 터를 장만한 후에 일단 붓으로 그림을 그려 그 크기를 셈하여 낼 것이고,

그 셈한 것을 낱낱이 품으로 정확히 헤아려 이른바 '품셈'을 내야 한다.

그래서 붓으로 일단 집의 크기와 내용을 정확히 그려 내는 일을 두고 이르기를 '聿'(붓 율)로 늘어뜨린다는 뜻에서 '廴'(길게 끌 인)을 붙여 '建'(세울 건)이라 하였다. 오늘날 건축 용어로 말하면 설계를 내는 일이니 흔히 "시작이 반"이라는 말은 바로 이를 두고 이른 말이다.

집을 지을까 말까 하는 망설임이 계속되는 한, 집은 지을 수 없는 것이며 오직 지을 집을 그림으로 그려 내어 그대로 짓는 일의 시작은 곧 터전에 알맞은 집의 규모를 구상하여 모든 형편에 걸맞는 설계로부터 시작되기 때문에 "시작이 반"이라는 말은 틀림없는 말이다.

터를 제대로 닦고, 설계된 그대로 주춧돌을 놓은 뒤에 나무나 대나무를 품셈대로 가늠하여 얽은 후에 지붕을 잘 덮고 나면 집은 완성된다. 쓸모대로 재료를 가늠하여 베는 일이 실제 집을 만드는 실행의 시작이다.

이런 뜻에서 '木'(나무)과 '竹'(대나무)을 쓸모대로 마름질하는 일을 두고 '工'(만들 공)이라 하고, 나무로 기둥을 세우고 대나무로 벽을 막아 집을 올린 후, 지붕을 덮는 일을 '凡'(덮을 범)이라 하여 실제 집을 얽어 짓는 일을 '築'(쌓을 축)이라 하였다. 따라서 '建'은 설계로 구상을 그림으로 그려 내는 일이며, '築'은 곧 나무와 대나무를 재료 삼아 집을 얽고, 지붕을 덮는 시공으로 실제 집 짓는 일의 시작을 뜻하는 글자다.

옷을 만드는 일도 마찬가지다. 옷감을 마름질하는 일이 곧 옷의 시작이니 '初'(처음 초)는 생명의 시작인 '始'(비로소 시)와 맥락을 같이하는 글자다. 그래서 흔히 '시초'라는 말을 사용하니 생명의 시작은 어미의 몸을 나타낸 '女'에 목(입)과 숨(코)을 상하로 붙인 '台'(클 태)를 붙여 어미의 몸속에 목숨이 잉태됨이 '생명의 시작'이라는 말이다.

따라서 모든 일의 시작은 구상에 그치지 않고, 그 구상대로 실제 마름질하는 '工'(만들 공)이 만드는 일의 시작이라는 말이다.

㞡 펼칠 전
계속 헤아려 가면서 만들어 펼침

헤아려 만든다는 뜻을 지닌 '工'(만들 공)을 네 번 거듭해 쓰면 헤아리고 헤아린다는 뜻을 거듭한 글자로 자연히 그 뜻은 '펼친다'는 뜻이 될 수밖에 없다. 나아가 헤아려 가면서 만들어 나가는 주체는 곧 사람일 따름이기 때문에 어떤 작품을 헤아려 만든 뒤 이를 펼쳐 여러 사람에게 보인다는 뜻을 '展'(펼칠 전)이라 하였다.

이런 경우에 '尸'는 '人'(사람 인)의 변형으로 작품을 만든 사람을 뜻하며 그 안에 '工'이 네 번이나 겹친 것은 헤아리고 헤아려 가면서 만든다는 뜻을 나타낸 것이며, 그 밑의 획들은 여러 사람을 나타낸 것으로 펼쳐진 작품을 보는 이들을 뜻한 것이다.

대개의 경우 작품을 만들 때에는 작업실에 틀어 박혀 노심초사 헤아려 가면서 조용히 만들지만 다 만든 뒤에는 모든 이들에게 이를 펼쳐 보이기 때문에 일단 닫혔던 공간을 벗어나 펼쳐질 수밖에 없다는 뜻에서 '展開'(펼쳐 열었다)라 하였다.

사실 눈을 크게 뜨고 정신 차려 사물을 똑바로 대하고 보면 풀 한 포기 나무 한 그루도 똑같은 것이 있을 수 없다. 그 풀 한 포기 나무 한 그루가 서로 다르다는 점을 깨닫고 보면 참으로 그런 심상한 것들까지도 무심히 지나칠 수 없는 자연의 신비로움을 경이롭게 여기지 않을 수 없다.

그렇기로 옛 글에 이르기를, "내 한 권의 경전이 있는데 종이나 먹으로 이뤄진 게 아니다. 펼쳐 열고 보니 한 글자도 없지만 언제나 큰 광명을 발하고 있다."(我有一卷經, 不因紙墨成, 展開無一字, 常放大光明)라고 하였다.

즉, 내가 힘써 배워야 할 참다운 교과서는 종이에 먹을 발라 글자로 이뤄진 책만이 아니라, 사사물물 하나하나를 자세히 살펴보면 그 안에 무한히 깊은 진실이 생생하게 갊아 있다는 말이다. 그렇기 때문에 메마른 종이에 적혀진 것이 책이 아니라, 사물 자체가 촉촉이 살아 있는 생생한 책일 수밖에 없다는 말이다.

예를 들면 유아교육에 관한 참다운 원서는 어떤 높은 학자가 힘써 지어내놓은 유아교육에 관한 책만이 좋은 책이 아니라, 그보다 더 생생한 원서는 유아 자체요, 노령화 시대에 가장 필요한 노인 복지에 관한 참고서도 또한 노인 자체가 가장 생생한 참고서일 따름이다.

이런 뜻에서 "사람은 땅을 법 삼고, 땅은 하늘을 법 삼고, 하늘은 도를 법 삼고, 도는 자연을 법 삼은 것이다."(人法地, 地法天, 天法道, 道法自然)〈노자도덕경〉라는 말씀은 보여 주는 바가 매우 크다.

눈앞에 수많은 연구의 재료들을 무심히 젖혀 두고 메마른 종이들을 뒤적이며 골몰하는 연구는 자칫 현실을 망각한 것일 수밖에 없기 때문에 현실에 적용하려 들면 전혀 맞지 않는 공허한 이론일 수밖에 없는 경우가 허다하다.

실제적인 경험을 거치지 않은, 이론에 그치는 이론은 아무래도 촉촉한 생명력을 이미 잃었기 때문에 그 같은 일들은 되도록 지양하지 않으면 안될 것이다. 오직 끊임없는 실험 정신을 잃지 않고 추구해 가는 연구만이 이른바 '實事求是'(실질에 근거한 일을 두고 옳음을 구함)인 것이다.

巫 무당 무
하늘 소식을 땅으로 전하는 무당

　예나 지금이나 지상의 인간들이 가장 큰 관심을 가지고 물어보는 것은 '날씨'에 관한 질문이다. 자신의 운명에 대한 물음은 개별적인 것이며, 전쟁의 승패를 묻는 일도 급박한 일이기는 하나 이 또한 싸우는 당사자들에 국한된 일이며, 생명을 앗아 가는 전염병 역시 국소적인 일이다.

　그러나 사냥을 하든, 농사를 짓든 간에 날씨에 관한 일은 인간생활에 있어서 삶 전체를 흔들어 놓는 가장 큰 문제인 것만은 틀림이 없다. 주룩주룩 숲속에 비가 떨어지게 되면 그 숲속을 활개치고 다녀야 할 짐승들도 가만히 굴속에 웅크리고 있으면서 비가 그치기를 기다리니 인간 역시도 사냥할 수 없었을 것이다.

　마찬가지로 가뭄이 계속되어 산천초목이 다 타들어 가는 마당에 곡식을 심으려 해도 심어 볼 생각조차 일어날 수가 없다. 그래서 예로부터 가장 반가운 것 중의 첫째를 두고 "칠년 큰 가뭄에 단비를 얻었다."(七年大旱得甘雨)라 하여 "천리타향에서 고향 친구를 만났다."(千里他鄕逢故人)는 말과 더불어 대구(對句)를 이루었던 것이다.

　한편 긴 장마는 견딜 만한 일이었던가? 물론 가뭄에 버금가는 큰 재앙이었으니 하늘이 내리는 세 가지 재앙, 즉, 물난리, 불난리, 바람 난리 중에서 물난리를 제일 무서운 재앙으로 여겨 '물이 돌아 제방이 터진다'는 뜻을 지닌 '물 돌아 흐를 순' 자 밑에 '火'를 붙여 災(재앙 재)라 하였다.

불이 무서운 것인가? 물이 더 무서운 것인가? 하고 물으면 각각 겪어 온 자신들의 경험 범위 내에서 대답이 다를 수 있다. 그렇지만 불은 그래도 다소 예방할 수 있는 조건이 되지만 물은 전혀 미리 막아 낼 수 있는 조건이 없다고 여기면 역시 물난리가 무섭다고 말할 수밖에 없을 것이다.

이런 뜻에서 나라 전체를 이끄는 임금은 언제나 물을 잘 다스리는 일을 항상 염두에 두고 백성들을 편안하게 다스려야 한다는 뜻에서 산에 나무를 심고, 봇도랑을 제대로 손질해 나가야 한다. 이런 뜻에서 다스림을 나타내는 '治'(다스릴 치)는 곧 물을 잘 다스린다는 뜻이다.

장마가 들고 가뭄이 오는 것은 하늘이 관여하는 일이다. 이런 하늘의 소관에 따라 다만 곡식을 심고 가꾸는 일은 사람의 노력인 것이다. 그래서 농사는 하늘에 달려 있는 것이지 인간의 노력만으로는 해결되기 어려운 일이다. 즉, 무형한 하늘이 유형한 형형색색을 지배하는 것이라, 인간의 노력만으로는 이뤄지는 것이 없다.

오늘날에도 병이 들면 반드시 의사가 이를 고쳐야 하는 것처럼 예로부터 하늘이 인간의 일을 어렵게 하면 반드시 이를 풀어내는 이가 있어야 하였다. 그중에서도 가뭄은 가장 심각한 인간의 고민일 수밖에 없었다.

그런데 이런 어려움을 풀어 주던 이를 곧 '巫'(무당 무)라 했다. 즉, 하늘과 땅 사이를 두고 매개해 주는 일을 '工'(가늠할 공; 헤아린다는 뜻)이라 하고 많은 이들의 주목을 받는다는 뜻에서 좌우에 '人'을 붙여 '巫'라 하였다. 그리고 무당이 '중얼중얼―' 주문을 외어 비가 내리면 모든 이들은 이를 '靈'(신령스러울 령)하다고 하였다.

즉, '霝'(비 떨어질 령)에 '巫'를 붙여 '靈'이라 하였다. 단적으로 말하자면 하늘을 감동시킬 만한 인간의 정성이 사무치면 가뭄도 풀 수 있다는 말이다. 공자도 이르기를 "병을 고치는 의사나 신령을 부리는 무당은 변함 없는 마음을 지녀야 한다."고 하였다.

 甘 달 감
입안에 단것이 들어 주름이 잡힌 모양

　오늘날에야 단것이 너무나 많기로 단것을 입에 넣고 우물우물 아껴 먹는 경우가 드물지만 얼마 전까지만 해도 단것이 아주 귀한 터라, 단것을 얻으면 입안에 넣고, 얼마 동안이라도 그 단맛을 오래 지닐 수 있도록 '우물우물―' 하며 아껴 먹었다.

　인간들이 통상적으로 먹는 음식은 대개의 경우 단것을 먹기는 하지만 특히나 맛이 단 사탕이나 꿀과 같이 단것들은 아주 매력적인 맛으로 받아들여 쉽사리 삼키기가 어려운 것으로 여겼다. 오죽이나 단것이 좋았으면 속담에서도 "꿀 먹은 벙어리"라는 말이 나왔겠는가.

　일단 입안에 달콤한 것을 물려 주기만 하면 "콩이야 팥이야" 하며 눈을 크게 뜨고 손가락질까지 하며 힘써 싸우다가도 슬그머니 물러서 버리는 것이 대부분 인간이 지니는 이기적 속성이다. 그래서 슬그머니 본능을 충족시켜 주는 수가 인간의 곧은 생각까지도 멈추게 하는 묘한 수단 중의 하나다.

　목구멍이 포도청이라 우선 포도청만 잘 달래고 보면 약간의 어려움도 그냥 슬그머니 넘어갈 수 있다는 말이라, 사실 '달래다'는 말 그 자체도 단것을 입에 넣어 주거나, 달콤한 말을 귀에 들려주어 그가 나아가고자 하는 뜻을 가로막는다는 말인 것이다.

　인간은 누구나 기본적으로 동물들과 같이 두 가지 본능을 지니고 나왔다. 그 첫째는 먹는 일(食)이며, 둘째는 짝짓는 일(色)이다. 이런 뜻에서 "먹는 일과 짝짓는 일은 하늘로부터 물려받은 본디 성품이다."(食色, 天性也)〈맹자〉라고 하였다.

우선 맛있는 음식을 보면 먹고자 하는 충동이 일어나 입안에서 군침이 도는 일도 또한 본능적인 욕구 중에 가장 첫째가는 욕구 때문일 것이요, 일단 그 단것을 입안에 넣으면 끝내 삼키고야 말 일이지, 중간에 뱉지는 않으니 "단것은 삼키고, 쓴 것은 뱉는다."(甘呑苦吐)는 말이 천만 옳은 말이다.

그렇기는 하나 단것을 보고도 제가 먹을 것이 아니면 군침도 내지 않을 뿐더러 설사 무의식중에 어쩌다가 단것이 입안에 들었다 할지라도 끝내 삼켜도 될 것인가 아닌가를 분별하여 "달다고만 하여 삼키지도 않고, 쓰다고만 하여 뱉지 않는 것"이 곧 "이익을 보았거든 의리를 생각하라."(見利思義)는 말일 것이다.

이 세상에서 가장 어리석은 동물을 두고 말하기를 '돼지와 물고기'(豚魚)라 하였다. 첫째, 물고기는 달콤한 미끼만 보면 덥석 물다가 낚시에 걸리기 때문에 어리석은 것이요, 둘째, 돼지는 제 생각만 지닌 채, 성이 나면 물불을 가리지 않고 무서운 호랑이에게도 어김없이 달려들기 때문에 어리석다는 것이다.

우선 먹기는 곶감이 달다고 먹이에 제 목숨을 빼앗기는 물고기도 어리석고, 아무리 비계 덩어리가 제 몸을 감싸 멍청하기 한이 없기로 제 목숨을 걸고 호랑이 밑을 파고드는 돼지 또한 어리석기 짝이 없다.

그래서 '魚'(고기 어)에 '甘'(달 감)을 붙여 '魯'(어리석을 로)라 하였고 백수의 왕으로 천하무적 '虎'(호랑이 호) 밑에 '豕'(돼지 시)를 붙이고 게다가 힘써 싸운다는 뜻으로 '力'(힘 력)을 붙여 '劇'(굿 극; 본디 力이 刂로 변하였음)이라 하였다.

 曰 가로 왈
입안의 기가 위로 오르는 모양

　마음속에 든 내용을 입 밖으로 나타내는 것을 일러 '말'이라 한다. 그러나 같은 말이라도 마음속에 든 뜻을 직접적인 방법으로 표출해 내는 것을 일러 '言'(말씀 언)이라 하고, 자신이 지닌 입장이 다른 이의 입장과 다름을 표출해 내는 것을 일러 '語'(말씀 어)라 한다.

　즉, 먼저 상대방이 하는 말을 '言'이라 한다면, 그 말을 잘 듣고 난 뒤에 자신의 입장을 되돌려 하는 말을 '語'라 하니, 말을 주고받고 살아가는 일상생활에서 '言語'를 빼놓을 수 없다. 그래서 같은 말일지라도 '言語'를 구분하여 '直言曰言'이라 하고, '論難曰語'라 하였다.

　예를 들면 제자백가 중에서 "내 머리카락 하나를 빼어 내어서 남을 이롭게 한다 할지라도 나는 그런 일을 결코 하지 않겠다."는 극단적 이기주의를 제창한 양주(楊朱)의 말을 모은 책을 〈법언(法言)〉이라고 하였다.

　그러나 공자를 중심으로 한 유교 집단의 입장을 정리한 책을 〈논어(論語)〉라고 이름 붙인 점만 상호 대조해 볼지라도 '言'과 '語'가 어떻게 다른가 하는 점을 익히 짐작할 수 있다. 양주는 상대를 살필 필요도 없이 일방적으로 내놓은 말이었으나 공자는 양주와는 전혀 다르다.

　그렇기는 하나 '言'이나 '語'는 결국 입을 통해 나온 것이며, 좀 더 정확하게 말하자면 입속의 혀가 움직여야 비로소 나오는 것이 곧 '말'이기 때문에 '말하다'는 뜻은 '입속의 혀'를 그대로 본떠 '曰'(가로 왈)이라 하였다.

그렇다면 말은 왜 필요한가? 한마디 말을 잘 듣고 그대로 행하여 나간 다면 더 이상 말할 필요가 없다. 그러나 만약 주어진 말대로 행하지 않는 다면 일단 하던 일을 멈추도록 하고, 가로질러 다시 '쓸 만한 말'을 던져 일이 제대로 진행될 수 있도록 하는 것이 곧 '말'이다.

이런 뜻에서 보면 '말'이란 '어찌어찌하라'는 명령의 말도 일단 말이라 할 수 있지만, 그보다는 '그토록 하지 말라'는 뜻으로 '말라' 하는 말과도 통하니, 중지시키는 것도 '말'이며, 다시 권장하는 것도 또한 '말'이다.

그래서 일의 진행을 중지시키는 말은 곧 일이 쭉— 진행되는 과정에 그 일을 가로질러 막기 때문에 '曰'(가로 왈)이라 한 것이며, 새롭게 다시 권 장하는 말은 하나같이 다 '쓰임새가 너무나도 많은 말'이기 때문에 이를 '말씀'이라 한 것이다.

한 제자가 공자에게 귀신 섬기는 일을 두고 묻자, 공자가 말씀하시기를 "사람도 미처 섬기지 못하는데 어찌 능히 귀신 섬기는 일을 두고 말하는 것인가?"(未能事人, 焉能事鬼)라고 하였다. 이런 때에 제자의 물음은 '言' 이요 공자의 대답은 '語'이다.

그리고 공자의 말씀은 사람 섬기는 일을 우선적으로 여겨 귀신 섬기는 일을 뒤로 젖힘으로써 제자의 생각을 가로질러 교정시켜 주었기 때문에 '曰'(가로 왈)이요, 공자의 대답은 유교적 집단에서 보면 당연히 '쓰임새 있 는 말'이기로 '말씀'인 것이다.

따라서 가로질러 하는 말을 귀담아들을 수 있는 사람은 용량이 큰 사람 으로 예로부터 '大人'이라 일렀고, 많은 이들이 가로질러 내놓은 말은 거 의 다 아무런 가치를 두지 않고 흘려 버려도 될 말이 아니라, 쓰임새 있는 말로서의 '말씀'인 경우가 많다.

그래서 '言'은 잘 귀담아듣고, '語'는 잘 가려서 내놓아야 하기 때문에 귀 는 밝아야 하고, 입은 원만해야 한다.

乃 이에 내
어떤 한계를 짓기가 분명치 않음

어떤 사물을 두고 숫자로나 그 어떤 정도와 같은 것들로 딱 부러지게 나타낼 수 없을 경우가 많다. 이러할 경우에 등장되는 글자로는 '而'(말 이을 이), '若'(같을 약), '乃'(이에 내) 등이 있다.

흔히 사용하고 있는 단어 중에 '내지'(乃至)라는 말은 곧 "무엇에서 무엇까지"를 말할 때나, 또는 "얼마에서 얼마까지"를 뜻하는 말로 순서나 정도를 나타냄에 있어서 그 사이를 줄일 때에 쓰는 말이다. 예를 들어 '三乃至八'이라는 말은 아무리 적어도 '삼' 이하는 될 수 없고 아무리 크다 할지라도 '팔'을 넘어설 수 없음을 말한 것이다.

어떤 이는 "사람은 곧 하늘이다."(人卽天)라고 하여 "사람 외에 하늘이 있을 수도 없고, 하늘 외에 사람이 있을 수도 없다."(人外無天, 天外無人)고 호언장담한 바도 있으나 어찌 반드시 하늘이 사람이며, 사람이 곧 하늘일 수 있겠는가.

낱낱의 사람들 가슴속에 깃들어져 있는 아름다운 마음을 다 모아 놓은 그 한마음을 하늘같은 마음이라 하여 이를 '천심'이라 말할 수 있을지언정 낱낱이 곧바로 '하늘'은 아닌 것이다.

그래서 이른바 '人乃天'(사람은 이에 하늘이다)이라는 말 속에는 그저 곧바로 사람이 하늘이 아니라, 사람 섬기는 일을 하늘 받들듯 해 나가야 겨우 하늘과 내가 하나가 될 수 있다는 말인 것이다. 사람은 누구나 다 처음에는 땅을 본받고, 땅은 하늘을 본받고, 하늘은 도를 본받고, 도는 자연을 본받을 수밖에 없기 때문이다.

따라서 자연이 도에게 보여 준 것은 '理'(이치 리)이며, 도가 하늘에게 내려 준 것은 '數'(헤아릴 수)이며, 하늘이 땅에게 보여 준 것은 '象'(형상 상)이다. 그런데 '理'라는 말은 줄기라는 말이라, 그럴 리가 있고 그럴 리가 없는 이 '理'는 道와 융합되어 이른바 '도리'(道理)를 이룬 것이다.

예를 들면, 수박 줄기를 더듬어 가다가 마침내 수박을 얻었다면 그럴 리가 있지만, 수박 줄기를 더듬어 내리다가 끝내 호박을 얻었다면 도저히 그럴 리는 없기 때문에 수박 줄기에서 수박이 열리고, 호박 넝쿨에서 호박이 달리는 것은 자연스런 일임과 동시에 도에 딱 들어맞는 일이다.

마찬가지로 도를 본받아 하늘은 '數'를 관장하는 것이니 일 년 열두 달이 되는 것도 어김없는 수요, 밤낮으로 바뀌지는 것 또한 수이며, 나아가 학은 오래 살 수밖에 없고, 그보다 돼지는 일찍 죽을 수밖에 없는 것도 또한 수일 따름이다.

그러나 그중에 사람들은 하늘이 땅에게 내려준 '象'을 살펴 가며 조심스럽게 살아갈 수밖에 없는 존재이니 이때의 하늘이 땅에게 보여 주는 '상'이란 곧 '짓' 또는 '짓거리'를 뜻함이다. 즉, 사람은 天地人 三才 중에 참여하여 하늘이 내려주는 '짓'에 따라 길흉화복을 달리할 수밖에 없다.

이런 뜻에서 하늘의 뜻을 고스란히 받들어 흉을 피하고 길할 줄기를 찾아가야 하는데 이때의 '吉'(길할 길)이라는 말도 실은 우리가 언제나 다니는 '길'(道)과 다를 바 없는 말이다.

왜냐하면 '凶'(흉할 흉)은 빠지는 곳이라는 말이기 때문이다. 그래서 "사람은 이에 하늘이다."(人乃天)라 말한 것이며, 우선 사람은 그 어느 것보다 사람끼리 사랑하지 않으면 안 된다고 하였다. 이런 뜻이 드높은 하늘을 땅으로 내려 "사람을 섬기되 하늘처럼 섬기라."(事人如天)는 말이다.

5 막힐 고
입안의 기가 장애를 받아 막힌 모양

입에서 소리나 말이 나온다는 것은 입안의 기가 밖으로 튀어나온다는 말이다. 그런데 입속의 기가 어떤 장애를 받아 나오지 못하는 경우도 있을 수 있고, 또는 많은 생각 끝에 가까스로 멈춰 있다가 드디어 나오는 경우도 있다.

그 어떤 결정을 내릴 때에 반드시 심사숙고한 끝에 비로소 '옳다'는 뜻을 나타낼 때에는 생각하는 동안은 쉽사리 표현할 수 없는 노릇이라, 입안에 기를 멈춰 두고 있다가 일단 결정이 내려지게 되는 것을 일러 '可'(옳을 가)라 한다. 따라서 가벼운 승낙은 고개를 끄덕이는 모양으로 '允'(허락할 윤)이라 하였고, 시간을 두고 결정한 승낙은 '可'라 하는 것이다.

일반적으로 내용이야 어떠하든 간에 형식상 말하기보다는 노래하기가 훨씬 어려운 것이다. 말이야 입안에 든 기를 밖으로 내되 혀만 놀리면 된다. 그러나 노래는 노래만이 지니는 박자를 놓치지 않고 제대로 이어 나가되 입안의 기는 물론, 배 속에 든 기까지도 끌어올려 내뿜어야 한다.

그래서 '노래'라는 뜻은 곧 숨을 잘 조절해 나가며 배 속에 든 기를 끌어올려 박자를 놓치지 않고 이어 가야 하기 때문에 '可'를 상하로 겹친 '哥'(노랫소리 가)에 몸 안의 기를 밖으로 빼내어 기가 모자란다는 뜻을 지닌 '欠'(모자랄 흠)을 좌우로 붙여 '歌'(노래 가)라 하였다.

누구나 감탄할 일이 크다 보면 쉽사리 말을 내놓지 못하다가 끝내 장애

270

를 뚫고 말이 나오다 보면 뭉쳤던 기가 한꺼번에 좌우로 퍼지게 된다. 그런 감탄의 뜻을 '兮'(어조사 혜; 큰 감탄에 사용되는 조사)라 하였다.

예를 들면 굴원의 〈어부사〉에 "창랑의 물이 맑음이여! 가히 내 갓끈을 씻을 것이요, 창랑의 물이 흐림이여! 가히 내 발을 씻을 것이다."(滄浪之水清兮, 可以濯吾纓, 滄浪之水濁兮, 可以濯吾足)라 하였는데 어차피 창랑의 물이 맑든 흐리든 간에 그 물을 탓할 게 아니라, 오히려 맑고 흐린 것을 아울러 쓸 줄 아는 숨어 사는 어부의 말이다.

일시적으로 지나친 감탄은 흔히 옳은 생각을 방해할 수도 있는 법이다. 굳이 창랑의 멱라수(汨羅水) 깊은 물속에 빠져 큰 고기의 배 속에 들어 삶을 마칠지언정 죽어도 불의에 굴복하지 않겠다는 굴원의 심정을 십분 이해하고도 남은 어부가 넌지시 곧은 성정을 지닌 굴원에게 던진 말은 참으로 금과옥조라 아니할 수 없다.

어부 자신도 역시 창랑의 물이 맑은 것도 감탄할 줄 알고 흐린 것도 못내 아쉬워할 줄도 안다. 그러나 맑을 때에는 갓끈을 씻고 흐릴 때에는 발을 씻는 청탁병용(淸濁竝用)의 아량도 있어야 할 것이지, 자칫 감탄을 극대화시켜 놓고 보면 일이 커지기 마련이라는 점을 크게 깨달아야 한다는 말이다.

그래서 '夸'(퍼질 과)란 지나친 감탄이 더욱 확대되어 생겨난 심리상의 병증을 일컫는 말이다. 즉, 지나친 자기 과시의 말을 '誇'(자랑할 과)라 한다. 그러나 세상 사람들 대부분은 자신이 자랑할 일인지 아닌지도 모르고 자랑에 자랑을 거듭한다.

남들의 칭찬이 비웃는 말인지, 아니면 비위를 맞추는 말이라 결과적으로는 자신을 깎는 말인지도 모르고, 그저 부추기는 말만 듣고 깜빡하여 숨 쉴 틈도 없이 자랑에 자랑을 거듭하니 그 까닭은 생각 없이 내놓는 남의 '可'(옳다) 소리만 듣고 '兮' 했기 때문이다.

말이란 마음속에 든 것을 입을 통해 밖으로 드러내는 것을 말한다. 그렇기로 말은 그 내용이 어떤 것이든 간에 다 몸속의 '기'를 밖으로 뿜어내는 것이다. 왜냐하면 말이란 깊거나 얕거나 간에 뜻을 나타낸 것임과 동시에 크거나 작거나 간에 소리를 내어 말하기 때문이다.

또 말이 밖으로 드러나기 이전에는 마음에서 우러나는 생각이 있고, 이 생각이 어떤 특수한 감정을 동반한 것이라면 이른바 말이 입안에서 새어 나오는 음색이 다르기 마련이다.

예를 들면 한참을 깊이 생각한 끝에 가까스로 나오는 말은 몸속의 기가 일단 뭉쳤다 나오는 것이기 때문에 심사숙고 끝에 드디어 결정되어 나오는 말을 일러 '可'(옳을 가)라 한다. 이때에 '可'는 입안에서 기가 뭉쳤다가 가까스로 나오는 것을 본뜬 것이다.

'可'를 위아래로 덧붙이고 여기에 '欠'을 붙이면 '歌'(노래 가)가 되는데 곧 '노래'란 입으로 '불다'는 뜻을 지닌 '吹'(불 취)와는 달리 가까스로 호흡(기)을 조절해 가며 밖으로 노래 속의 가사와 감정을 드러내는 것이라는 말이다.

'可'는 옳고 그른 것을 아무런 생각도 없이 곧장 결정하는 것이 아니고 입안에 기를 뭉쳤다가 가까스로 자신의 뜻을 나타내는 것이기 때문에 사실 '可'니 '否'니 하는 문제를 놓고 곧바로 결정하는 것은 심히 경솔한 것이라는 뜻이 배경에 들어 있다.

세상일은 시시각각으로 변하고 있다. 시간이 흐르면 흐를수록 점점 더 빨리 변하고 있다. 예로부터 "십 년이면 강산도 변한다."는 말이 있어 왔는데 지금은 십 년은 너무나 긴 세월이고 하루하루 변한다 해도 크게 틀린 말은 아닐 것이다.

그런데 이처럼 하루가 달리 변해 가는 세상에서 쉽사리 '可否'를 결정한다는 것은 극히 어려운 일이다. 아무리 심사숙고 끝에 옳고 그른 것을 판단할지라도 오늘의 '可'가 내일에는 '否'가 되고, 내일의 '否'가 그다음 날에는 '可'가 될 수 있기 때문이다.

사람은 누구나 다 '가부'의 기로에 서 있을 때가 많다. 그러나 아무리 심사숙고 끝에 옳은 결정을 잘했다 할지라도 시간이 지나고 보면 때늦은 후회가 가슴속에 깊이 파고들어 일단 이런 후회를 입 밖으로 내놓으면 일시적으로 기가 확 퍼질 수밖에 없다. 물론 선택을 잘했든 못했든 간에 결과에 대한 감탄은 누구나가 있기 마련이다.

수많은 고초 끝에 자신의 승리를 예감할 수 있었던 한고조 유방은 어느 날 "큰 바람이 일어남이여! 구름이 날려 떨쳐나는도다."(大風起兮 雲飛揚)라고 넌지시 읊었다. 여기서 말하는 큰 바람은 전쟁을 상징하는 말로 이른바 '風雲'(바람과 구름)이 걷힐 조짐이 있음을 예견한 말이다. 그렇기로 큰 바람이 일어남이여! 라고 하여 일단 '兮'(어조사 혜)라는 감탄조사를 썼는데 이때의 '兮'는 긍정이 되었든 부정이 되었든 간에 가슴속에 깊이 담아두었던 감정이 확! 하고 퍼져 나오는 모양을 그대로 본뜬 글자다.

 旨 맛 지
슬가락으로 단맛을 떠먹어 보는 모양

　사람은 누구나가 다 눈으로는 빛깔을 보고, 귀로는 소리를 듣고, 코로
는 냄새를 맡고, 혀로는 맛을 보고, 몸으로는 감촉을 하고, 마음으로는 분
별을 내게 되어 있다. 그런데 그중에서 눈이나 귀나 코와 몸과 같은 것은
잠을 통해 쉬는 때가 있다.

　그러나 혀로 음식의 맛을 본다거나 마음으로 사물을 분별한다는 일은
거의 쉴 틈 없이 작용한다 해도 지나친 말이 아니다. 아무리 게으른 사람
일지라도 적어도 하루 세 끼니는 찾아 먹기 마련이요, 보고 듣고 말하는
가운데 분별하는 마음은 쉽사리 바닥에 내려놓을 수 없기 때문이다.

　삶에 많은 경험을 축적한 이를 단맛 쓴맛을 다 겪은 이라 하는데 그 깊
은 뜻은 모든 맛을 다 보았기 때문에 단것은 삼킬 줄 알고, 쓴 것은 뱉을
줄 안다는 말이다. 따라서 입속의 혀가 그저 멀거니 있는 것이 아니다.

　이 혀는 적어도 심장과 긴밀히 연결된 심장의 싹으로 내 몸으로 들어가
는 모든 음식의 맛을 감정하여 삼키거나 뱉는 조정 역할을 할 뿐 아니라,
마음으로 분별하여 느낀 내용을 밖으로 드러내는 말을 하는 언어 능력을
지닌 물건이다.

　맛을 느껴 삼킬 것은 삼키고 뱉을 것은 뱉으며, 꼭 해야 할 말은 밖으로
내놓고, 갚아 두어야 할 말은 꿀꺽 삼키는 것이 입속의 혀이기 때문에 혀
는 곧 몸 밖과 몸 속 경계 상에 자리하여 끊임없이 출납을 검증하는 '검문

소의 헌병'과 같은 것이다.

속담에 "아무리 귀중한 수라상도 주방에서 먼저 맛본다."라 하였다. 당연한 말이다. 구중궁궐 안의 지엄하신 임금님의 신변을 살피자면 수라를 올리기 전에 맨 먼저 은수저로 독소의 유무를 살피고, 아울러 맛의 유무를 살피는 것이 천만 옳은 일이다.

그래서 표현의 형식상 '수저'로 단맛(甘)의 유무를 살피다는 뜻에서 '旨'(맛 지)라 하였고, 언뜻 멀리서 보면 먹는 것같이 보일지 모르나 실은 아직 먹지 않고 맛을 본다는 뜻에서 '味'(맛 미)라고 하였다. 또한 독의 유무를 살필 것도 없이 그저 소박하게 달고 쓴 맛의 유무를 살필 때 미처 숟갈이 없으면 새끼손가락으로 떠먹어 보는 것이 상례이기 때문에 손에 '旨'를 붙여 '指'(손가락 지)라 하였다.

음식을 맛볼 때에는 숟갈이나 손가락을 깊이 넣어 맛보지 않고 다만 윗부분만 살짝 떠먹어 보는 것이 일상적인 관례이기 때문에 위를 뜻하는 '尙'(높을 상)에 '旨'를 붙여 '甞'(맛볼 상)이라 하였다.

아무튼 먹기 전에 살짝 맛보는 것도 손가락이요, 옳고 그른 것을 분별하여 옳은 것은 두 손 모아 받들고, 그른 것은 손가락질하며 비난하는 것이 인간의 기본적인 행위이니 손과 맛과 혀와 말은 아무리 생각해도 무관한 것은 아닌 것 같다.

깡마른 것보다는 촉촉한 것이 맛있고, 순 살로 이뤄져 있는 것이 아니라 살과 기름이 적당히 섞여 있는 것이 맛좋기로 살을 나타낸 '肉'(月)에 '旨'를 붙여 '脂'(기름 지)라 쓴 것은 맛있는 고기는 살과 기름이 잘 어울려 있어야 한다는 뜻을 나타낸 글자다.

따라서 같은 맛을 내는 기름을 말할지라도 '油'(기름 유)는 식물성 기름을 말하고, '脂'는 동물성 기름을 말하며, 기름을 재료로 하여 각종 비누를 만드는 일을 '油脂業'이라 한다.

 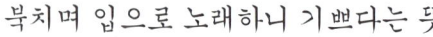 

흠 기쁠희

북치며 입으로 노래하니 기쁘다는 뜻

예로부터 전해 오는 가장 오래된 악기 중의 하나가 곧 '북'이다. 사냥시대에는 고기는 나누어 먹고, 뼈는 글자를 새기고, 나머지 가죽은 옷을 만들어 입거나, 아니면 통에다가 입혀 그릇으로도 썼을 것이며, 혹은 그 통을 좌우로 막아 악기로도 썼을 것은 분명하다.

이 '북'과 더불어 또 악기로 사용되었을 법한 것은 바로 대나무에 구멍을 뚫고 이를 입으로 불면 소리가 나는 '피리'나 '퉁소' 등 이른바 '관악기'가 그 어떤 악기보다 먼저 만들어졌으리라는 점은 쉽게 짐작될 수 있다. 대나무 통에 구멍을 뚫어 불어 대는 관악기나 나무통 좌우를 가죽으로 막고 치는 타악기가 악기의 원조였다는 점은 부정할 수 없는 정설이다.

그러다가 나무판에 줄을 매어 이를 튕기는 현악기가 등장하게 되어 이른바 '관현악'이 나왔을 것이다. 두들겨 대는 타악기와 불어 대는 관악기와 튕겨 대는 현악기는 그 소리의 색깔이 각각 다르니 군중을 부추기는 군악으로는 북을 비롯한 타악기가 적격이요, 귀를 통해 머릿속을 고스란히 자극하는 것으로는 피리를 비롯한 관악기가 마땅할 것이다.

그래서 깃발을 앞세우고 바름을 행하려 적군을 힘차게 무찌를 때에는 북을 치기 마련이고, 강동 땅 3천 자제를 다 패멸로 몰아 놓고, 진퇴양난의 기로에 선 항우의 패잔병들을 남김없이 흩어 버리려 할 때에 유방의 진영에서는 달밤에 피리를 불어 마침내 초한전의 풍운을 잠재웠던 것이다.

북은 세워 놓고 쳐야 되고 북을 친 다음에는 반드시 여러 겹으로 잘 덮어 두지 않으면 안 된다. 그래서 마치 제사 음식을 담아 놓는 도마를 세워 두듯 세워 치고, 또 여러 겹으로 잘 덮어 두어야 하며, 또한 언제나 북은 주먹으로 치는 것이 아니라 나뭇가지와 같은 북채로 치는 것이라는 뜻에서 '鼓'(북 고)라고 썼다.

복잡스런 악기의 교묘한 소리에서 얻어지는 감흥도 좋지만, 가장 단순한 타악기로 장단을 맞추는 것도 또한 군더더기 없이 담백한 맛을 얻기에는 안성맞춤이다. 따라서 사기를 돋우는 군악으로도 북은 훌륭한 악기지만, 한편 소박하고도 애절한 우리네 소리의 가락을 앞서서 길 닦아 주거나 소리꾼에게 추임새를 넣어 주는 데에도 아주 적절한 악기가 곧 '북'이다.

일상의 말도 기를 써서 자신의 뜻을 나타내는 일이지만, 소리는 더욱더 기를 써서 깊이 숨겨진 감정을 토로하는 어려운 일이다. 속에 든 감정이 슬픈 것이면 슬픈 대로, 기쁜 것이면 기쁜 대로 기를 뿜어내기도 하고 기를 거두기도 하며 청중을 울렸다 웃겼다 하는 동안에 모든 이들은 후련함을 느끼는 것이 저 서양과는 다른 우리네 소리다.

그래서 북 치며 그 장단에 맞추어 한바탕 기를 뿜어내어 노래하다 보면 누구나 다 기쁘지 아니할 수 없다는 뜻에서 '鼓'(북 고) 밑에 노래하는 입을 나타낸 '口'(입 구)를 붙여 '喜'(기쁠 희)라 하였다. 북장단에 맞추어 노래하다 보면 슬프거나 기쁘거나 다 기쁨으로 돌아갈 수밖에 없다는 깊은 뜻이 갊아 있는 글자다.

굳이 북만이 아니라 장단에 맞춰 모든 일을 노래하듯 잘 풀어 버리면 기쁨은 더욱 기가 뿜어져 더 큰 기쁨으로 변하고, 슬픔도 어느덧 쓰러졌던 자세에서 되살아 일어나고, 품었던 한까지도 어느덧 풀려 마침내는 기쁨으로 바뀌는 것이다.

효 도마 두
고대에 고기를 담았던 그릇의 모양

동서양을 막론하고 인류가 가장 먼저 행했던 집단적인 행사는 하늘을 섬기거나 조상을 섬기는 제사였다. 따라서 모든 문화 예술의 기원은 곧 제사에서 비롯된 것이라 여겨진다. 하늘이나 조상을 향해 빌 때에 갖추어야 할 요건은 많지만 그중에서도 반드시 빠져서는 안 될 것이 '희생'(고기)과 '술'이다.

술은 곧 음료요, 고기는 식료로서 음식을 바치고 비는 말이 있어야 할 것인데 이때 신에게 비는 말이 오늘날에 있어서의 문학의 원류인 것이며, 분위기를 높이기 위해 행사장을 치장하는 것이 미술의 원류인 것이며, 각 가지 동작을 통해 간절함을 보이는 행위가 음악과 무용의 원류인 것이다.

최초에 인류의 삶의 양식은 사냥이었기 때문에 희생을 바치는 일도 또한 엄숙한 분위기 속에서 정중하게 바쳐야 하기로 우선 희생물 자체도 신선해야 할 뿐 아니라, 희생을 바치는 그릇마저도 일상적으로 사용하는 것이 아니라, 특별한 것이어야 했다.

제물 자체가 흠잡을 바가 없는 것이어야 하므로 어육(魚肉) 간에 좋은 것을 바쳐야 한다는 뜻에서 '膳'(드릴 선)과 '鮮'(신선할 선)이라는 글자가 나왔다. 즉, 금방 잡은 짐승이나 양고기처럼 맛있는 생선을 바쳤던 것이다.

희생을 바쳐 올리는 그릇은 평소에 사용하는 그릇과는 달리 자주 사용하지 않고 오직 제사 때만 사용하는 것으로 밑받침이 뚜렷하고 희생을 담아내는 일정한 용량이 갖춰져 있어야 하며, 막상 제물로 올리기 전까지 정갈하게 덮어 놓아야 한다.

이런 뜻에서 만들어진 글자가 곧 희생을 담는 그릇을 나타낸 '豆'(도마두)인데 가장 위에 있는 한 획은 덮어 둠을 나타낸 것이요, '口'는 그릇의 용량을 나타낸 것이며, 아래의 모양은 일정한 높이를 지닌 받침을 나타낸 것이다.

이미 일정한 높이를 지닌 그릇이어야 하기 때문에 도마를 상형한 '豆'와 화살의 모양을 본뜬 '矢'를 좌우로 붙여 '短'(짧을 단)이라 하였으니, 그 뜻은 곧 도마와 화살이야말로 고저와 장단을 가늠하는 표준이라는 말이다. 도마보다 낮은 것은 낮다는 뜻이며, 화살보다 짧으면 짧다는 말이다.

인간 행사에 있어서 제사는 매우 중요한 것이며 그중에서도 도마에 바쳐진 제물은 더욱 중요하다. 그리고 신을 모시는 장소는 반드시 높이 쌓은 제단이며 이 제단 위 제사상차림은 꼭 올라가 잘 살펴야 한다는 뜻에서 '登'(오를 등)과 '察'(살필 찰) 등의 글자가 나왔다.

제단 제상 위에 놓인 도마 위에 희생이 제대로 차려진 것을 확인하고서야 제사를 진행시킬 수 있었던 것이며, 이 '도마'는 사람의 몸으로 비유하자면 몸통 위에 목이 있고, 목 위에 머리가 있는 것과 같기로 '頁'(머리 혈)에 '豆'를 붙여 '頭'(머리 두)라 하였다.

도마 위에 희생이 얹어져 있듯이 특히 사람의 머리는 몸통 위에 목이 있고, 목 위에 잘 모셔져 있어야 한다. 그런데 만약 이 머리가 그 활동을 그치면 이를 '頉'(탈날 탈)이라 하였다. 그러고 보면 배가 아파도 '배탈', 잘 지내던 아낙이 어떤 이유로든 친정집으로 쫓겨나도 '탈'이라 한다.

그러니 일상에서 벗어난 것은 다 '탈'이라, 그런 탈을 없애기 위해 옛 어른들은 손수 희생을 잡아 머리는 그대로 올리고, 남은 고기들은 갖가지로 꾸며 정성껏 올렸는지도 모른다. 머리가 그치면 '탈'이다.

禮 예도 예
신 앞에 풍성한 예물을 바치는 모양

아주 옛날에는 비가 오고 바람이 불고 천둥 번개가 치는 자연적인 현상들을 두고 아주 두렵게 여겼다. 마치 하늘 저편에 그 어떤 절대자가 숨어 있어 사람을 응징하는 것으로 여겼기 때문이었다. 특히 우레 치는 때에는 거의 다 번갯불이 번득임과 질풍에 성난 파도가 동시에 일어나기 때문에 더욱 무서워할 수밖에 없었다.

그래서 하늘을 항상 두려운 존재로 여겨 섬기는 대상으로 여겼을 뿐 아니라, 번개나 비를 막아 하늘을 가리면서 살아갈 수밖에 없었기로 하늘을 대하는 인간들의 마음은 항상 공경과 두려움을 동시에 가질 수밖에 없는 경외의 대상, 바로 그것이었다.

그렇기 때문에 하늘을 받들지 않으면 안 된다는 생각이 지배적으로 작용했기로 가장 이상적인 인간 실천의 최종적인 목표는 하늘에까지 감동을 주어 드디어 하늘을 감동시켜야 한다는 것이었다. 이것이 곧 "정성이 지극하면 하늘을 감동시킬 수 있다."(至誠感天)는 말이었다.

즉, 막연한 하늘에 대한 경외심에서 벗어나 인간의 새로운 자각이 싹트게 된 그 핵심은 인간의 행위 여하에 따라 하늘을 감동시킬 요소가 인간의 마음 자체에 있다는 것이었다. 그런 뜻에서 하늘을 향한 가장 큰 경외심을 나타내는 유일한 방도는 되도록 풍성한 제물을 아낌없이 바치는 데 있다고 여겼던 것이다.

"제물로 나타낼 수 없다면 참다운 뜻이 없다."(無物不誠)는 말이 바로
이런 말이었다. 이런 면에서 '礼'(예도 예) 자와 '禮'(예도 예) 자는 똑같은
뜻을 지닌 글자로 다 같이 하늘 끝에 계신 신성한 신을 나타내는 '示'(神의
古字)에 각각 '乙'과 '豊'을 붙인 글자다.

즉, '礼'는 하늘 저 꼭대기에 군림해 계신 해, 달, 별 등과 같은 하늘 신
에게까지 정성을 뻗혀 하늘을 감동시킨다는 뜻을 지닌 글자로 지금에는
'禮'를 간략히 쓴 글자로 쓰고 있다. 그러나 바로 이 글자 뒤에 나온 글자
로 '禮'는 풍성한 제물을 바친다는 뜻을 나타낸 글자다.

따라서 똑같은 '禮'를 표현한 전후의 글자 모양을 보고 '예'에 대한 인간
의 관념이 어떠했던 것이었던가를 익히 짐작하고도 남음이 있으니 앞선
'礼'는 정성 자체를 강조한 것이나 '禮'는 정성 자체를 구체적으로 풍성한
제물로 강조한 것이었다.

아무튼 인간은 천지와의 교섭관계가 원활해야 그 삶을 원활하게 살아
갈 수 있다는 깨달음은 일찍부터 있었던 것인데 다만 그 표현이 다르게 나
타나 있는 사실은 그만큼 그것에 대한 자각의 농도가 달랐다는 증거일 따
름이다.

이후로 주자는 '예'를 풀이하기를, "하늘 이치의 마디와 무늬를 그대로
본떠다가 사람 살아가는 일의 거동과 법칙으로 삼은 것이다."(天理之節
文, 人事之儀則)고 하였다. 즉, 예는 본디 하늘에서 그 줄기를 잡아내어
실제 사람 살아가는 행동이나 법칙으로 꾸려 낸 것이라는 말이다.

흔히 말하기를 '천리인욕'(天理人欲)이라 하여 '無欲'한 하늘에 '사람들
의 욕심'을 대비시켜 경계해 왔던 것이 사실이다. 그런데 주자의 풀이에
의하면 누구나 인간 자체에 깊숙이 깔아 있는 天理(仁; 어짊, 곧 양심)를
끌어내어 '바람직한 인간관계를 이룩해 가야 함'이 곧 '禮'일 수밖에 없다
는 말이다.

豊 풍년 풍
크고 작은 그릇에 제물을 듬뿍 담은 모양

　작은 제사 그릇의 모양을 본뜬 '豆'를 한편 '콩'이라고도 하여 노란 콩을 '黃豆' 또는 '大豆'라 하고, 붉은 팥을 '赤豆'라 하며, 비교적 알맹이가 작은 초록색 콩을 일러 '綠豆'라 하는데 그 까닭은 무엇인가?

　아주 옛날로부터 해마다 정초가 되면 농사의 흉풍을 점치는 일이 어김없이 행해졌었는데 그 방법 중 하나가 작은 제사 그릇 위에 콩이나 팥 등을 한 줌 얹어 놓고 일정한 거리에서 물건을 던져 그릇 밑으로 떨어지는 콩알 숫자를 가지고 흉풍을 미리 가늠해 보았던 풍속이 있었다.

　이런 까닭으로 해마다 정초에 제사 그릇에 얹어지는 물건이 곧 '콩알'이었기 때문에 제사 그릇과 '콩팥'은 동급이 되어 '豆'는 곧 '제사 그릇'이라는 뜻뿐만 아니라 '콩'이나 '팥'을 뜻하는 말로도 쓰이게 되었던 것이다. 그러다가 뒤에 콩이나 팥은 '荳'(콩 두)로 구분 지어 쓰게 되었다.

　콩팥이 그릇 아래로 떨어지는 숫자를 두고 길흉을 점친다고 할 때 대개의 경우 양수와 음수로 구분 지어 양수는 길, 음수는 흉으로 가늠되어 흉풍을 헤아렸을 것이며, 이와 같은 일종의 놀이는 오늘날까지 내려오는 '투호'(投壺)로 발전되었을 것이다.

　'투호놀이'는 콩 대신에 '항아리' 속에 일정한 거리를 두고 '화살'을 던져 넣는 일이라, 아무래도 흉풍을 점치는 놀이였다기보다는 전쟁의 승패를 미리 점쳐 보는 놀이였을 성싶다. 그렇기는 하나 양은 크고 음은 작다 하여 홀수는 길하고 짝수는 흉하다는 원칙은 크게 다를 바 없었을 것이다.

또한 오늘날에 있어서도 점을 치는 한 방법으로 '쌀'을 던져 길흉을 가늠하는 일도 또한 이와 무관할 수 없다는 점을 들어 생각해 볼 때에 예나 지금이나 과학이 더욱 발전해 갈 미래까지도 점치는 일은 쉽사리 거두어지지 않을 일이라 여겨진다.

인간이 지니는 가장 기본적인 관심은 본능적인 욕구 충족에 관한 것들이기 때문에 그중 먹이에 대한 흉풍이 첫째가는 관심사였을 것은 뻔한 일이며 농사가 잘되어야 먹이가 풍족할 것이고, 먹이가 풍족해야 조상을 잘 받들 수 있을 것인데 그와 같은 바람을 충족시켜 줄 기본적인 조건은 날씨에 달려 있는 것이다.

닷새를 두고 한 번쯤 바람 불어 주고, 열흘 간격으로 한 번쯤 비가 촉촉이 내려 주어야 풍년이 든다는 사실을 경험적으로 잘 알았던 고대인들은 언제나 날씨에 관한 일을 가장 큰 관심사로 여겼으니, 갑골에 새겨져 있는 조각들의 70%가 날씨에 관한 점사였다는 것이다.

농사는 그저 나 혼자 또는 내 가족이 잘 먹고살기 위해 부지런히 지었던 일이 아니었다. 나 또는 내 가족은 조상을 떠나 생각할 수 없는 노릇이라, 조상을 위해 부지런히 농사에 힘을 써서 조상을 잘 모시다 보면 그 덕택에 나도 내 가족도 다 풍요롭다는 생각이었다.

풍년이란 다름이 아니라, 작은 제사 그릇이나 큰 제사 그릇을 다 동원하여 듬뿍듬뿍 진수성찬을 아낌없이 담아 올리고 정성을 다할 수 있는 해가 곧 '풍년'인 것이다. 그렇기로 '豆'(작은 제사 그릇)에는 물론, 햇곡식을 담아 올리는 '籩'(변; 큰 그릇)에도 수북하게 감사한 마음을 담아 바치는 모양을 그대로 본떠 '豐'(풍년 풍)이라 하였다.

같은 생명줄에 시원한 바람은 언제나 '氣'를 불어넣어 주고, 촉촉이 내리는 비는 곧 '피'를 만들어 주는 재료인 것이다.

虎 호랑이 무늬 호
호랑이의 무늬를 나타냄

본디 호랑이의 특성을 본떠 만든 '虎'(호랑이 호)에서 앞발을 웅크리고 있는 모양을 뺀 나머지 글자 '虍'를 본디 '호랑이 무늬 호'라고 하였다가 뒤에 무늬를 나타내는 '文'(무늬 문)을 붙여 이를 '虔'(두려워할 건)이라 하기도 하였고, 한편 두려운 존재에 대하여는 정성으로 섬길 수밖에 없다는 뜻에서 '정성 건'이라고도 하였다.

분명코 호랑이는 두려운 존재요, 무서운 존재인 것만은 틀림없다. 그런 까닭에 호랑이는 직접 눈앞에 나타나 보이지 않지만 생각만 해도 무섭고도 두려운 존재이기 때문에 '虍'에 '思'만 붙여도 '慮'(근심 려)가 되는데 이때에 '근심'이라는 말은 곧 마음속 깊이 뿌리 박혀 쉽사리 머릿속을 떠나지 않는다는 말로 '根心'이라는 말이다.

스승이 무서운 존재라는 것을 깨닫지 못하고 마구잡이로 살아가는 범상한 이들에게 무서운 스승의 존재를 알리는 가장 평범한 방법은 그렇지 않아도 자리를 돋우어 놓은 스승의 돗자리 위에 호랑이 가죽을 깔아 그만큼 스승은 두려운 존재임과 동시에 그의 가르침은 무서운 것이라는 뜻을 고스란히 이미지화 시킨 것이었다.

또한 흔히 사용하는 말로 양반이라는 말이 있는데 이때의 양반이란 글을 숭상하는 선비 출신으로서의 문반(文班)과 칼로 단련된 군인으로 과거에 뽑힌 무반(武班)을 말한다. 그런데 이들을 상징하는 마크는 각각 '학'과

'호랑이'였기 때문에 이들을 일명 학반과 호반이라고도 하였으며 과거 역시도 글을 통하거나 무술을 통해 뽑혀지는 것이 정상적인 코스였다.

그중에서 특히 군인들이 쓰는 도구는 유별나게 달랐으니 제가 지닌 무기에는 제각각 제 이름을 새겨 분별할 수밖에 없었다. 그래서 제 몸을 보호하는 방패에 제 이름을 새긴다는 뜻에서 '干'(방패 간)에 '刂'(칼 도)를 붙여 '刊'(새길 간)이라 하였던 것인데 이런 경우 그 새기는 내용은 반드시 제 이름을 새겼던 것이라 말할 수 있다.

그리고 같은 솥 중에서도 호랑이 무늬를 새겨 쓰는 군사용 솥에 개를 삶아 바치는 일은 승리를 안겨다 준 하늘에게 감사를 올릴 때 있었던 일이었으며, 그때에는 또한 호랑이 무늬를 한 도마에 담아 바치며 그때마다 창을 휘두르며 의장 대열을 갖춰 볼만한 볼거리를 제공하였기 때문에 '獻'(드릴 헌)이니 '戲'(놀아날 희)와 같은 글자들이 나오게 된 것이다.

똑같은 호랑이일지라도 그 종류는 다양하다. 깊은 산속에 들어 산을 근거지로 삼으며 살아가는 산속의 호랑이가 있는가 하면 그보다도 더 활동범위가 넓은 호랑이로서 물과 뭍을 자유롭게 넘나드는 수륙양용의 호랑이가 있는데 이런 호랑이는 보통 호랑이보다 더욱 높다는 뜻에서 '厂'(높을 한)을 덧붙인 호랑이다.

그래서 '遞'(갈마들 체)는 물과 뭍을 구분하지 않고 마음대로 다니는 호랑이라는 뜻인데 이런 뜻이 널리 퍼져 소식을 보내기도 하고 받기도 하여 수신과 여신을 자유롭게 하는 일을 이른바 '체신'(遞信)이라 하고, 또 임무 수행 중인 사람의 직책을 갈아 치우는 일을 일컫는 '체직'(遞職)이라는 말이 나오게 된 것이다.

 虎 호랑이 호
울부짖음과 억센 갈비뼈를 본뜬 모양

산에는 많은 짐승들이 각각 마땅한 자리를 잡고 제각기 제 나름대로 삶을 살아간다. 토끼나 사슴과 같은 초식동물들은 풀을 뜯어 먹으며 살아가고, 호랑이나 늑대와 같은 육식동물들은 약육강식의 법에 따라 제 밑에 있는 먹이를 잡아먹고 살아간다.

초식으로 살아가는 동물보다는 육식으로 살아가는 동물들이 훨씬 강하기 마련이요, 곰이나 돼지처럼 잡식으로 살아가는 동물들 또한 육식동물 못지않게 힘이 셀 뿐 아니라, 초식과 육식을 겸하는 탓에 아무래도 먹이에 대한 제한이 덜하다.

그러나 산중의 왕은 단연코 '호랑이'를 꼽는다. 온 산중을 홀딱 뒤집어 놓듯 쩌렁쩌렁하게 울부짖는 소리가 우선 다른 동물을 소리로 압도할 뿐 아니라, 억센 갈비뼈에 언제나 웅크린 자세로 상대의 동정을 샅샅이 노리는 정확한 눈초리며, 또 상대의 소리를 하나도 빠짐없이 귀담아듣는 주도면밀한 태도가 곧 산중의 왕으로 전혀 손색이 없다.

따라서 웅크린 채 잠자코 있다가도 막상 기회가 닥쳤다 싶으면 별안간 산중이 떠나가라 '앙—' 하고 울부짖는 소리를 본뜨고 억센 갈비뼈와 몸통에서 꼬리까지, 그리고 언제나 앞발을 웅크리고 있는 모양을 그대로 본떠 '虎'(호랑이 호)라 하였다.

나아가 이 세상에서 가장 큰 소리는 곧 호랑이 입을 통해 나오는 울부짖는 소리였기 때문에 '虓'(부르짖을 호)라 하였고, 일단 기에 질려 정신을 잃고 있으면 맨 먼저 숨겼던 발톱으로 여지없이 긁어 사납게 굴기 때문에 호랑이에 손을 붙여 '虐'(모질 학)이라 하였다.

맹수 중에 특히 육식으로 살아가는 동물들의 최대 무기는 날카로운 송곳니와 모진 발톱이다. 그런데 이들은 상대에게 이 날카로운 송곳니와 모진 발톱을 평소에는 전혀 드러내지 않고 있다가 상대를 공격할 결정적인 순간에 갑자기 드러내어 쓴다.

이런 뜻에서 속은 어찌 되었건 간에 상대를 향해 공손한 척하는 태도를 두고 '조아린다'는 말을 쓰는데 이때에 쓰는 '爪牙'는 '爪'(손톱 조)와 '牙'(어금니 아; 송곳니 또한 어금니 쪽으로 분류됨)를 붙여 일단 날카로운 송곳니와 모진 발톱을 숨긴다는 말이다. 그렇기로 '조아린다'는 말의 본디 뜻은 속내를 드러내지 않고 감춘다는 뜻이다.

산중의 왕이라는 칭호를 얻은 '산군'(山君)은 분명코 무서운 존재라는 것만은 틀림없는 사실이다. 그러나 어찌 임금이 꼭 무서운 존재라고만 말할 수 있을 것인가? 임금은 무서운 존재이면서도 백성들을 잘 보살피는 존재이듯 호랑이도 또한 무서운 존재이면서도 불쌍하나 착한 이는 도와주는 신성한 존재로 받들어져 왔다.

호랑이에 관한 민속설화는 많다. 그중에서도 호랑이 등에 까치가 사뿐히 앉아 있고, 호랑이와 까치가 대화하는 듯한 장면을 그린 민속화를 흔히 접할 수 있다.

호랑이는 지역사령관으로 그 지역에서 일어나는 모든 일을 해결할 수 있는 힘센 '해결사'요, 까치는 견우와 직녀를 다리 놓아 주듯 저 높은 하늘에 계신 옥황상제의 '전령사'이다. 그래서 속세를 내려다 본 옥황상제가 까치를 통해 호랑이에게 명령을 내리고 있다. 그 내용은 그림을 보는 각자의 상상의 몫이다.

皿 그릇 명
음식을 담는 그릇의 모양

　음식이나 물건을 담아 두는 그릇에도 많은 종류가 있다. 우선 제사에 제물을 담아 바치는 그릇은 '豆'(제사 그릇 두)와 '籩'(제사 그릇 변)이 있는 한편 접시나 대야와 같이 펑퍼짐하거나 넓적하면서도 굽이 있는 그릇은 '皿'(그릇 명)이다.

　또 본디에는 모든 도구를 일컫는 말로 쓰여 의료기구니 미용기구니 하는 등으로 다소 음식을 담는 그릇의 뜻과는 달랐던 것인데 모든 도구 중에서 막상 가장 필요한 도구는 음식을 담아내는 그릇이라, 음식을 담는 그릇이라는 뜻으로 좁혀 쓰이게 된 '器'(그릇 기) 등이 있다.

　따라서 돌아가신 조상을 추모하는 제사에 있어서는 제사상차림에 오르는 그릇 '籩豆'의 숫자로 제사의 크고 작은 규모를 말하게 되었고, 살아 있는 사람들이 음식을 나누어 먹는 밥상의 크고 작은 규모는 '器皿'의 숫자로 손님 접대의 정도나 잔치의 크고 작음을 구분하였다.

　그릇은 음식을 담는 도구이며, 집은 집안 식구들을 담는 그릇이며, 옷은 몸을 담는 그릇이다. 그리고 온 세상 만물을 담는 그릇은 곧 하늘과 땅이라 일러도 지나친 말이 아니다. 하늘은 만물을 덮는 뚜껑 역할을 하는 것임에 비하여 땅은 만물을 모조리 담아내고 있는 그릇인 것이다.

　사람의 몸만 두고 볼지라도 뼈와 살로 된 몸 자체는 '身'(몸 신)으로서 하나의 그릇인 것이며, 그 몸속에 깃들어 있는 '心'(마음 심)은 몸의 주인

공으로서의 내용물인 셈이다. 따라서 내용을 담아내고 있는 그릇이 튼튼해야 그 속에 깃든 내용도 튼튼할 것이라 하여 "건전한 신체에 건전한 마음이 깃든다."고 하였다.

이런 의미에서 좋고 나쁜 그릇을 구분함에 있어서는 우선 태아가 태중에 머무는 기간을 두고 나누었으니 만 아홉 달을 표준으로 여겨 그 이상의 약간 과숙아(過熟兒)는 좋은 그릇이요, 만 아홉 달 이하인 미숙아(未熟兒)는 결국 단명할 수밖에 없는 좋지 못한 그릇이라 하였다.

겉으로 내용을 담고 있는 그릇은 몸이요, 몸속에 담긴 것은 곧 마음이 듯 만물이 존재하는 양식은 다 겉과 속이 상호 합성되어 만들어진 것이다. 그래서 겉을 외형이라 하면 속은 내상이 되는 것이기 때문에 외형에 속지 말고 내용을 잘 들여다보라는 뜻에서 '目'(눈 목) 위에 '手'(손 수)를 얹어 속을 자세히 들여다보라(看)고 이른 것이다.

속담에 "열 길 물속은 알 수 있어도 한 자 사람 속은 알 수 없다."고 하여 겉은 알기 쉬우나 속을 알기는 어렵다고 하였다. 따라서 내 마음과 네 마음을 하나로 묶어 뜻을 같이하자는 결의는 손에 손을 잡고 흔들어 대는 것으로 그친다.

그러나 서로가 뜻을 더욱 굳게 합쳐 큰 일이 성취될 때까지 변함없기를 맹세하는 경우에는 서로가 피를 빼어 한 그릇에 담고 이를 나누어 마시며 해와 달처럼 변함없을 것을 다졌기 때문에 그릇에 담긴 피를 나타내는 '血'(피 혈) 위에 '日'과 '月'을 위로 붙여 '盟'(맹세할 맹)이라 하였다.

오천 년 역사상 민족의 은인이라 추앙 받아 마땅한 충무공 이순신 장군은 왜적을 무찌르려고 분연히 일어난 군사들과 피를 나누어 마시고 어떤 감회를 얻어 민족을 구했던가?

"바다에 맹세하니 어룡도 감동하고, 산에 다짐하니 초목까지도 다 알리라."(誓海魚龍動 盟山草木知)

去 갈 거
사람이 사람의 곁을 벗어나 떠난다는 뜻

사람은 움직이는 물건 중의 하나로 이른바 동물적인 성격이 다분하다. 그렇기로 사람이 움직일 때에는 우선 왼발을 반걸음 정도 옮겨 가야 할 곳을 가늠하고, 그런 뒤에야 오른발을 한 걸음 내딛어 보행을 하게 된다. 그래서 본디 가다는 뜻을 지닌 '去'(갈 거)는 사람이 머리를 흔들며 걷는 모양 아래에 발자국을 붙여 만든 글자다.

즉, 흔히 쓰는 말로 '행동거지'(行動擧止)라고 할 때에 전후좌우로 몸 자체를 움직이는 일은 발이 하는 몫이라면, 대부분의 경우 손을 드는 일은 상대의 움직임을 멈추도록 한다는 뜻에서 나온 말이다. 그래서 손과 발은 몸을 보조하는 가지로 몸이 하고자 하는 뜻을 그대로 실행해 주고 있다.

그중 나아가고자 하는 곳을 향해 나갈 때에는 튼튼한 길을 찾아 나서야 하기 때문에 왼발을 먼저 반보쯤 내딛어 길을 확인한 뒤에야 비로소 오른발을 한 보 내딛어 가는 것이 상례이다. 이때에 왼발을 내딛는 것을 '躑'(머뭇거릴 척)이라 하고, 오른발을 내딛는 것을 '躅'(밟을 촉)이라 한다.

따라서 '간다'는 뜻을 지닌 '行'(다닐 행)은 왼발의 발 디딤인 '彳'(조금 걸을 척)에서부터 시작하여 '亍'(자축거릴 촉)으로 이어지는 '거'의 연속적인 행위를 말하니 사실 '去'와 '行'은 비슷한 말인 것 같지만 내포하고 있는 의미는 다르다. 즉, 가고 오는 것 자체를 통틀어 '行'이라 하나 '去'는 단지 간다는 뜻이다.

한편 오는 것이 아니고 단지 가는 것을 뜻하는 말이 '去'이기 때문에 '가다'는 모양에 발자국을 붙인 것이 아니라, 그릇의 모양인 'ㅂ'(그릇 감)을 붙인 것이라 풀어 그릇 속에 담긴 음식을 먹어 치우다는 뜻으로 풀어 '없애다'는 뜻이라는 설도 있다.

그 한 예로 '蓋'(덮을 개)는 그릇 속에 담겨져 있는 음식을 먹어 치우지 못하도록 뚜껑을 덮었다는 뜻으로 풀어 '덮다', 또는 덮어져 있기 때문에 자세히 뭔지는 몰라도 아마도 짐작하건대 무엇인 것 같다는 뜻에서 '아마도'라는 뜻으로도 쓰인다고 하였다.

아무튼 '去'는 '가다'는 뜻으로도 쓰고, 또는 '없애다'는 뜻으로도 쓰고 있는 것은 분명한 사실이다. 그렇기로 '去'에 '力'(힘 력)을 붙이면 상대방으로 하여금 전혀 대항할 수 없도록 힘을 써서 '劫'(위협할 겁)이라 하였으나 한편 겁을 단단히 먹고 마음속에서 대항할 뜻을 상실한 상대를 일러 '怯'(겁낼 겁)이라 하였다.

그러하니 아예 겁박을 당하여 겁을 먹기 이전에 매사를 조심하라는 뜻에서 '怯'은 자신의 마음속에 어느 정도 지니고 사는 것은 옳다고 여겼다. 그런 뜻에서 공자는 누구나 지녀야 할 마음의 지킴을 다음과 같이 말씀하셨다.

"총명사예라도 어리석은 듯 지킬 것이요, 용력이 세상을 흔들 수 있다 할지라도 겁으로 지킬 것이며, 사해를 다 소유했다 할지라도 겸손으로 지킬 것이요, 천하에 공을 다 입혔다 할지라도 낮추는 것으로 지킬 것이다." (聰明思睿, 守之以愚. 勇力振世, 守之以怯. 當有四海, 守之以謙. 功被天下, 守之以讓)라고.

血 피 혈
그릇 속에 담겨진 피

몸이란 모임의 준말로 우리 몸을 분석해 보면 뼈와 살이 대부분이며, 이 뼈와 살은 곧 이른바 '부정모혈'(父精母血)이라 하여 뼈 속에 흐르는 정과 살 속을 적시는 피로 나누어 볼 수 있다. 그런데 음양 두 가지로 나누어 보면 단단한 뼈에 간직되어 있는 정은 아버지에게서 얻은 '양'이라면 부드러운 살 속을 끊임없이 적시는 피는 '음'이다.

그런 뜻에서 하늘처럼 높고 바다처럼 깊은 부모의 은혜를 말할 때에는 더러 "아버님 전 뼈를 빌고, 어머님 전 살을 빌어"라 말하기도 하며, 전통적으로 집안이 참 좋은 집안이라는 표현을 두고 말할 때에는 살이 좋은 집안이라고는 말하지 않고, '뼈대 있는 집안'이라고 말하기도 한다.

한편 어떤 일을 열심히 행하여 나가는 모양을 두고 말할 때에는 몸을 바쳐 다한다고 말하기도 하지만, 그보다 더 짙은 표현으로 말할 때에는 '혈성(血誠)을 다 바친다'고 이르기도 하고, 나아가 '분골쇄신'(粉骨碎身)이라 하여 "뼈가 가루 되고 온몸이 다 부서지도록 한다."라고도 말한다.

'다하다'는 뜻을 지닌 글자에도 흔히 쓰이는 글자로 두 가지 글자가 있다. 첫째는 앉아만 있지 않고 서서 한다는 뜻으로 '立'(설 립)에 가슴속에 든 것을 다 밖으로 드러내 말하다는 뜻을 지닌 '曷'(다할 갈)을 붙여 '竭'(다할 갈)이라 하였는데, 이는 적극적으로 행동하거나 숨김없이 다 말한다는 뜻을 지닌 글자다.

이에 비하여 그릇에 담긴 것을 불로 말려 버리든지 아니면 붓으로 빨아 내든지 두 가지 방법 중 하나만 써도 다할 수 있다는 뜻에서 '皿'(그릇 명) 위에 '火'(불 화; 灬)를 얹고, 그 위에 '聿'(붓 율)을 붙여 '盡'(다할 진)이라 하였다.

따라서 똑같이 '다하다'는 뜻을 지닌 글이지만 '竭'은 말과 행동을 다하다는 뜻이라면, '盡'은 그릇에 담긴 것을 다 없애다는 뜻으로 다하다는 말이다. 그래서 부모님께 효도하는 일은 '孝當竭力'이라 하지만 임금님께 충성하는 일은 '忠則盡命'이라 말한 것이다.

부모를 섬기는 태도는 숨김없는 말을 하고, 실행할 수 있는 행동을 다해야 하지만, 임금을 섬길 때에는 부모로부터 받은 목숨까지도 다 바쳐 더욱 적극적으로 섬겨야 한다는 말이다. 즉, 부모를 위해 목숨을 바치는 일은 그보다 더 큰 효도가 없지만, 나라를 위해 목숨을 바치는 일은 그보다 더 큰 영광이 없다는 것이다.

그릇에 담긴 것을 다 바친다는 말은 과연 무엇을 바친다는 말인가? 땀 흘려 애쓰는 충성스런 노력을 바치고, 끊임없이 애쓰는 노력을 바치다 보면 몸속 오장육부 사이를 운행하는 '진'을 바치고, 계속해서 '진'까지 다 빠진 상태에 이르면 마지막에 '피'를 바쳐야 한다는 말이다.

소박함으로 꽉 찼던 아주 옛 시절에는 해가 뜨면 일어나 모두 한 몸이 되어 삶을 위해 산으로 향해 사냥을 나갔거나, 혹은 밭으로 향해 농사를 지으며 오순도순 무리지어 살면서 서로 다툴 줄을 몰랐다. 그래서 '日'(날 일) 밑에 세 사람을 붙여 '무리'라는 뜻으로 썼다.

그러다가 어느 날, 소박성을 잃은 나머지 욕심이 일어 전쟁이 벌어지게 되자, 자신이 속해 있는 공동체를 지키기 위해 '피'를 바쳐야 하는 일이 벌어지게 되었다. 그때부터 '血' 밑에 세 사람을 붙여 '衆'(무리 중)이라는 글자가 나오게 되었다. 피를 막으려다 더 많은 피들이 모이게 되었다.

말이 글로 바꿔진 것을 문장이라 하는데 한 문장이 일단 마쳐질 때에는 마침표를 찍는다. 그러나 문장을 이루고 있는 중간 중간에 어구가 끊어진 자리를 표시할 때에 찍는 것이 곧 'ﾍ'(점 주)이기 때문에 이를 "말이 끊어 지는 곳에 점을 찍어 이를 분별한다."(有所絕止, ﾍ而識之也)라고 〈설문 해자〉에서 풀었다.

또 한편으로는 등잔 가운데 타오르는 불꽃의 불똥을 본뜬 것이라 풀어 '불똥 주' 또는 '심지 주'라고 풀이하는 설도 있다. 즉, 불똥이란 본디 등잔 이나 촛불의 한가운데 있는 종이나 실로 꼬아 만든 것이 기름이나 양초를 빨아들여 가면서 타는 것이 불꽃이요, 이 불꽃에서 튀겨 나오는 것을 '불 똥'이라 한다.

그렇기 때문에 '심지'라는 말은 곧 '중심에서 불꽃이나 불똥이 나오는 곳'이라는 뜻에서 '중심'을 뜻하는 '心'과 '진행'을 뜻하는 '之'(갈 지)를 합성 시킨 '心之' 또는 '心地'라는 말이다. 즉, 지혜를 두고 밝은 불이라 비유할 때에 이런 밝음을 솟아나게 하는 중심은 '心地' 또는 '心之'라 말할 수 있 다.

그러나 막상 '심지'라는 뜻을 나타낸 글자는 '炷'(심지 주)인데 이 글자는 '火'(불 화)에 등잔의 중심에서 불이 타는 모양을 본뜬 '主'(주인 주)를 붙인 글자다. 대개의 경우 등잔은 방 한가운데 두고 사방을 밝히는 것이기 때문에 본디 등잔을 뜻하던 글자가 '중심' 또는 '주인'이라는 뜻으로도 쓰이게 된 것이다.

따라서 일단 주인을 정하고 멀리 떠나는 일을 '往'(갈 왕)이라 하고 어떤 곳을 택하여 집중적으로 물을 들어부어 대는 일을 일러 '注'(부을 주)라 하며, 문장 속에서 이해를 도와야 할 부분을 떼어 집중적으로 풀이하는 일을 '註'(뜻풀이 할 주)라 한다.

그리고 사람이 주로 사는 곳을 일러 '住'(살 주)라 하고 집을 떠나 멀리 나아가 주인으로 정한 집에 탔던 말을 매어 두는 일을 두고 '駐'(머물 주)라 하며, 집의 지붕을 전반적으로 바치고 있는 기둥나무를 일러 '柱'(기둥 주)라 한다.

이처럼 애당초 등잔을 본뜬 '主'가 방안의 중심에 있어야 한다는 뜻에서 '중심'이라는 말로 매김 되자, 무엇보다도 '主'는 좁게는 한 집안에서의 주인을 뜻하는 글자로도 사용되었고, 넓게는 한 나라의 살림을 전체적으로 책임지고 다스리는 '임금'이라는 뜻으로도 쓰이게 되었다.

그렇다면 흔히 써 온 '君主'(임금)라는 말은 무슨 뜻인가? '君'(임금 군)이란 권력을 한 손아귀에 쥐고 온 천하를 호령하는 높으신 어른이라는 뜻이며, '主'는 곧 만백성을 비롯한 천지간의 모든 사물의 주인이라는 뜻이다.

따라서 한 나라를 다스리는 군주는 천지사방을 향해 호령하는 그 명령이 한쪽으로 치우치지 말아야 할 것이고, 동시에 천지사방에 흩어져 사는 온 백성은 물론 산천초목에 이르기까지 그 밝은 덕화가 고루 미쳐 천하를 다 살릴 수 있는 재주와 능력을 갖춰야 한다.

'다스리다'는 말의 어원은 본디 '다 살림'이라는 뜻으로 저 소박했던 고대국가에서의 다스리는 도리는 어디까지나 '만장일치'였지 않았던가?

丹 붉을 단
갱 굴 속에 깊이 든 붉은 수은 덩어리

대개의 경우 붉은색은 속 깊이 감춰져 있는 경우가 많다. 첫째, 사람을 비롯한 동물들의 몸 깊은 속에는 심장으로부터 '붉은 피'가 흘러 온 몸을 적시며, 둘째, 껍질을 홀딱 벗겨 놓고 보면 하얀 재목들도 그 한 중심은 붉으며, 셋째, 광물을 캐는 갱 굴 가장 깊은 속에 감춰져 있는 것은 바로 붉은색을 띤 '수은'(水銀)이다.

이처럼 동물이나 식물, 광물을 막론하고 붉은색은 그 가장 속에 감춰져 있기 때문에 광물의 경우에는 '丹'(붉을 단)을 쓰고, 식물의 경우에는 '朱'(붉을 주)라 하며, 사람의 가슴 속 깊이 든 옳은 마음의 색깔까지도 '한 조각 붉은 마음'(一片丹心)이라 하였다.

또 불은 붉고 물은 푸르다. 식물에 있어서 '잎'이나 '줄기' 등은 대부분 푸른색 계통의 색을 띠고 있는 데 비하여 꽃들은 거의 다 붉은색으로 피어난다. 그래서 어떤 경사스러운 행사에 '꽃등'을 만들 때에는 반드시 붉은색을 위로 하고 푸른색을 아래로 두는 것이다.

뿐만 아니라 나무가 몇 그루 서 있는지 그 숫자를 헤아릴 때에도 뿌리를 두고 셀 수 없는지라, 다만 나무 속 붉은 중심, 즉, 줄기를 헤아리기 때문에 '木'(나무 목)에 '朱'를 붙여 '株'(그루 주)라 하고, 죄인을 베일 때에도 명령하는 말씀에 따라 몸통을 베기 때문에 '言'(말씀 언)에 역시 '朱'를 붙여 '誅'(벨 주)라 하였다.

깊은 속에 깊이 숨겨져 있는 색이 붉은색이기 때문에 가슴속 깊이 묻어 두었던 자신만의 비밀이 어떤 계기로 인하여 사실로 드러나 버린 상태를 두고 말하기를 "그 사람만이 꼭꼭 감춰 두었던 비밀이 드디어 온 천하에 붉어져 버렸다."고 말한다.

대개의 경우 자신만이 귀중한 재산처럼 꼭꼭 지녔던 비밀이 어느 때에 붉어져 나오면 그 당사자의 얼굴도 또한 붉어져 버리고, 그 붉어진 것을 재빨리 주워 담기 위해 순간 얼굴이 푸르게 변하니 이런 경우를 두고 말하기를 "얼굴이 붉으락푸르락한다."고 이른 것이다.

그런데 문제는 붉으락푸르락하는 일이 반복되다가, 급기야 다시 얼굴이 하얗게 변해 버리거나, 검게 타 버린다면 그 충격은 매우 큰 정도라, 결코 자신의 일을 자신이 해결할 수 없는 심각한 정도라 보아도 별다른 무리는 없다.

왜 붉은 것이 푸른 것으로 반복되는 것인가? 붉은 수은에 열을 가하면 거의 완전 연소에 가까운 푸른색을 내는 이치와 전혀 다를 바 없다. 즉, 수많은 푸른 잎들이 모여 몇 송이 붉은 꽃을 피우고 붉은 수은이 푸른색을 내며 타듯 붉고 푸른 것은 서로 바꿔 가며 통한다.

분명코 우리네 몸속의 심장은 붉으며, 그 심장의 상태가 약간 밖으로 비쳐진 것을 '입술'이라 하였다. 그런 뜻에서 앵두처럼 붉은 입술은 건강을 가늠할 수 있는 하나의 표준이며, 하얀 이빨은 소화 능력을 대변해 주는 하나의 좋은 물증이다.

이런 뜻에서 "앵두처럼 붉은 입술에 눈처럼 하얀 이빨"(丹脣皓齒)은 미인의 절대적 조건이라 해도 지나친 말이 아니다. 그리고 '붉으락푸르락'을 반복한 끝에 드디어 입술이 파랗거나 검게 타 버린 사람들은 많이 놀란 나머지 사람을 멀리할 수밖에 없다 하였다.

 靑 푸를 청

맑은 것들이 겹쳐져 있는 색

붉은 수은에 열을 가하면 파란 불빛으로 변하고, 푸른 잎들의 끊임없는 작용으로 인하여 붉은 꽃이 핀다는 사실은 예사롭게 지나칠 일은 아니다. 그래서 옛사람들은 나무에서 꽃이 피는 까닭도 바로 이 같은 맥락에서 이뤄지는 일이라 여겼다.

북도 아니고 남도 아닌 동에서 꽃이 피는 까닭은 꽃 자체의 방위가 남이며, 모든 식물들이 다시 태어나는 재생의 원리는 곧 '꽃'이 피고 지는 것을 기준 삼아 다시 꽃이 떨어지고, 그 떨어진 자리에 열매가 맺어져야 비로소 새롭게 다시 태어날 수 있다는 여지가 확인될 수 있다고 여긴 것이다.

동을 상징하는 나무가 남을 상징하는 꽃으로 피어나고, 그 꽃이 중앙을 상징하는 땅으로 떨어져야 서를 상징하는 딱딱한 열매로 맺어져 사실은 다시 땅 밑으로 심어져 딱딱한 씨가 불어 터져 싹을 내야만이 새로운 나무로 성장할 수 있다는 것이다.

이런 맥락에서 볼 때 붉은색을 뜻하는 '丹'(붉을 단)은 곧 본디 푸른색을 뜻하는 '靑'(푸를 청)의 한 종류일 따름이라 하여, "나무는 뿌리를 땅속의 지하수에 두고 서 있으나 기어코 꽃을 피워 결국 다시 나무로 태어난다." (木生火)는 원리를 문자학자 공광거(孔廣居)는 자신 있게 설명하고 있다.

그렇다면 푸른색은 어찌 푸른 것인가? 그지없이 맑은 가을의 하늘색이 푸르고, 하늘을 고스란히 담고 있는 바닷물의 색도 푸르러 일단 흰 이슬이 쏟아지기 시작하는 백로(白露)의 절기에 이르면 "물빛은 하늘과 이어져 푸르다."(水光接天)고 중국의 문호 소동파(蘇東坡)는 읊었다.

땅속 깊이 스며든 지하수를 끊임없이 땅 위로 끌어올리는 것은 바로 나무들이다. 그런데 그 나무들은 색도 없고 소리도 없는 맑은 물을 밤낮으로 쉬지도 않고 땅 위로 끌어올린다. 그런데 아무런 색도 없이 맑은 것이 겹치고 겹치다 보면 파랗게 보일 뿐이다.

소리도 없고 색깔도 없고 일정한 모양도 없는 맑은 공기가 잔뜩 겹쳐 끝없이 높은 것이 바로 '하늘'이요, 미처 헤일 수 없이 많은 물이 담긴 '바다'지만 이 하늘과 바다는 분명 파랗게 보일 따름이다. 그러나 나무에 조각조각 매달린 잎들은 푸른색과는 달리 초록색을 띠고 있으니 그 까닭은 또 무엇인가?

뿌리가 뽑아 온 푸른 물이 쨍쨍 내리쬐이는 햇볕으로 인해 노랗게 되어 버린 흙색과 합쳐져 급기야 초록의 아름다움으로 변화된 것이다. 하늘 밑 땅 위에 자리하고 있는 모든 물건들은 다 햇볕에 조금씩은 변색되어 그 어떤 것이나 누런색이 섞여져 있는 것이다.

아무튼 기본적으로 일정한 모양도 지을 수 없고 본디 색깔도 없는 것은 맑은 것이며, 그 맑은 것들이 두텁게 겹쳐져 있으면 그 색은 푸른 것이라, 맑다는 뜻도 '氵'(물 수)에 '靑'을 붙여 '淸'(맑을 청)이라 하였던 것이다.

솟아 있는 산도 맑고, 흐르는 물도 맑고, 그 맑은 산과 물을 온통 덮고 있는 하늘도 맑다면 그 속에서 살아가는 사람들도 또한 맑을 수밖에 없는 노릇이며, 그런 맑음은 푸르름의 바탕이 붉음에 있듯이 가슴속 깊이 간직된 '한 조각 붉은 마음'(一片丹心)의 발로일 뿐이다.

나라 사랑을 향한 붉은 마음이 불타 오른 나머지 푸르름으로 맑아질 때 정녕코 우리나라 우리 사회는 고운 단청으로 물들어 자연의 아름다움에 걸맞는 참다운 금수강산이 되리라.

 井 우물 정
틀을 쌓아 파놓은 우물의 모양

삶에 있어서 반드시 필요한 것들이 많으나 그중에서도 가장 필요한 것을 들어 말하라면 단연코 '물'이라 말하지 아니할 수 없다. 사람은 물론 동물이나 식물까지도 모든 생명의 원천은 '물'일 수밖에 없기 때문이다.

원천이라는 용어 자체도 언덕에서 흘러나오는 샘물의 흐름 자체를 '源'(근원 원)이라 하고, 물이 새어 나오는 구멍과 일시로 고이는 곳과 끊임없이 낮은 곳으로 흐르는 물의 모양을 합쳐 '泉'(샘 천)이라 하였다. 생명이 생명답게 움직이고 자라가는 그 속에는 물이 있어야 한다는 말이다.

어찌 보면 동물이니 식물이니 하는 말들까지도 물을 속에 담고 움직이는 것을 동물이라 하고, 땅속의 물을 빨아들이거나 또는 빗물을 받아들여 가며 반듯하게 자라는 것을 식물이라 하여 동식물의 물도 또한 그 깊은 뜻은 '물'일 수밖에 없는 것인지도 모른다.

광물이라는 말 자체도 사람에게 아주 유용한 각종 물질들을 포함하고 있는 너른 바탕이라는 뜻에서 만물이 자리하고 있는 바탕을 '鑛'(쇳돌 광)이라 하고 여기에 '물'을 덧붙여 '광물'이라 이른 것이다.

이런 의미에서 보면 땅 위에서 증발해 올라간 구름만이 비가 되어 내리는 것만이 아니라, 땅속에 젖어 든 물이 나무를 통해 지상으로 뿜어지는 것도 신비로운 일이다. 그리고 동식물과 광물까지를 일단 '물'이라 볼 때 실은 천지 안의 만물의 물도 또한 '물'이다.

다만 적든 많든 물을 지니고 있는 것이 기본적으로 만물들인데 특히 생명을 지니고 있는 것들은 '물'을 지녀야 한다. 그래서 사람도 물을 마시고 밥을 먹어야 하니 마시는 일인 '飮'(마실 음)과 먹는 일인 '食'(먹을 식)을 통해 생명(삶)을 유지해 가는 것이다.

그중에 마시는 일은 접어 두고라도 먹는 일에 재료가 되는 곡식이나 과일이나 채소 및 고기나 생선들도 역시 마시고 먹지 않으면 안 되기 때문에 이런 재료를 가꾸어 내는 일에서도 '물'은 필수적인 요건인데 하늘 바라보기로만 얻어지는 물은 한계가 있다.

그래서 높은 샘에서 흘러내리는 물을 가두어 두었다가 사용하기도 하고, 또는 직접 농사터에 '움'을 파서 그 움에 고인 물을 사용하기도 하였다. 전자는 오늘날의 저수지로 발전해 왔지만, 후자의 '움물'은 곧 논 가운데 속에 있는 '우물'이 된 것이다.

일정한 면적의 논을 아홉으로 나누어 그 한가운데에 움을 파서 물이 고이도록 한 '우물'을 파 두고 이를 가뭄에 사용토록 한 일을 맨 처음으로 창안한 이는 백익(伯益)이라는 전설적인 인물이다. 그래서 나온 말이 '팔가일정'(八家一井)이라는 용어이니, 여덟 논을 적시기 위해 우물 하나를 둔다는 말이다.

흔히 속담에 "목마른 자가 우물 판다."는 말은 옳은 말이다. 그렇지만 "목마른 자가 샘 판다."는 말은 좀 어색한 말이다. 왜냐하면 샘이란 이미 땅속에 스며 든 물이 새어 나오는 구멍을 뜻하는 말이기 때문이다. 그렇기로 "목마른 자가 샘 찾는다."는 말이 옳은 말이다. 배고픈 것만 참을 수 없는 것은 아니다. 목마른 설움도 큰 설움이다.

食 밥 식
고소한 알곡을 모아 지은 밥

세계 인류 문명의 발생지를 흔히 이집트의 나일 강 유역과 중국의 황하유역, 그리고 인도의 갠지스 강 유역과 아랍의 티그리스 및 유프라테스 강유역이라 하여 이른바 4대문명 발생지를 말한다. 그러나 이런 것은 강의흐름을 중심으로 일어난 모듬 사회문명의 발생을 말하는 것이다.

인류가 모듬으로 집단사회를 이룬 이전 삶의 터전은 강 중심이 아니라, 산 중심일 수밖에 없었을 것이며, 그 까닭은 사냥을 일삼아 살아갈 수밖에 없었기 때문이었다. 먹이 재료도 식물성 곡식이 아니라 오히려 동물성 고기였다.

그러다가 인구는 점차 기하급수적으로 불어나고 사냥감은 상대적으로 줄어들게 되자, 산중의 동굴 속을 벗어나 산 밑에 움집을 짓고 살다가 점차 농경사회로의 전환이 될 수밖에 없게 되자, 의식주 세 방면에 걸쳐 커다란 변화가 이뤄질 수밖에 없었다.

그중 두드러진 한 예를 식생활 면에서 들자면 본격적으로 농사를 통해 얻은 곡식을 주식으로 하는 농경의 시작이었으며 맨 처음으로 경작하기 시작한 곡식은 음료의 재료로서의 '黍'(찰기장 서)와 식료의 재료로서의 '稷'(메기장 직)이었다.

차가운 겨울을 견디며 봄을 기다렸다가 "봄이 되면 비로소 남쪽 이랑으로 나아가 몸소 기장과 피를 심어 제사를 받는다."(俶載南畝, 我藝黍稷)

302

〈천자문〉라 하여 찰기장으로는 술을 빚고, 메기장으로는 밥을 지어 조상의 제사를 모셨다는 기록은 더 이상 의심할 나위 없는 일이다.

똑같은 곡식이라도 찰진 것은 술 담그는 재료로 적당하기로 '禾'(곡식화)에 '入'(들 입)과 '水'(물 수)를 붙여 '黍'(물속에 담아 발효시킴)라 하였고, 같은 곡식이 '田'(밭 전)을 좌우로 갈아 젖히다는 뜻을 지닌 '八'에 곡식을 이랑마다 다니며 뿌린다는 뜻을 지닌 '夂'(뒤져 오고갈 치)를 붙여 '稷'이라 하였다. 따라서 음식의 원재료는 '기장'이었다.

그러다가 인도 아삼 지방에서 자생한 벼 종자가 중국으로 들어와 본격적으로 벼농사가 시작되기에 이르렀고, 기장이나 벼는 다만 가을에 거두는 곡식이라 춘궁기를 견뎌 낼 방도가 막연하였던 것인데 다행히 이를 대처할 만한 작물로 '보리'를 재배하게 되자, 여름에는 보리를, 겨울에는 쌀을 먹게 되었다.

기장이나 쌀이나 보리 등의 곡식들은 그 알 속에 다 하얗고도 고소하며 단맛이 나기로 '皀'(고소할 흡)이라 하였고, 나아가 희고도 고소한 단것들을 모아 밥을 지어 놓은 밥 자체를 '食'(밥 식)이라 하였다. 그래서 '食'이라는 글자는 '亼'(모을 집)에 '皀'을 붙여 만든 글자다.

밥을 지을 수 있는 재료로는 기장, 쌀, 보리, 콩 그리고 수수를 통틀어 다섯 가지 곡식이라, 이를 한 솥 속에 넣고 일단 밥을 짓고 보면 그릇에 퍼 담을 때부터 뒤집어 가면서 퍼 담아야 하고, 막상 밥을 먹을 때에도 뒤집어 가면서 먹어야 하였기로 '밥'이라는 글자를 '飯'(밥 반)이라 한 까닭도 그냥 만들어진 것이 아니다.

다만 흰 쌀로만 지은 밥을 특히 '白飯'이라 하여 잡곡을 섞어 지은 밥과 다르게 구분 지어 남들은 잡곡밥을 먹는데 우리는 흰쌀밥만 먹는다고 자랑하였던 때가 엊그제 일이었다. 그러나 오늘날 건강식은 흰쌀밥이 아니라, 잡곡밥이다. '食'은 곧 '飯'이어야 한다.